Kirchner / Schiefer Ferrari / Spinner (Hrsg.)
Ästhetische Bildung und Identität

■ Kontext Kunstpädagogik Band 8
herausgegeben von Johannes Kirschenmann, Maria Peters und Frank Schulz

Constanze Kirchner, Markus Schiefer Ferrari,
Kaspar H. Spinner (Hrsg.)

Ästhetische Bildung und Identität

Fächerverbindende Vorschläge für die Sekundarstufe I und II

kopaed (muenchen)
www.kopaed.de

Bibliografische Information Der Deutschen Bibliothek
Die Deutsche Bibliothek verzeichnet diese Publikation in der
Deutschen Nationalbibliografie; detaillierte bibliografische
Daten sind im Internet über http://dnb.ddb.de abrufbar

Inhaber von Reproduktionsrechten, die wir nicht ausfindig
machen konnten, bitten wir, sich beim Verlag zu melden.
Berechtigte Ansprüche werden selbstverständlich im Rahmen
der üblichen Vereinbarungen abgegolten.

ISBN-10 3-938028-68-8
ISBN-13 978-3-938028-68-1

Druck: Kessler-Druck, Bobingen

© kopaed 2006
Pfälzer-Wald-Str. 64, 81539 München
Fon: 089. 688 900 98 Fax: 089. 689 19 12
e-mail: info@kopaed.de Internet: www.kopaed.de

Inhalt

Vorwort   9
Kaspar H. Spinner

Teil I: Ästhetische Bildung und Identität
Constanze Kirchner, Markus Schiefer Ferrari, Kaspar H. Spinner

1. Ästhetische Bildung   11
1.1 Ästhetische Erfahrung in Rezeptionsprozessen   12
1.2 Ästhetische Erfahrung in Produktionsprozessen   13
1.3 Ästhetische Erfahrung als Anstiftung zur Urteilsbildung   15
1.4 Einbildungskraft, Imagination, Fantasie und Kreativität   16

2. Identität   17
2.1 Interaktionistische Identitätsmodelle   17
2.2 Identität als Konstruktion   19
2.3 Patchworkidentiäten   19
2.4 Dreidimensionale Struktur von Identiät   21

3. Symbolbildung   22

4. Spiel   23

5. Konsequenzen für die ästhetische Bildung in der Sekundarstufe I und II   25
5.1 Inhalte und Intentionen   26
5.2 Material und Methoden   29

6. Literatur   31

Teil II: Unterrichtsmodelle

1. »Gesicht, Maske, Person – Selbstbild, Spiegelbild, Fremdbild« als Rahmenthema   35
Kaspar H. Spinner

2. Unterrichtspraktische Hinweise zu den Vorschlägen 39
Kaspar H. Spinner

3. Modelle 41

3.1 Das Gesicht als Ort unserer Sinne
Sehen – Hören – Riechen – Schmecken – Spüren 41
Elisabeth Naurath

3.2 Gipsmasken
Zwischen Selbstverhüllung und Selbstdarstellung,
Fremdwahrnehmung und Selbstwahrnehmung 51
Markus Schiefer Ferrari

3.3 Gesichts-Sensationen
Bildnerische Experimente zu den Selbstporträts
von Maria Lassnig 65
Marie-Luise Dietl

3.4 Von Texten und Textilien
Sinnliche Erfahrung und »Intertextualität« von Lyrik 77
Anja Ballis

3.5 Lebensgeschichte und Gender-Perspektive 91
Elisabeth Naurath

3.6 Die filmästhetische Inszenierung
von Identität in *Die Bourne Identität* 97
Elisabeth Schmitt

3.7 Szenische Etüden
Spiegel und Spiegeln 111
Gabriele Czerny, Kaspar H. Spinner

3.8 Spiegelgedichte von Annette von Droste-Hülshoff
und Wolfdietrich Schnurre 125
Kaspar H. Spinner

3.9 Identitätskonstruktionen im Umgang mit Werken
von Cindy Sherman – Vorschläge zu symbolischem Verstehen
und produktiver Auseinandersetzung 141
Constanze Kirchner

3.10 »Dies Bildnis ist bezaubernd schön …«
Der Spiegel als Moment der Verführung in Goethes *Faust* 169
Christine Köppert

3.11 Spiegelbilder zwischen Wunsch und Wirklichkeit
Eine Unterrichtseinheit zum Film *Der blaue Engel*   189
Gabriele Czerny, Monika Fellenberg

3.12 Geschichte und Gesicht
Ideologie(kritik) am Beispiel von Hitler-Bildnissen   203
Anja Ballis

3.13 »So ... will ich Stunden nehmen. Auch im Auftreten.«
Hitler und die Figur des Arturo Ui bei Brecht   219
Christine Köppert

3.14 Berufswelt und Lebensgefühl im 21. Jahrhundert
Unterrichtsvorschlag zu Sibylle Berg: *Kati*   233
Sabine B. Pfäfflin

4. Zwei Tage »Ästhetische Bildung«   249
Bericht über die Erprobung aus der Sicht der Schule
Nikolaus Miller

Verzeichnis der Autorinnen und Autoren   255

Farbabbildungen   257

Hinweis zu den Kopiervorlagen

Im Anschluss an die meisten Unterrichtsmodelle befinden sich Kopiervorlagen, die durch das Symbol ■ ■ ■ in der Kopfzeile gekennzeichnet sind. Um diese Kopiervorlagen auf A-4-Format zu bringen, vergrößern Sie sie bitte mit 141%. Im Anhang ab Seite 255 befinden sich farbige Abbildungen, die als Vorlagen für Farbfolien genutzt werden können. Die mit ▶ gekennzeichneten Erweiterungsmöglichkeiten bieten zusätzliche Unterrichtsanregungen sowie Anregungen zur Verknüpfung der vorgestellten Unterrichtsmodelle.

Vorwort

Ästhetische Bildung ist in den letzten Jahren in neuer Weise zu einem Schwerpunkt der bildungspolitischen Diskussion geworden. Dies zeigt sich in entsprechenden Forschungsprojekten ebenso wie in der Schulentwicklung und in Lehrplänen. Im bayerischen Lehrplan für Gymnasien ist z.b. ein entsprechendes Konzept der ästhetischen Grundbildung neu eingeführt worden. Ästhetische Bildung ist als ein übergreifender Anspruch zu verstehen, der sich nicht auf die Fächer Kunst und Musik beschränkt und der damit eine Herausforderung für alle Fächer darstellt. Der Unterricht, insbesondere im Gymnasium und in der Realschule, ist in der Regel (immer noch) wahrnehmungsarm, einseitig ausgerichtet an rationalen Denkprozessen und Faktenwissen. Nur punktuell greift er die ästhetischen Fähigkeiten, über die die Heranwachsenden verfügen, auf und nur unzureichend entwickelt er sie weiter. Solche Fähigkeiten zeigen sich im Zusammenspiel von Wahrnehmungsintensität, Imaginationsvermögen und Kreativität des Denkens; sie gründen auf einem leibsinnlichen, gestalthaften Zugang zur Welt, gepaart mit Genussfähigkeit und Reflexionsvermögen. In alle Lernprozesse sollten diese ästhetischen Anteile einbezogen werden. Grundlage ästhetischer Bildung ist die bewusste sinnliche Wahrnehmung in Verbindung mit der Entfaltung reicher und differenzierter innerer Bilder und eigener Ausdrucks- und Gestaltungsfähigkeit.

Die Arbeitsgruppe »Ästhetische Bildung« im Augsburger »Zentralinstitut für Didaktische Forschung und Lehre« befasst sich seit einigen Jahren mit den Grundlagen und den praktischen Umsetzungsmöglichkeiten eines solchen Konzepts und hat für die Grundschule entsprechende Publikationen vorgelegt, so den Band »SynÄsthetische Bildung in der Grundschule« (Spinner 2002) und das Heft 170/2003 der »Grundschulzeitschrift« mit dem Titel »Ästhetische Bildung«. Mit dem hier nun vorliegenden Band werden entsprechende Perspektiven für den Unterricht in der Sekundarstufe I und II aufgezeigt; die praktischen Vorschläge sind primär für das Gymnasium entwickelt worden, geben aber auch Anregungen für die anderen Schulformen. Aufgrund der Zusammensetzung der Arbeitsgruppe liegt ein Schwerpunkt auf den fächerverbindenden Aspekten in Deutsch, Kunst, evangelischer und katholischer Religion. Ein besonderes Anliegen der Publikation ist der Zusammenhang von ästhetischer Bildung und Identitätsentwicklung. Damit soll der Tatsache Rechnung getragen werden, dass für Schülerinnen und Schüler in der Pubertät und der

Adoleszenz die Auseinandersetzung mit der eigenen Identität ein vorherrschendes Entwicklungsthema ist. Ihm kann ästhetische Bildung insofern in besonderer Weise gerecht werden, als in der Rezeption und im eigenen künstlerischen Ausdruck Persönliches angesprochen und gespiegelt sein kann; dies geschieht im ästhetischen Medium z.T. auf indirekte, verfremdete Weise, sodass den altersspezifischen Hemmungen gegenüber Selbstoffenbarung Rechnung getragen werden kann.

Die gegenwärtige bildungspolitische Entwicklung zeigt allerdings auch Tendenzen, die der ästhetischen Bildung zuwiderlaufen. Durch Studien wie PISA wird ein pragmatisches Bildungsverständnis gefördert, das für ästhetische Prozesse wenig Raum lässt. Das zeigt sich auch in der Entwicklung von Bildungsstandards, die als Beschreibungen überprüfbarer Kompetenzen in einem Spannungsverhältnis zur ästhetischen Erfahrung stehen. Die vorliegende Publikation will mit Nachdruck die Bedeutung ästhetischer Bildung ins Bewusstsein rücken in einer Zeit, in der Evaluation von Bildungssystemen und Schülerbeurteilung zunehmend auf rational-kognitive und messbare Lernprozesse reduziert werden. Ästhetische Bildung schließt Reflexion nicht aus, verknüpft sie aber mit sinnlicher Wahrnehmung und Imagination.

Der Band gliedert sich in einen einleitenden theoretischen Teil und einen Hauptteil mit Vorschlägen für den Unterricht. Diese beziehen sich auf den Unterricht in der Sekundarstufe I und II und können in unterschiedlichen Klassenstufen umgesetzt werden. Für die Unterrichtsvorschläge hat die Arbeitsgruppe das Rahmenthema »Gesicht, Maske, Person – Selbstbild, Spiegelbild, Fremdbild« gewählt; damit ist der Zusammenhang von Wahrnehmung (im Gesicht sind die wichtigsten Sinnesorgane angesiedelt), spielerischer Verfremdung (Maske) und Identität (Person) akzentuiert.

K.H. Spinner

Teil I: Ästhetische Bildung und Identität

Constanze Kirchner, Markus Schiefer Ferrari, Kaspar H. Spinner

Die folgenden theoretischen Ausführungen dienen einer Klärung des Zusammenhangs von ästhetischer Bildung und Identitätsprozessen. Zuerst wird erläutert, welcher Begriff von ästhetischer Bildung der vorliegenden Publikation zugrunde liegt, dann folgen Ausführungen zur Identitätsbildung. Hinweise zum Symbol- und zum Spielbegriff – beide spielen sowohl in der Ästhetik als auch in der Identitätstheorie eine Rolle – leiten über zur Darlegung von Konsequenzen für den Unterricht.

1. Ästhetische Bildung

Unter dem Rahmenbegriff der »ästhetischen Bildung« werden für die Schulfächer unterschiedliche Ansätze begründet, ohne dass es eine einheitlich anerkannte begriffliche Präzisierung gäbe. Das lässt bereits die Bedeutungsbreite der beiden Teilbegriffe, »Bildung« und »Ästhetik«, erahnen. Weitgehende Einigkeit besteht darin, dass es sich beim Ästhetischen, allgemein gefasst, um einen »Modus des Verhaltens zur Welt« (Gert Otto/ Gunter Otto 2001, Sp. 13) handelt, der sich keineswegs auf ein Fach reduzieren lässt. Ästhetische Bildung ist ausgelegt auf ein sinnlich orientiertes und subjektbezogenes Wahrnehmen und Deuten von Wirklichkeit, das in allen Unterrichtsfächern zu inszenieren wäre. Das bedeutet, dass die Kinder und Jugendlichen ihre ästhetischen Fähigkeiten entdecken, schätzen und erweitern sollen. Als Äquivalent zu einem in erster Linie begrifflich orientierten Weltzugang wird so der anschauliche, stärker emotional geprägte, sinnliche Zugriff auf die Wirklichkeit ausgebildet. Das Erschließen und Verstehen, Genießen und Sich-vergnüglich-Aneignen von künstlerischen, musikalischen, literarischen und religiös orientierten Ausdrucksformen in ihrer Vielschichtigkeit, ihrer kulturtragenden Funktion und ihrer Symbolkraft kann ästhetische Erfahrungen ermöglichen. Dabei sollen Sensibilität, Fantasietätigkeit, Imaginationskraft und Kreativität ebenso entfaltet werden wie das kritische, emanzipierte Zurechtfinden und Verhalten in einer von Bildern und (audio-)visuellen Medien bestimmten Welt. Dazu gehören auch Kenntnisse über historische und aktuelle Kulturgüter sowie über die ästhetischen Phänomene unserer Umwelt, z.B. in der Werbung, dem Design, der Städteplanung oder der Landschaftsgestaltung. Selbstbestimmtes, erfahrungsoffenes und interdisziplinäres Arbeiten sind wesentliche Voraussetzungen, um die Schülerinnen und Schüler für einen Unterricht zu motivieren, der Intensität und Aufmerksamkeit, Auseinandersetzung und Sinnkonstitution verlangt. Unterricht kann dann auf ästhetische Weise bildungswirksam werden, wenn Staunen, Neugier und sinnliche Sensibilität geweckt, Widerstand und Irritation erzeugt, Genuss und Sinnhaftigkeit in Aussicht gestellt werden.

1.1 Ästhetische Erfahrung in Rezeptionsprozessen

Grundlage jeder ästhetischen Rezeptionserfahrung ist die intensive Wahrnehmung; die ästhetische Bildung beschränkt sich allerdings nicht auf reine Sinnesschulung, sondern will damit verbunden die Aufmerksamkeit und Achtsamkeit für das, was über das sinnlich Wahrnehmbare hinausweist, für das (ganz) Andere, Fremde und Mögliche wecken und fördern. Indem wir uns probeweise die Art der Welterschließung, die das ästhetische Objekt (ein Bild, ein Roman, eine Ballettaufführung ...) präsentiert, zu eigen machen, wird vorübergehend die Distanz zwischen Subjekt und (fremdem) Objekt aufgehoben; durch das Ungewohnte, Irritierende, aber auch durch das bislang Übersehene, Überhörte oder Verdrängte können Sehgewohnheiten und Sinnmuster aufbrechen und neue Formen für eigene zukünftige Erfahrung möglich werden.

Ausgangspunkt ästhetischer Erfahrung ist die spezifische, singuläre Gestalt eines alltagsästhetischen, literarischen, künstlerischen Objekts oder religiösen Symbols.Materialität (Farbe, Formen, Töne, Sprache usw.), Vielschichtigkeit der strukturellen Zusammenhänge, Einbindung in künstlerische, religiöse, metaphysische Bezugssysteme sowie subjektive Anteile im Rezeptionsprozess sind konstitutiv für ästhetische Erfahrungen. Die gestaltete Sinnhaftigkeit ästhetischer Phänomene verweigert sich der Übersetzung in den Begriff und ist nur in ihren simultanen, sinnlich-symbolischen Beziehungen erfahrbar. In diesem Sinn hat Susanne Langer die oft zitierte Unterscheidung zwischen diskursiven (nämlich sprachlich-begrifflichen) und präsentativen Symbolen getroffen (Langer 1984, S. 103); letztere sind für die Künste (einschließlich der Dichtung) und damit für ästhetische Erfahrung konstitutiv (vgl. dazu unten unter 3.»Symbolbildung«).

Ästhetische Objekte erfordern vom Rezipienten Offenheit für die oft ungewohnte Wirkung von Motiv und Material, von Komposition, Farben, Rhythmus und Tönen. Die subjektiv bedeutungsvollen Empfindungen und Assoziationen bilden Anknüpfungspunkte für die weitere Begegnung mit dem Werk oder dem alltagsästhetischen Phänomen und tragen zum vertieften Erschließen des Sinngehalts bei. Dabei sind die Deutungen zwar vielfältig und subjektiv geprägt, aber keineswegs beliebig, sondern an die materiellen, kompositorischen, motivischen und kontextuellen Vorgaben gebunden.

Die Kommunikation über ästhetische Gegenstände, Objekte, Rituale und Kunstwerke geschieht vorwiegend sprachlich. Auch wenn der ästhetisch produzierte Sinn nicht einfach in Sprache übersetzbar ist, trägt der Austausch darüber zu einem tieferen Verständnis und zur kritischen Urteilsbildung bei. Hier stellt sich der Schule die anspruchsvolle Aufgabe, den Heranwachsenden die Möglichkeiten eines differenzierten Redens über ästhetische Phänomene und Erfahrungen zu vermitteln. Wichtig ist dabei, dass die Prozesshaftigkeit ästhetischer Erfahrung und Sinngebung gewahrt bzw. überhaupt erst in Gang gebracht wird. Abschließende Deutungen im Sinne einer Übersetzung in begriffliche Festlegung verfehlen die Unabschließbarkeit ästhetischer Sinnbildung. »Kein endgültiges Wort«, so lautet der Titel einer jüngst erschienenen deutschdidaktischen Publikation, die für eine solche Offenheit des Gesprächs über Literatur plädiert und damit ein Gegenmodell zur verbreiteten Auffassung, im Unterricht zu einem bündigen Ergebnis kommen zu müssen, entwickelt (Härle/ Steinbrenner 2004). Voraussetzung solcher Suchbewegungen im wechselseitigen Austausch ist die Bereitschaft, Ungewohntes wahrzunehmen, sich Irritationen auszusetzen, neugierig zu sein, Kontexte zu bilden, zu genießen, zu erschauern, kontemplativ zu versinken, im Austausch mit anderen subjektive Aussagen gelten zu lassen und diese als mögliche Zugänge schätzen zu lernen.

1.2 Ästhetische Erfahrung in Produktionsprozessen

In der gestaltend-produktiven Dimension der ästhetischen Bildung (also z.B. beim kreativen Schreiben, dem bildnerischen Gestalten, dem szenischen Spielen, dem Filmen) geht es darum, Schülerinnen und Schüler dazu anzuregen, Gestaltungs- und Ausdrucksformen für ihre Wahrnehmungen und Eindrücke zu suchen und zu finden, und ihnen dabei Hilfe zur Verarbeitung, zur Klärung und zum Verstehen ihrer Lebenswirklichkeit zu bieten. Dabei sollen die Jugendlichen auch darin unterstützt werden, ihre Ausdrucksmöglichkeiten hin zu einem symbolischen Ausdruck zu erweitern. Nicht nur das Klären und Verarbeiten von Wirklichkeit, sondern auch das konstruktive, sinnstiftende Neuformulieren von Bedeutung tragenden Symbolen ist das Ziel ästhetischer Bildung.

Die bildnerische Produktion, das Schreiben, Musizieren, szenische Spielen usw. unterstützen nicht nur die Erweiterung des individuellen Ausdrucksrepertoires, sondern auch das Entwickeln von differenzierter Wahrnehmungsfähigkeit, ästhetischer Sensibilität sowie das Vermögen zum kritischen Urteil. Wenn Erlebtes in ästhetischer Form zum Ausdruck gebracht wird, gelangt es vom nicht kommunikablen Inneren nach außen und wird damit für den intersubjektiven Austausch verfügbar. Das Hervorgebrachte wird auf diese Weise zu einem Gegenüber, das mit Distanz betrachtet und reflektiert, geteilt und miteinander besprochen werden kann.

Für ästhetisches Gestalten trägt die Beschäftigung mit kulturell bedeutsamen Werken im Musik-, Deutsch- und Kunstunterricht entscheidend bei. Im Religionsunterricht gewinnt zudem der Bezug zu den Ausdrucksformen christlichen Glaubens Bedeutung: »Eine produktiv-kritische Wechselbeziehung zwischen erfahrenem Leben und den in den Texten, Bildern, Symbolen und Sakramenten Gestalt gewordenen Lebens- und Weltdeutungen christlicher Tradition kann wohl nur aufnehmen, wer sich selbst und seine eigenen Lebens- und Weltdeutungen wahrgenommen hat und wenn es gelungen ist, ihnen Gestalt zu geben« (Hilger 2001, S. 311).

Die ästhetische Erfahrung in Produktionsprozessen zeigt sich häufig in Selbstvergessenheit, Versunkenheit und lustvollem Tun. Entscheidend hierfür ist oftmals der Dialog mit dem Material: Denn die Idee für ein Gedicht, für eine bestimmte Darstellungsweise bzw. für ein gestaltetes Produkt oder Symbol folgt einem Ausdrucksbedürfnis, das sich im Zusammenspiel mit dem Materialangebot (Wörtern, Farbe, Requisiten ...) entwickelt. Der Gestaltungsprozess darf dabei nicht als mechanistisches Herstellungsverfahren verstanden werden, sondern als geistige Tätigkeit, die im Umgang mit dem Material Ausbildung erfährt. Sie ist geprägt durch ein Wechselspiel von Idee, Zufall und Hervorbringung, von Materialspuren, die Assoziationen auslösen, Erinnerungen anstoßen und die Bildfindung, den Text, das Musikstück, den Tanz, das Ritual usw. weitertreiben; ebenso gehört dazu das Suchen und Finden von Formen sowie das Erproben ungewöhnlicher, unkonventioneller Lösungswege. Das Gestaltungsmaterial wirkt im Produktionsprozess als sinnanregendes Element, spezifische Materialreize bieten bestimmte ästhetische Erfahrungs- und Erkenntnischancen. Das gestalterische Tun kann damit ein Prozess sein, der von Intensität und Flexibilität, Vergnügen und ausgeprägter Intentionalität sowie von fantasievoller Vorstellungsbildung gekennzeichnet ist. Der Prozesscharakter bindet die volle Aufmerksamkeit und Konzentration, da jede ästhetische Handlung eine erneute ästhetische Antwort verlangt. Mit diesem Dialog geht eine gedankliche Beschäftigung einher, die sowohl kompositorische als auch inhaltliche Aspekte umfasst. Dieses gedankliche Befasstsein, das mit der sinnlich basierten, d.h. visuellen, taktilen, und körperlich zum Teil durchaus anstrengenden Produktion verwoben ist, kennzeichnet ästhetische Prozesse. Dazu gehört auch die Erfahrung, dass ästhetisches Gestalten unvorhergesehene Wendungen nehmen kann und dass es sowohl lähmende Blockaden wie überraschendes, beglückendes Gelingen gibt.

1.3 Ästhetische Erfahrung als Anstiftung zur Urteilsbildung

Eindrücke in Worte fassen oder ihnen eine Gestalt geben zu können ist Voraussetzung dafür, dass die Beteiligten ihre eigenen Erfahrungen in den wechselseitigen Austausch einbringen können, der seinerseits zur (kritischen) Stellungnahme und Urteilsfindung herausfordert. Neben der wahrnehmend-rezeptiven (aisthesis) und der gestaltend-produktiven Dimension (poiesis) ist in diesem Sinne die urteilend-kommunikative Dimension (katharsis) der ästhetischen Bildung hervorzuheben. So kann »ästhetische Erfahrung zur (kritischen) Urteilsbildung führen ..., wenn Urteile über den repräsentierten Inhalt im intersubjektiven Diskurs besprochen werden« (Orth 2003, S. 252).

Diese drei aufeinander bezogenen Dimensionen – Rezeption, Produktion, Kommunikation – wurden als Grundbegriffe der ästhetischen Tradition in der Ästhetikdiskussion der 70er Jahre des letzten Jahrhunderts (wieder) aufgegriffen, um ästhetische Erfahrung gegenüber anderen Formen menschlicher Erfahrung abgrenzen zu können (Jauß 1977, S. 77 ff.). Ziel der urteilend-kommunikativen Dimension ist es nicht nur, Zeichen-Welten aufzuklären, sondern auch den Anspruch der entdeckten Sinn-Welten an sich herankommen zu lassen. Dabei kann ästhetische Erfahrung im Interesse der Freiheit des Subjekts und universeller Solidarität auch zur Sensibilisierung für Unterschiede etwa zwischen Erstrebenswerterem und zu Vermeidendem oder Humanerem und Inhumanerem beitragen und so eine ethische Dimension gewinnen. Ästhetische Bildung »schließt Rationalität und Aufklärung als konstitutive Elemente, die den Prozess des ästhetischen Erfahrens mitbedingen, tragen und verändern, ein. Es kann nicht von Bildung gesprochen werden, solange Ästhetik auf die bloße Schulung von Sinnesorganen oder auf ein Produzieren von Objekten beschränkt bleibt. Menschliche Wahrnehmung enthält notwendigerweise Momente des Erkennens, Denkens, Deutens und Fühlens. Als ästhetische Wahrnehmung führt sie zu ästhetischer Urteilsbildung. Ästhetische Bildung meint somit Stellungnahme und Parteinahme« (Hilger 2001, S. 307). Ästhetische Erfahrung, die neue, bisher nicht gekannte Möglichkeiten des Lebens erschließt, ermöglicht Vorstellungen von dem, was anders und wie es anders sein könnte. Ein solches »neues Sehen« kann sich auch auf eine transzendente Dimension von Wirklichkeit hin öffnen.

1.4 Einbildungskraft, Imagination, Fantasie und Kreativität

Es gilt als unbestritten, dass zur ästhetischen Bildung die Entwicklung von Einbildungskraft (Vorstellungskraft) und Fantasietätigkeit gehören. Die Fantasie wird als Produkt der Einbildungskraft verstanden, das heißt, mit Hilfe der Einbildungskraft wird die fantasierende Vorstellung entwickelt (vgl. Fatke 1979, S. 338). Während die Vorstellung im engeren Sinn die mentale Vergegenwärtigung eines Dinges, einer Situation, eines Verhaltens o. ä. meint, ohne dass die äußere Erscheinung noch präsent wäre, schafft die Fantasie Gebilde, die auf einer Einbildung (Imagination) bzw. Umbildung von Wirklichkeitserlebnissen, einer »kombinatorischen Tätigkeit« (Otto 1980, Köppert 1997, S. 301 ff.) beruht, wie sie auch im Traum zum Ausdruck kommt. Solche Einbildungen (Imaginationen) und Fantasiebilder sind ebenfalls Vorstellungen, sie gehen jedoch aus neu zusammengefügten, veränderten, kombinierten inneren Bildern hervor, während Vorstellungen in ihrer eng gefassten Bedeutung Erinnerungsbilder sind, die auf der Fähigkeit beruhen, Erlebtes mental zu repräsentieren.

Als weiterer zentraler Begriff der Ästhetikdiskussion ist die Kreativität zu nennen. Versucht man das Zusammenwirken von Einfallsreichtum, Fantasie und Kreativität zu beleuchten, wird deutlich, dass diese miteinander vernetzten Prozesse kaum auseinander zu dividieren sind. Während die Kreativität eher mit kognitiven Prozessen in Verbindung gebracht wird (Problemlösungsstrategien, Flexibilität usw.), werden der Fantasie eher ganzheitliche, sinnlich fundierte Attribute wie Imaginationsfähigkeit, Intuition o. Ä. zugeschrieben. Kreativität ist die Kraft, die über die Fantasie hinaus originell und flexibel Wirklichkeit gestaltet: »Kreativität kann sozusagen die Strategie sein, mit deren Hilfe Fantasie Realität verändert. Fantasie lehrt das Wünschen. Ohne Kreativität, ohne kreatives Verhalten bleiben die Wünsche schöne oder schlimme Träume« (Otto 1980, S. 18). Nimmt man den Begriff »Kreativität« wörtlich, so ist damit das Potenzial, etwas herzustellen, etwas zu produzieren, gemeint (lat.: creare ›erzeugen‹). Die Fantasie dagegen existiert als eine Vorstellung, die nicht äußere Gestalt annehmen muss. Im Unterschied dazu ist die Kreativität der Motor, der tatsächlich etwas hervorbringt – ein gestaltetes Objekt, eine neue chemische Formel, ein Musikstück usw. Die Kreativität wird letztlich an einem erzeugten Produkt gemessen. Die Fantasie resultiert aus dem Imaginationsvermögen und der Erinnerungsfähigkeit zugleich, und zwar im Kontext jener emotional bestimmten Erfahrungsqualitäten, die von erinnerten Vorstellungen geweckt werden: visuellen Eindrücken, Geruch, Bewegung, Geschmack, Schmerz, Freude, Berührung, Geräuschen, Tonlage einer Stimme etc. So basiert Fantasie auf dem subjektiven Erfahrungshintergrund der Person und ihrer Fähigkeit, diesen in einem kombinatorischen Spiel zu erweitern.

Wenn ästhetische Produktion und Rezeption in dieser Weise auf einem Wechselspiel von sinnlicher Wahrnehmung und Imagination gründen und zugleich geistige Tätigkeit, z.B. das Erfassen von Strukturen, das Zuordnen von Kontexten, die Sinnstiftung, erfordern, dann muss im Unterricht dieser komplexe Wirkungszusammenhang entfaltet werden. Dies schließt ein, dass Neugierde, Staunen, Widerstand und Versenkung möglich sein müssen. Dies alles verlangt die aktive Teilnahme des Subjekts, d.h. in diesem Falle des Schülers und der Schülerin.

2. Identität

Die Involviertheit des Subjekts in ästhetischen Rezeptions- und Produktionsprozessen begründet deren Bedeutung für die Identitätsbildung. Der psychologische Identitätsbegriff ist allerdings im Horizont postmoderner und konstruktivistischer Auffassungen in Frage gestellt. Entsprechend facettenreich und inhomogen ist die gegenwärtige Diskussion über Identität und Selbstbewusstsein. Die Vorstellung, dass der Mensch zu einem vorgegebenen Selbst finden oder eine stabile Identität entwickeln könne, ist heute kaum mehr haltbar. Anzuknüpfen ist an die Tradition prozesshafter Identitätsmodelle, wie sie insbesondere im Rahmen interaktionistischer Theorien entwickelt worden sind. Sie halten auch gegenwärtigen sozialpsychologischen Erkenntnissen stand und zeigen eine Nähe zu den Zielen ästhetischer Bildung, wie sie hier dargelegt worden sind.

2.1 Interaktionistische Identitätsmodelle

Im Gegensatz zu einer Auffassung von Identität als einem bereits im einzelnen Menschen vorhandenen Bauplan oder Kern (endogene Identität) oder auch im Gegensatz zur Identitätstheorie nach Erikson (Erikson 1981), wonach Identität vor allem im Jugendalter zu erarbeiten und damit ›abschließbar‹ wäre, geht es in interaktionistischen Identitätskonzepten vor allem darum, dass Identität auf einer Balance zwischen Selbstbild und Fremdbild beruht und dass diese Balance permanent, d.h. ein Leben lang, in und durch Interaktionen hergestellt werden muss (Mead 1968). Identität ist damit eine Metapher für den inhaltlich offenen und unabschließbaren Prozess, »dass Menschen angesichts der potenziellen Optionen in der Pluralität nach Selbstvergewisserung, Konsistenz und Kohärenz suchen« (Ziebertz 2001, S. 130). In Interaktionen rekonstruieren Menschen Äußerungen und Erwartungen der anderen und setzen diese in Beziehung zu sich selbst.

Bei interaktionistischen Identitätsmodellen muss man keineswegs nur an Interaktionen mit physisch anwesenden Interaktionspartnern denken, sondern kann sie auch auf die Auseinandersetzung beispielsweise mit Bildern, Imaginationen oder Symbolen und damit auf die ästhetische Bildung beziehen. Diese Auseinandersetzung muss, wenn sie zur Identitätsbildung beitragen soll, ein Wechselspiel von eigenem Ausdruck (bzw. persönlicher Imagination) und Wahrnehmung des Fremden sein.

Notwendiger Teil des Identitätsprozesses ist die Fähigkeit zur wechselseitigen Perspektivenübernahme (Selman 1982). Der zunächst egozentrische Standpunkt eines Kindes weitet sich nach und nach zum Wechsel zwischen Ich- und Du-Perspektive (ich kann nachvollziehen, wie jemand anderes einen Sachverhalt sieht, und ich kann mir die Einstellung eines anderen zu mir vergegenwärtigen). Aber auch dieses Stadium bedarf noch der weiteren Entwicklung zu einer Wir-Perspektive, nämlich der Einsicht in übergreifende Prinzipien, die die soziale Wahrnehmung von größeren Gruppen oder ganzen Gesellschaften steuern können (z.B. durch tradierte Rollenzuschreibungen oder durch kulturell geprägte Bewertungsmuster für Verhaltensweisen).

Mit der Reversibilität des Denkens und der Ausweitung des sozialen Bewusstseins werden die Perspektiven immer umfassender, die der Einzelne von sich auf andere und von anderen auf sich einzunehmen vermag und durch die sich sein »Selbst«-Bild konstituieren (Kegan 1991) kann. Bei Jugendlichen unterstützt die Fähigkeit zur wechselseitigen Perspektivenübernahme die Tendenz, sich selbst so zu sehen, wie ihrer Meinung nach die anderen sie wahrnehmen. Die (manchmal nur: vermeintliche) Perspektive der anderen bestimmt also im Jugendalter entscheidend, wer man glaubt zu sein. Dies zeigt sich z.B. in der Bedeutung, die die Peer-Group für die Identitätsentwicklung vieler Jugendlicher hat.

Um Jugendliche auf dem Weg zur mündigen Perspektivenübernahme zu unterstützen, bietet die ästhetische Bildung besondere Lernsituationen und -chancen, die es erlauben, eigene Perspektiven wahrzunehmen, gleichzeitig aber auch Abstand dazu zu gewinnen und Perspektiven anderer einzunehmen und ggf. auch zu übernehmen. Der Umgang mit Fiktionen, also z.B. die rezeptive und produktive Beschäftigung mit Bildern, Texten oder Filmen, ermöglicht ein Wechselspiel von Identifikation und Sich-Einlassen auf Fremdes, das den Suchbewegungen von Heranwachsenden entgegenkommen kann und sowohl die Selbstreflexion als auch das Fremdverstehen unterstützt. Die oben schon erwähnte ethische Dimension ästhetischer Bildung ist wesentlich in dieser reflektierten und zugleich emotional fundierten Perspektivenübernahme begründet, die die Fähigkeit fördert, Lebenserfahrungen und -entwürfe anderer Menschen besser zu verstehen und so ichzentrierte Sichtweisen zu überwinden (vgl. Spinner 2004).

2.2 Identität als Konstruktion

In der jüngsten Diskussion wird der sozialwissenschaftlich geprägte interaktionistische Identitätsbegriff vertieft und vor allem der konstruktive Charakter von Identität betont. Markus P. Neuenschwander (1996, S. 14 f.) spricht von einem angeborenen, eigenschaftslosen, nicht unmittelbar erfahrbaren Kern (Subjekt), der persönliche, soziale, materielle, abstrakte und handlungsbezogene Identitäten mit bestimmten Einstellungen, Werten, Eigenschaften ausbildet. Das Selbstbild bzw. Selbstkonzept entstehe durch die Entwicklung und Reflexion dieser Identitätsschemata. Eindrücke, Erfahrungen und Erlebnisse werden gesammelt, im Hinblick auf die eigene Identität bewertet und in das Selbstkonzept eingegliedert. Benno Hafeneger (2004) betont besonders die intersubjektive Konstitution von Identität in einem oszillierenden Austausch mit der menschlich-sozialen Umwelt (Hafeneger 2004, S. 43 ff.). Diese Interaktion bedeutet immer neu eine Restrukturierung des Selbstkonzepts. Besonders im Jugendalter können Um- und Neustrukturierungen des Selbstbildes, wie sie entwicklungsbedingt oft vorkommen, Krisen auslösen.

Für die ästhetische Bildung ist in diesem Zusammenhang interessant, dass die Identitätsentwicklung von sinnlichen Erfahrungen und ästhetischen Wahrnehmungen sowie deren Reflexion begleitet wird. Nach Haußer liegt in der subjektiven Bedeutsamkeit, die auch konstitutiver Bestandteil ästhetischer Erfahrung ist, die Chance zur Identitätsentwicklung, weil nur durch Betroffenheit Reflektieren und In-Frage-Stellen angeregt werde: »Was einen emotional nicht berührt ..., wird auch nicht identitätsrelevant« (Haußer 1995, S. 9).

Für die Identität als Konstruktion bietet die ästhetische Erfahrung zudem ein Feld der Erprobung. In der Musik, in Bildern, in der Literatur, in Filmen finden (je nach ihrer Neigung) Heranwachsende Möglichkeiten der Identifikation und des Eintauchens in fremde Welten. Hier können sie den von ihnen oft als einengend empfundenen Festlegungen des gegebenen Alltags entkommen und ihren Suchbewegungen freier nachgehen.

2.3 Patchwork-Identitäten

Angesichts vielfach philosophisch und sozialwissenschaftlich diagnostizierter gesellschaftlicher Veränderungen (Entgrenzung der individuellen und kollektiven Lebensmuster, Verlust von Sicherheitsgarantien, ungewisse Zukunftsperspektiven, ungesicherte Erwerbsarbeit, mediale Fragmentierung von Erfahrung usw.) müssen herkömmliche Identitätstheorien allerdings noch grundsätzlicher in Frage gestellt werden. »In der Dekonstruktion grundlegender Koordinaten modernen Selbstverständnisses, sind vor allem Vorstellungen von Einheit, Kontinuität, Kohärenz, Entwicklungslogik oder Fortschritt in Frage gestellt worden. Begriffe wie Kontingenz, Diskontinuität, Fragmentierung, Bruch, Zerstreuung, Reflexivität oder Übergänge sollen zentrale Merkmale der Welterfahrung thematisieren« (Keupp u.a. 1999, S. 30).

Im Zeitalter divergenter Lebensentwürfe, der Umbrüche und Traditionsabbrüche sind die Kriterien für eine integrative, regelhafte, gelingende Identitätsfindung, die sich an normativen Erwartungen und an Leitbildern orientiert, nicht mehr haltbar. Virtuelle Welten produzieren Kommunikationsrisse zwischen den Generationen, und es gibt keine allgemein gültigen ›richtigen‹ Konzepte und Lebensentwürfe mehr (Keupp u.a. 1999, S. 51). Der Verlust an traditionellen Gefügen paart sich mit einer oftmals unüberschaubaren Offenheit und Unabgeschlossenheit der heterogenen und pluralen Entwürfe, die man als typisch postmodern bezeichnen kann. Statt einer kontinuierlichen Entwicklung zur kohärenten Ich-Identität entstehen »Patchwork-Identitäten« (Keupp u.a. 1999). Eine konfliktfreie, sozial und kulturell getragene Integration, die sich durch kontinuierliche Identitätsarbeit erzielen lässt, wird zunehmend schwieriger. So wird die Vorstellung von Identität als abschließbarem Ganzen abgelöst von der Idee der allmählichen, lebenslang währenden Konstruktion des Selbst als Projektentwurf des eigenen Lebens (ebd.). Darin ist, im Vergleich zu traditionelleren Identitätserfahrungen, auch ein Gewinn an Freiheit und Selbstbestimmung zu sehen, der gerade Jugendlichen wichtig ist.

Wolfgang Welsch, der sich besonders intensiv mit den postmodernen Identitäts- und Ästhetikkonzepten auseinander gesetzt hat, sieht den Menschen als ›hartnäckigen Identitätskonstrukteur‹, der Überschneidungen, Bezugnahmen und Verbindungen zwischen seinen Teilidentitäten herstellen muss, wobei ihm die Beschäftigung mit anderen, fremden und neuen Lebensentwürfen hilft. »Identität ist immer weniger monolithisch, sondern nur noch plural möglich. Leben unter heutigen Bedingungen ist Leben im Plural, will sagen: Leben im Übergang zwischen unterschiedlichen Lebensformen« (Welsch 1993, S. 171). Es komme also darauf an, »Formen zu finden und auszubilden, in denen diese Pluralität vollziehbar und in Übergängen mit neuen Identitätsfindungen lebbar wird. Die Kunst spiegelt solche Identitätsvervielfachung seit langem mit besonderer Eindringlichkeit wider« (ebd., S. 171 f.). Daraus ergibt sich die Bedeutung, die gerade die Künste für die Auseinandersetzung mit postmoderner Identitätsfindung gewinnen können.

2.4 Dreidimensionale Struktur von Identität

Obwohl konstruktivistische und postmoderne Auffassungen, wie ausgeführt, jede Vorstellung einer einheitlichen, in sich geschlossenen Identität in Frage gestellt haben und vor dem Hintergrund eines gesellschaftlichen Pluralismus die Rede von einem »Patchwork der Identitäten«, einer »Bastelbiographie« oder einem »pluralen Selbst« für angemessener halten, wird »selbst von dieser Seite wieder auf die Notwendigkeit eines Minimums an Kohärenz und Kontinuität der Identität hingewiesen« (Schweitzer 2002, S. 192); »ein gewisses Maß an Kohärenz erweist sich für die Herstellung einer lebbaren Verknüpfung des Inneren mit dem Äußeren als unverzichtbar« (Mette 2001, Sp. 851).

Im Hinblick auf den Religionsunterricht, in dem die Frage nach der Identität ein grundlegendes Thema ist, hat Ziebertz (2001, bes.S. 130 f.) für die Frage, inwieweit ein Leben als kohärent und konsistent erfahren wird, ein dreidimensionales Modell vorgeschlagen, das auch für andere Fächer Geltung beanspruchen kann: Zum einen hat Identität eine temporale Struktur; die Frage »Wer bin ich?« wird immer von der Gegenwart aus auf die Zukunft hin gestellt und ist zugleich von der Vergangenheit her bestimmt. Als zweite Dimension ergibt sich beim Versuch der Selbstvergewisserung die Spannung zwischen dem, was ist, und dem, was sein könnte, also zwischen Wirklichkeit und Möglichkeit. »Die dritte Strukturebene der Identität besteht aus einem *kognitiv-beschreibenden* und *affektiv-evaluierenden* Pol. [...] Man kann Ereignisse aufzählen, oder zu ihnen Stellung nehmen und sie bewerten. Die Bewertung wird umso positiver ausfallen, je mehr die eigene Lebensgeschichte Kohärenz (Zusammenhang) und Konsistenz (Widerspruchslosigkeit) aufweist« (Ziebertz 2001, S. 131).

Der von Ziebertz betonte Bezug zur jeweils eigenen Lebensgeschichte wird gestützt von theoretischen Konzeptionen der narrativen Identität. Nach diesen Konzepten gewinnt ein Mensch dadurch Identität, dass er sich eine diachronische (d.h. zeitlich strukturierte) Selbsterzählung schafft, in der er sein Tun und seine Erfahrungen in einen durch das eigene Selbst zusammengehaltenen Zusammenhang bringen kann. »Die narrative Konzeption des Selbst verhindert, daß die Person sich in unzusammenhängende Empfindungen, Bewußtseinsinhalte und Handlungen auflöst« (Teichert 2000, S. 202). Hier wird also ein Begriff, Narration, der auch für ästhetische Phänomene, insbesondere für die Literatur, zentral ist, für die Identitätstheorie in Anspruch genommen. Im Sinne der dreidimensionalen Struktur nach Ziebertz umfasst die narrative Identitätsbildung den Blick auf Vergangenheit und Zukunft, auf Wirklichkeit und Möglichkeit und verbindet feststellende Vergegenwärtigung und affektive Bewertung. Angesichts der Zerrissenheit, Fragmentierung und Widersprüchlichkeit der Wirklichkeitserfahrung zielt narrative Identitätsvergewisserung nicht auf die Erreichbarkeit einer abschließbaren Identität, sondern hält das Bewusstsein der Kontingenz, der Widersprüche und Aporien in der eigenen Lebensgeschichte wach und ist doch von einem Bestreben nach Kohärenz getragen. Sie bildet auch die Voraussetzung dafür, dass sich Optionen für mögliche, selbst konstruierte und selbst bestimmte Lebensentwürfe eröffnen.

Die Vielfalt des Selbsterlebens bedeutet, dass eigene Identität immer die Auseinandersetzung mit dem Fremden einschließt. Die zentrale Identitätsfrage lautet dann »Wer bin ich im Verhältnis zum Anderen, zum Fremden, zum Neuen etc.?« So ist das Identitätskonstrukt untrennbar mit dem Konzept der Alterität verwoben (Keupp u.a. 1999, S. 69). Gemeint ist damit das Erkennen des Selbst im Anderen, im Fremden, im Gegenüber (Person, Kunstwerk, Text, Musikstück, Symbol usw.), und zwar einerseits als ein Wiedererkennen, andererseits als die Bereitschaft, im Anderen, Fremden sich selbst neu zu begreifen, wobei immer ein Rest des Nicht-Verstehens bleibt (Jauß 1994, S. 23).

3. Symbolbildung

Für den Zusammenhang von ästhetischer Bildung und Identitätsentwicklung ist das symbolische, bildhafte Begreifen von Welt von besonderer Bedeutung. »Das Denken mit Bildern hat in unserer kulturellen Entwicklung eine lange und bedeutende Geschichte. Im wissenschaftlichen Denken wurde seine Bedeutung jedoch immer mehr marginalisiert und auf Sonderwege wie Kunst und – heute insbesondere – Medien ausgelagert« (Schäfer 2003, S. 208). Doris Schuhmacher-Chilla (1995, S. 28) sieht die Identitätsbildung bzw. die Selbstkonstitution als ästhetischen, bildhaften Prozess, der auf Körperempfindung und ästhetischer Wahrnehmung basiert und gesellschaftlich wie kulturell überformt ist. »Die Betonung des bildhaften Anteils der Konstitution des Selbst ist besonders wichtig, weil über die Vorstellungen wie über das Sehen von Bildern mit den Sinnen Symbolfunktionen eingeleitet werden ...« (ebd., S. 29).

Hinter der Auffassung von Symbolbildung als einer Grundlage von Weltverstehen und Bildung steht ein Symbolverständnis, das auf Ernst Cassirers Schrift »Philosophie der symbolischen Formen« (1923-29) zurückgeht, auf die sich auch Susanne Langer

KONSEQUENZEN FÜR DEN UNTERRICHT

mit ihrem oben schon erwähnten Begriff der präsentativen Symbole bezieht. Cassirer bezeichnet mit ›Symbol‹ jede Form menschlichen Denkens, die im Sinnlichen konkreten Ausdruck erhält – Worte, Bilder, Töne, Tanz: »Unter einer ›symbolischen Form‹ soll jede Energie des Geistes verstanden werden, durch welche ein geistiger Bedeutungsgehalt an ein konkretes sinnliches Zeichen geknüpft und diesem Zeichen innerlich zugeeignet wird. In diesem Sinne tritt uns die Sprache, tritt uns die mythisch-religiöse Welt und die Kunst als je eine besondere symbolische Form entgegen« (Cassirer, zitiert nach Pochat 1983, S. 128). Die Symbolbildung ist sowohl sinnlich-ästhetische Ordnung von Erfahrung als auch gestalteter Ausdruck, indem z.b. eine Vorstellung oder eine Idee an einen Bedeutungsträger geknüpft und somit kommunikabel wird. Im symbolischen Verstehen öffnet sich das Einzelne, Verstreute, Beliebige, Zufällige auf größere Zusammenhänge hin, ohne dass diese unbedingt benennbar wären. Für die Verarbeitung der eigenen Lebensgeschichte und die biographischen Suchbewegungen stellt die Symbolbildung strukturierte Anschauungsformen bereit, die sinnliche und emotionale Erfahrungsqualität mit reflexiver Selbstvergewisserung verbinden; so kann z.B. die Erinnerung an ein bestimmtes Spielzeug oder an einen bestimmten Geruch in symbolischer Verdichtung zu einem Ankerpunkt in der Vergewisserung der eigenen Lebensgeschichte werden.

Symbolbildung und gestalterischer Ausdruck erfordern die ästhetische Ordnung und Strukturierung von Wirklichkeitserlebnissen, Fantasien, Träumen, Geschichten etc. im Produktionsprozess. Aber auch im rezeptiven Umgang mit Werken der Bildenden Kunst, Literatur, Musik, mit religiösen Symbolen und alltagsästhetischen Phänomenen findet ein Prozess der aktiven Strukturierung von Wahrnehmung, der symbolischen Sinnbildung statt, der im Rahmen ästhetischer Bildung zu fördern ist.

4. Spiel

Der in der Ästhetikdiskussion immer wieder erörterte Spielbegriff kann vor dem Hintergrund neuester Erkenntnisse den Zusammenhang von ästhetischer Erfahrung und Identitätsproblematik besonders nachdrücklich verdeutlichen. Der Hirnforscher Wolf Singer weist darauf hin, dass es im menschlichen Gehirn »offensichtlich keinen einzelnen Ort [gibt], wo alle Informationen zusammenlaufen, wo aus verschiedenen Sinnessignalen schlüssige Bilder der Welt gefertigt werden, wo Entscheidungen fallen, wo das Ich ›Ich‹ sagt«, sondern »wir uns einem extrem dezentral organisierten System gegenüber[sehen], in dem an vielen Orten gleichzeitig visuelle, auditorische oder motorische Teilergebnisse erarbeitet werden« (Singer 2003, S. 56); das bedeutet, dass unser Gehirn ständig ein »kombinatorisches Spiel« (ebd.,

S. 84) treibt. Singer sagt deshalb, dass jeder, der wahrnimmt, »in einem gewissen Sinne ein Künstler« sei (ebd., S. 85). Im kombinatorischen Spiel, so könnte man den Gedanken weiterführen, erfährt sich der Mensch als Subjekt; rezeptive und produktive ästhetische Erfahrung ist dafür prototypisch. Dieses kombinatorische Spiel oszilliert zwischen Entgrenzung und Integration oder (mit anderen Begriffen) zwischen Irritation und Bestätigung (Maiwald 2001, S. 43 und S. 52). Darin zeigt sich die Wirkung auf den Identitätsprozess: Es werden z.b. eingefahrene Deutungsmuster durchbrochen, aber auch Aha-Erlebnisse vermittelt, man verliert sich bei der Romanlektüre in der Vorstellung, ganz anderswo und vielleicht auch ein ganz anderer zu sein, und knüpft doch ständig Verbindungen zum bekannten Eigenen, zu Erlebnissen, Verdrängtem, Erwünschtem. Dieses Spiel von Irritation und Bestätigung ist möglich, weil im ästhetischen Raum keine Sanktionen zu befürchten sind.

Kinder sind besonders spielfreudig, sie verfügen über hohe Flexibilität im symbolischen Handeln, über Fantasiefähigkeit und unkonventionelle Ideen. Sie suchen Widerstände und Grenzerfahrungen, sie erproben Handlungsmuster und erforschen neugierig ihre Umwelt. Das ästhetische Verhalten ist dabei noch nicht so wie bei Erwachsenen als Sonderform ausgeprägt. »Erst im Zuge zunehmender Spezialisierung von Lernen und Zersplitterung von Erfahrung durch die Unterwerfung von immer mehr Verhaltensaspekten unter die Erfordernisse des Verwertungsinteresses, des Leistungszwangs und unter das Primat diskursiver Aneignungsweisen und Symboliken bildet sich ästhetisches Verhalten als eine spezielle Aktivität aus« (Hartwig 1979, S. 239). An diese Fähigkeiten der Kinder ist anzuknüpfen, wenn auch für das Jugendalter die ästhetische Erfahrung und der durch sie eröffnete Simulationsraum für die Auseinandersetzung mit Lebensentwürfen und damit für die Identitätsentwicklung fruchtbar gemacht werden soll. Jugendliche sind allerdings gerne geneigt, spielerische Zugangsweisen als kindlich abzuwehren; es ist eine Aufgabe ästhetischer Bildung, erfahrbar zu machen, dass Spiel nicht Oberflächlichkeit, Beliebigkeit und Unernst bedeutet und auch kein Tribut an die Fun-Kultur der »ludischen Gesellschaft« (Rötzer 1998, S. 165) sein muss, sondern intensive, produktive Auseinandersetzung erlaubt. Bei der Erprobung der unten vorgelegten Unterrichtsmodelle hat sich gezeigt, dass die für die Schülerinnen und Schüler z.T. sehr ungewohnten Zugangsweisen insgesamt mit großer Offenheit angenommen wurden.

Wenn das Zusammenspiel (das zugleich ein Wechselspiel von Zusammenfinden und Zerbrechen von Synthesen ist) als Metapher für ästhetische Erfahrung und Identitätsprozess taugt, dann trifft weder die Zielvorstellung einer bloßen Identitätsvervielfachung noch die eines kohärenten Selbst zu. So wie sich die ästhetische Erfahrung als nicht-abschließbares, freies Spiel erweist, das Flexibilität und Fantasie benötigt, ist Identitätsbildung ein ständig neu zu leistendes Zusammenfügen und Infragestellen verstreuter Selbst- und Fremderfahrungen. Dass dies nicht von Gefühlen der Vergeblichkeit, Ohnmacht und Resignation begleitet sein muss, sondern ein kreativer Prozess der Selbstwahrnehmung und -bildung sein kann, dafür steht modellhaft die ästhetische Erfahrung, für die Irritation und überraschendes Sich-Zusammenschließen von Fragmenten kennzeichnend sind.

5. Konsequenzen für die ästhetische Bildung in der Sekundarstufe I und II

Ästhetische Bildung heißt, dass in dem oft einseitig kognitiv-rational ausgerichteten Unterricht auch emotional geprägte sinnliche Erfahrungen Platz finden müssen. Dazu gehören kontemplative Phasen des Hörens und Schauens ebenso wie die Reflexion und der Austausch über Empfindungen bei der Rezeption ästhetischer Phänomene und der eigene gestaltende Ausdruck im Musizieren, Schreiben, Malen, szenischen Spielen. Die im Unterricht zu fördernde Offenheit für ästhetische Erfahrungen heißt auch, dass sich Schülerinnen und Schüler der Irritation stellen, die ästhetische Gestaltungen auslösen, dass ihre Neugier für Überraschendes unterstützt und daraus sich ergebende Reflexions- und Gesprächsimpulse wahrgenommen werden. Ein solcher Unterricht bietet die Chance, dass sich Schülerinnen und Schüler in ihren eigenen Erfahrungen und Suchbewegungen ernst genommen sehen können und dass sie Schule nicht als Ort entfremdeten Belehrtwerdens, sondern als Hilfe zur identitätsorientierten Selbstbildung erfahren. Besondere Bedeutung gewinnt das Ästhetische für die Selbstwerterfahrung: Jedes ästhetische Genießen bedeutet, dass der Rezipierende sich selbst für wert hält, eine (zwecklose) ästhetische Erfahrung machen zu dürfen. In noch gesteigertem Maße gilt das für das eigene Gestalten. Ein Ernstnehmen der ästhetischen Erfahrungen und Gestaltungen von Schülerinnen und Schülern ist deshalb immer auch eine Unterstützung ihrer Identität.

Eine solche Offenheit im Unterricht bedarf bestimmter Bedingungen: Nicht nur die Inhalte des Unterrichts sollten dem Interesse und den unterschiedlichen Fähigkeiten der Schülerinnen und Schüler folgen, auch die Methoden müssen Freiraum für selbstständiges Handeln ermöglichen. Das heißt zugleich, dass die Lehrerin/der Lehrer durch aspektreiche Angebote das Entwickeln und Erproben eigenständiger Ideen zulassen muss. Es bedeutet auch, bereit zu sein, die Kontrolle über die Lerngruppe ein Stück weit aufzugeben – geht doch jedes Kind, jeder Jugendliche dann eigene, individuelle Wege. Als Lehrerin bzw. Lehrer braucht man dabei Geduld, aber oft ist man dann auch überrascht, wie plötzlich bei den Schülerinnen und Schülern etwas aufbricht und sich unverhoffte Intensität ergibt.

5.1 Inhalte und Intentionen

Ästhetisches Gestalten und Rezipieren beruhen auf dem *Einbringen von Subjektivität*, die in ein eigenes Werk (Bild, Text, musikalisches Stück ...) eingeht oder die im fremden Kunstwerk gespiegelt wird. Ästhetische Bildung ist so in der Arbeit an der eigenen Identität verwurzelt. Als identitätsstiftende Inhalte des Unterrichts können insbesondere solche Themen und Motive bezeichnet werden, die es den Schülerinnen und Schülern ermöglichen, mit sich selbst, der eigenen Person in Kontakt zu treten, und zwar in zweierlei Hinsicht: Zum einen können Anregungen gegeben werden, sich mit der eigenen Biografie zu befassen, das heißt rückblickend das Erfahrene und Erlebte zu verarbeiten. Dabei kann durch spielerische Zugänge ein Teil des (vergangenen) Selbst erfahren und in Einklang mit dem aktuellen Selbstbild und mit Wunschvorstellungen gebracht werden. Im Praxisteil dieses Bandes wird dies z.B. besonders deutlich beim Vorschlag für die Erstellung von Gipsmasken (3.2), den fotografischen Inszenierungen des Selbst ausgehend von Cindy Shermans Kunstwerken (3.9), der Auseinandersetzung mit der eigenen Lebensgeschichte auf dem Hintergrund der Gender-Perspektive (3.5) oder der Beschäftigung mit dem Lebensgefühl des 21. Jahrhunderts anhand eines Textes von Sibylle Berg (3.14). Zum anderen kann die Beschäftigung mit verschiedenen, gesellschaftlich tradierten Lebensentwürfen dazu führen, die eigenen Identitätskonstruktionen zu befragen. Im ästhetischen Unterricht geschieht dies oft implizit, ohne ausdrückliches Benennen und Besprechen. In diesem Sinne fordern die folgenden Unterrichtsmodelle nicht unbedingt Selbstoffenbarung heraus, aber sie sind daraufhin angelegt, dass Selbstreflexionsprozesse stattfinden können. Das erfolgt z.B. anhand des Gedichtes »Das Spiegelbild« von Annette von Droste-Hülshoff (3.8) oder der Filme »Der blaue Engel« (3.11) bzw. »Die Bourne Identität« (3.6).

Einen zentralen Aspekt ästhetischer Bildung stellt das *symbolische Verstehen* dar. Die Schülerinnen und Schüler sollen bezogen auf die unterschiedlichsten Kunstformen und ästhetischen Phänomene erkennen, dass durch die Bezüge in einem ästhetischen Werkzusammenhang einzelne Elemente und Konfigurationen Bedeutungserweiterung erfahren – so kann das Meer auf einem Bild oder in einer Erzählung Unendlichkeit konnotieren. Ästhetische Bildung vermittelt den Schülerinnen und Schülern, dass ihre subjektiven Eindrücke und deren individuelle Verarbeitung

Ästhetische Bildung und Identität

hierbei wichtig sind und dass gerade die aufmerksame und intensive Wahrnehmung der künstlerischen Objekte und die damit verbundene symbolische Bedeutungserfahrung subjektive Beteiligung vertiefen kann. Die Balance und Wechselwirkung zwischen aufmerksamer Hinwendung zum künstlerischen Objekt und dem Ermöglichen subjektiver Rezeption/Produktion zeichnen einen Unterricht aus, der dem Anspruch von ästhetischer Bildung gerecht werden will. In den folgenden Unterrichtsvorschlägen ist es vor allem das Symbol des Spiegels, das in vielen Variationen angesprochen wird (vor allem 3.6 bis 3.11 und 3.14).

Dabei sollen die Schüler und Schülerinnen auch zu einer symbolkritischen Haltung geführt werden und – insbesondere in den Modellen 3.12 und 3.13 – aufmerksam werden, inwieweit ästhetische Erfahrung manipuliert und in den Dienst von Ideologie(kritik) gestellt werden kann.

Symbolische Bedeutungszusammenhänge haben sich über Jahrhunderte herausgebildet und werden ständig umgestaltet. Ästhetische Bildung schließt deshalb auch einen Einblick in solche *Traditionen* ein. So ist z.B. der Spiegel als Symbol der Selbstbespiegelung (Venus, Narziss), der Selbsterkenntnis, der Entsprechung von Mikro- und Makrokosmos und des (eitlen) Scheins seit der Antike in Kunst und Literatur und seit 100 Jahren im Film immer neu gedeutet worden und auch in die Psychologie eingegangen. Für den Unterricht ist dabei weniger die Vermittlung stoffreichen kulturellen Wissens wichtig als das exemplarische Erkunden von Traditionen der Symbolgestaltung. Zum historischen Aspekt ästhetischer Bildung gehört auch der Einblick in die Tradition der Wahrnehmungsweisen. Unsere gegenwärtigen Formen der ästhetischen Erfahrung haben sich historisch herausgebildet und sind nicht einfach naturgegeben. Vieles, was wir heute als schön und beeindruckend erleben, wäre früheren Generationen völlig fremd – und umgekehrt finden wir heute manches unattraktiv, was früher als schön galt. Mehr als dies in der Regel genutzt wird, bieten sich hier interdisziplinäre Ansätze an, um diesen kulturellen Wandel zu erkennen (z.B. Avantgarde am Anfang des 20. Jahrhunderts als neue Ästhetik in Kunst, Literatur und Musik). Der Einblick in Traditionszusammenhänge schließt auch das Verständnis für Intertextualität ein, also dafür, wie in literarischen Texten, Werken der Bildenden Kunst, Musikstücken, Bauten und Filmen frühere Motive und Gestaltungsformen zitiert, kombiniert und verfremdet werden. In den Unterrichtsvorschlägen wird dieser Aspekt vor allem durch das Motiv der Venus und des Narziss deutlich (vor allem 3.9 und 3.14).

Verharren im bloßen Austausch von Anmutungen auf der einen und Zielorientierung hin zu objektiv Feststellbarem auf der anderen Seite sind die beiden Extremformen verpasster Balance zwischen subjektiver Beteiligung und Aufmerksamkeit für den ästhetischen Gegenstand. Die genaue, differenzierte Wahrnehmung als Voraussetzung und Teil ästhetischer Erfahrung kann durch das Sprechen – z.B. durch Beschreiben, Analysieren, Interpretieren – gestützt werden. Wichtig ist, dass sich die sprachliche Ausformulierung nicht an die Stelle der ästhetischen Wahrnehmung setzt und sie verdrängt, sondern auf diese hin offen bleibt. Schülerinnen und Schülern soll bewusst bleiben, dass ein künstlerisches Werk begrifflich nie ganz eingeholt werden kann. Ein Unterricht, der nur die ausformulierte Interpretation als Ziel sieht, wird dem Anspruch auf ästhetische Sensibilisierung nicht gerecht.

Zugleich soll in der Begegnung mit künstlerischen Werken die *Imaginationsfähigkeit* der Schülerinnen und Schüler zur Entfaltung gebracht werden. Produktionsorientierte Verfahren, mit denen Schülerinnen und Schüler zur kreativen Verarbeitung von Texten, Bildern, Musikstücken usw. angeregt werden, sind hier fruchtbar, besonders auch, wenn fächerverbindende Möglichkeiten genutzt werden. Malen, Filmen, Schreiben und szenische Etüden zu Texten und Bildern werden in diesem Sinne in fast allen folgenden Unterrichtsmodellen vorgeschlagen.

Ästhetische Erfahrung bezieht sich auf gestalthaft Wahrgenommenes. Weder bloß globale Eindrücke noch die Addition einzelner Wahrnehmungen werden dem gerecht. Vielmehr geht es darum, dass die Schülerinnen und Schüler das *Zusammenspiel von Einzelnem und Ganzem*, die Komposition wahrnehmen. Durch den Gestaltcharakter heben sich ästhetische Phänomene aus der kontingenten Vielzahl und Beliebigkeit der auf den Menschen einströmenden Eindrücke heraus. Deshalb kann zum Beispiel bei einer ästhetischen Landschaftswahrnehmung ein Betrachter sagen: »Schau, das ist wie ein Bild.« Die Landschaft wird damit als komponierter Zusammenhang wahrgenommen. Gestalthaftigkeit der ästhetischen Wahrnehmung schließt Dynamik (man denke z.B. an die schnellen Schnitte im Gegenwartsfilm oder bei Videoclips) und Zerbrechen von Ordnung nicht aus. Eine statische Auffassung vom Kunstwerk würde weder modernen Kunsttheorien noch den (post-) modernen künstlerischen Ausdrucksformen gerecht. Die Unterrichtsmodelle regen entsprechend immer wieder zu experimentell-verfremdender ästhetischer Tätigkeit an (besonders die Modelle zu Maria Lassnigs Werken, 3.3, zur Arbeit mit Lyrik und Textilien, 3.4., zu Cindy Shermans Werken, 3.9, und zu den Spiegelszenen in Goethes Faust, 3.10).

5.2 Material und Methoden

Künstlerisches bzw. ästhetisches Gestalten erfolgt am Material (an der Sprache, der Farbe, dem Stein, den Tönen und – beim szenischen Spiel – dem eigenen Körper). Schülerinnen und Schüler sollen Gelegenheit erhalten, selber mit dem Material gestaltend umzugehen – nicht nur im Fach Kunst, sondern auch im Musikunterricht, im Religionsunterricht, im Deutschunterricht und in weiteren Fächern.

Allerdings ist auch hier der individuelle Zugang für die ästhetische Erfahrung entscheidend – für die einen ist Sprache das adäquate Ausdrucksmittel, für die anderen das Gestalten mit Holz oder Ton, das Zeichnen, das Filmen, das Tanzen oder das Musizieren. Es müssen Freiräume geschaffen werden, um das jeweils geeignete Ausdrucksmittel zu finden und entwickeln zu können. Zahlreiche Anregungen und ein breites Materialangebot sind notwendig, die zum Experimentieren und spielerischen Erkunden der unterschiedlichen Gestaltungsmöglichkeiten mit ihren jeweils spezifischen Ausdrucksqualitäten auffordern.

Ein besonderes Spannungsverhältnis zwischen Schule als Institution und ästhetischer Erfahrung ergibt sich durch den *Spielcharakter*, der letztere charakterisiert. Die Zweck- und Zwanglosigkeit des Ästhetischen widersetzt sich einem nur auf Nutzanwendung zielenden Lernbegriff. Das Spiel als Element ästhetischer Erfahrung ist vor allem für Jugendliche in besonderer Weise zu berücksichtigen. Es bedeutet, sich selbst im Spiel zu vergessen, wie Kinder beim Spielen im Sand, Jugendliche beim Computerspiel es tun, und dann wieder bewusst konstruktiv zu gestalten. In diesem Sinne enthalten die folgenden Unterrichtsmodelle immer wieder offene Phasen des Erkundens und Experimentierens, besonders etwa das Modell 3.1 zur Erkundung der Sinnesorgane, und regen zugleich zur eigenen Gestaltung an (Malen, Filmen, Fotografieren, szenisches Spielen, Schreiben ...).

Da spielerische Prozesse von einer Eigendynamik mit ungewissem Ausgang bestimmt sind, ist der Unterricht wenig planbar und die Lehrerin/der Lehrer muss Vertrauen entwickeln, dass sich »Lernerfolge« einstellen. Auch brauchen ästhetische Prozesse Zeit. Dies wiederum bedeutet, dass der Stundenrhythmus aus dem Takt geraten kann. Da ästhetische Erfahrungen ein Unterbrechen von Alltagsroutinen bedeuten, können sie durch ein *Verfremden des Gewohnten* ausgelöst werden. Dies wird in den folgenden Unterrichtsmodellen in unterschiedlicher Weise genutzt, z.B. durch das Herstellen von Gipsmasken (3.2) oder die Zusammenführung klassischer und postmoderner Literatur in kreativen Aufgaben.

Imaginationen als Überschreiten des gegebenen Hier und Jetzt und als Verfremdung können *Reflexion* anstoßen – und zwar derart, dass diese in enger Verbindung mit aufmerksamer Wahrnehmung, Emotion und Imagination steht. Ästhetische Bildung verbindet damit menschliche Grundfähigkeiten, die oft genug getrennt voneinander auftreten. Ein bloßes Schwelgen in Gefühlen, eine trockene Analyse, ein beliebiges Herumfantasieren oder ein minutiöses Beobachten machen je für sich noch keine ästhetische Bildung aus; es kommt im Unterricht vielmehr darauf an, diese Grundfähigkeiten zusammenzuführen und die Erfahrung zu vermitteln, wie sie sich wechselseitig steigern können und dabei ihre Einseitigkeit verlieren.

Zur ästhetischen Bildung gehört auch die Fähigkeit, sich kommunikativ über Kunsterfahrungen austauschen zu können. Für diese kommunikative Kompetenz ist die Ausbalancierung eines dreifachen Bezuges wichtig: Die Gespräche sollen das Einbringen subjektiver Sichtweisen ermöglichen und sie sollen von einem Respekt für abweichende Auffassungen anderer getragen sein, aber auch eine abwägende Bezugnahme auf das besprochene Werk einschließen. Es geht um eine spezifische *Gesprächskultur*, die sich nur durch wiederholte, kontinuierliche Realisierung im Unterricht herausbilden lässt.

Vier Vorgehensweisen, die für die folgenden Unterrichtsvorschläge zur ästhetischen Bildung besonders typisch sind, seien hier zusammenfassend und exemplarisch genannt:
- Sich von Bildern und Texten sowohl inhaltlich als auch formal zu eigener Gestaltung anregen lassen und dabei Persönliches einfließen lassen: malen, filmen, Prosatexte schreiben, szenisch darstellen.
- Sinnliche Wahrnehmungen in den Unterricht einbeziehen, z.B. Stoffe fühlen, Gipsmasken herstellen, Musik hören, Bilder betrachten, den eigenen Körper in szenischen Etüden spüren; dabei Verbindungen mit anderen Sinneswahrnehmungen schaffen, z.B. Bildbetrachtung – Textlektüre – Filmszene drehen.
- Sich in literarische und Filmfiguren hineindenken und aus deren Perspektive innere Monologe schreiben und/oder sprechen.
- Einzelne Filmausschnitte, Textstellen, Bildmotive genau ansehen, Assoziationen austauschen und durch variierende, ergänzende, verfremdende kreative Gestaltungsaufgaben Bedeutungshorizonte ausloten.

6. Literatur

Bitter, Gottfried: Ästhetische Bildung, in: Bitter, Gottfried / Englert, Rudolf / Miller, Gabriele / Nipkow, Karl Ernst (Hg.): Neues Handbuch religionspädagogischer Grundbegriffe. München 2002, S. 233-238

Boehm, Gottfried: Bildsinn und Sinnesorgane. (Erstveröffentlichung 1980). In: Stöhr, Jürgen (Hg.): Ästhetische Erfahrung heute. Köln 1996, S. 148-165

Bubner, Rüdiger: Ästhetische Erfahrung. Frankfurt am Main 1989

Erikson, Erik H.: Jugend und Krise. Die Psychodynamik im sozialen Wandel. Frankfurt am Main 1981

Fatke, Reinhard: Phantasie, in: Kochan, Barbara / Neuhaus-Siemon, Elisabeth (Hg.): Taschenlexikon Grundschule. Königstein/ Ts. 1979, S. 338-342

Frederking, Volker: Identitätsorientierung, Medienintegration und ästhetische Bildung – eine theoriegeschichtliche Spurensuche. In: Jonas, Hartmut/Josting, Petra (Hg.): Medien - Deutschunterricht - Ästhetik. München 2004, S. 141-162

Frey, Hans-Peter / Haußer, Karl (Hg.): Identität. Entwicklungen psychologischer und soziologischer Forschung. Stuttgart 1987

Grözinger, Albrecht: Praktische Theologie und Ästhetik. München 1987

Hafeneger, Benno: Jugendkulturelle Modernisierung. Subjektbezug in Lernen und Bildung. Schwalbach/Ts.²2004

Hartwig, Helmut: Kunstunterricht/ Visuelle Kommunikation/ Ästhetische Erziehung. In: Kochan, Barbara/ Neuhaus-Siemon, Elisabeth (Hrsg.): Taschenlexikon Grundschule. Königstein/ Ts.1979

Haußer, Karl: Identitätspsychologie. Berlin, Heidelberg, New York 1995

Härle, Gerhard / Steinbrenner, Marcus (Hg.): Kein endgültiges Wort. Die Wiederentdeckung des Gesprächs im Literaturunterricht. Baltmannsweiler 2004

Hilger, Georg: Ästhetisches Lernen. In: ders./ Leimgruber, Stephan / Ziebertz, Hans-Georg (Hg.): Religionsdidaktik. Ein Leitfaden für Studium, Ausbildung und Beruf. München 2001, S. 305-318

Hilger, Georg / Ziebertz, Hans-Georg: Allgemeindidaktische Ansätze einer zeitgerechten Religionsdidaktik. In: Hilger, Georg / Leimgruber, Stephan / Ziebertz, Hans-Georg (Hg.): Religionsdidaktik. Ein Leitfaden für Studium, Ausbildung und Beruf, München 2001, 88-101, bes.95 f.

Jauß, Hans Robert: Ästhetische Erfahrung und literarische Hermeneutik I. München 1977

Jauß, Hans Robert: Wege des Verstehens.München 1994

Kegan Robert: Die Entwicklungsstufen des Selbst. Fortschritte und Krisen im menschlichen Leben. München ²1991

Keupp, Heiner / Ahbe, Thomas / Gmür, Wolfgang / Höfer, Renate / Mitzscherlich, Beate / Kraus, Wolfgang / Straus, Florian: Identitätskonstruktionen. Das Patchwork der Identitäten in der Spätmoderne. Reinbek bei Hamburg 1999

Keupp, Heiner: Grundzüge einer reflexiven Sozialpsychologie. Postmoderne Perspektiven. In: Keupp, Heiner: Zugänge zum Subjekt. Perspektiven einer reflexiven Sozialpsychologie. Frankfurt am Main 1993, S. 226 - 274

Kirchner, Constanze: Kunst, Kultur und Identität – »Welthingabe« als Voraussetzung ästhetischer Bildung. In: Mühleisen, Hans-Otto/ Stammen, Theo/ Ungethüm, Michael (Hg.): Anthropologie und Kulturelle Identität. Lindenberg/ Allgäu 2005, S. 259 – 277

Köppert, Christine: Entfalten und Entdecken. Zur Verbindung von Imagination und Explikation im Literaturunterricht. München 1997

Kraemer, Rudolf-Dieter / Spinner, Kaspar H.: SynÄsthetische Bildung in der Grundschule. In: Spinner, Kaspar H. (Hg.): SynÄsthetische Bildung in der Grundschule. Eine Handreichung für den Unterricht. Donauwörth 2002

Kunstmann, Joachim: Religion und Bildung. Zur ästhetischen Signatur religiöser Bildungsprozesse (Religionspädagogik in pluraler Gesellschaft; 2). Gütersloh, Freiburg i. Br. 2002

Langer, Susanne: Philosophie auf neuem Wege. Das Symbol im Denken, im Ritus und in der Kunst. Frankfurt am Main 1984

Maiwald, Klaus: Literatur lesen lernen. Begründung und Dokumentation eines literaturdidaktischen Experiments. Baltmannsweiler 2001

Mead, Georg Herbert: Geist, Identität und Gesellschaft. Frankfurt am Main 1968 (engl. Org. 1934)

Mette, Norbert: Identität. In: Mette, Norbert / Rickers, Folkert (Hg.): Lexikon der Religionspädagogik. Bd. 1. Neukirchen-Vluyn 2001, Sp. 847-854

Neuenschwander, Markus P.: Entwicklung und Identität im Jugendalter. Bern, Stuttgart, Wien 1996

Orth, Peter: Ästhetischer Religionsunterricht. In: KatBl 128 (2003), S. 249-254

Otto, Gert / Otto, Gunter: Ästhetische Erziehung, Ästhetisches Lernen. In: Mette, Norbert / Rickers, Folkert (Hg.): Lexikon der Religionspädagogik. Bd. 1. Neukirchen-Vluyn 2001, Sp. 12-18

Otto, Gunter: Aneignung und Veränderung der Wirklichkeit auf dem Weg der Phantasie. In: Kunst und Unterricht 60 (1980), S. 18-21

Pochat, Götz: Der Symbolbegriff in der Ästhetik und Kunstwissenschaft. Köln 1983

Rötzer, Florian: Aspekte der Spielkultur in der Informationsgesellschaft. In: Vattimo, Gianni / Welsch, Wolfgang (Hg.): Medien-Welten. Wirklichkeiten. München 1998, S. 149-172

Schäfer, Gerd E.: Mit Bildern denken. In: Fröhlich, Volker / Stenger, Ursula (Hg.): Das Unsichtbare sichtbar machen. Bildungsprozesse und Subjektgenese durch Bilder und Geschichten. Weinheim, München 2003

Schuhmacher-Chilla, Doris: Ästhetische Sozialisation und Erziehung. Zur Kritik an der Reduktion von Sinnlichkeit. Berlin 1995

Schweitzer, Friedrich: Lebensgeschichte und Religion. Religiöse Entwicklung und Erziehung im Kindes- und Jugendalter. Gütersloh [4]1999

Schweitzer, Friedrich: Entwicklung und Identität. In: Bitter, Gottfried / Englert, Rudolf / Miller, Gabriele / Nipkow, Karl Ernst (Hg.): Neues Handbuch religionspädagogischer Grundbegriffe. München 2002, 188-193

Seel, Martin: Die Kunst der Entzweiung. Zum Begriff ästhetischer Rationalität. (Originalausgabe 1985). Frankfurt am Main 1997

Selman, Robert L.: Sozial-kognitives Verständnis.In: Geulen, Dieter (Hg.), Perspektivenübernahme und soziales Handeln. Frankfurt a. M. 1982, S. 223-256

Singer, Wolf: Ein neues Menschenbild? Gespräche über Hirnforschung. Frankfurt a. M. 2003

Spinner, Kaspar H. (Hg.): SynÄsthetische Bildung in der Grundschule. Donauwörth 2002

Spinner, Kaspar H.: Werteorientierung im literarisch-ästhetischen Unterricht. In: Eva Matthes (Hg.): Werteorientierter Unterricht – eine Herausforderung für die Schulfächer. Donauwörth 2004, S. 102-113

Teichert, Dieter: Selbst und Narrativität. In: Newen, Albert / Vogeley, Kai (Hg.): Selbst und Gehirn. Menschliches Selbstbewußtsein und seine neurobiologischen Grundlagen. Paderborn 2000, S. 201-214

Welsch, Wolfgang: Ästhetisches Denken. Stuttgart [3]1993

Wiater, Werner: Herausforderungen an die Schule von morgen. In: Wiater, Werner (Hg.): Kompetenzerwerb in der Schule von morgen. Fachdidaktische und erziehungswissenschaftliche Aspekte eines nachhaltigen Lernens. Donauwörth 2001

Ziebertz, Hans-Georg: Religionsunterricht als Hilfe zur Identitätsbildung In: Hilger, Georg / Leimgruber, Stephan / Ziebertz, Hans-Georg (Hg.): Religionsdidaktik. Ein Leitfaden für Studium, Ausbildung und Beruf. München 2001, S. 123-135.

Teil II: Unterrichtsmodelle

1. »Gesicht, Maske, Person – Selbstbild, Spiegelbild, Fremdbild« als Rahmenthema

Kaspar H. Spinner

Für die Entwicklung der folgenden Unterrichtsvorschläge hat die Arbeitsgruppe das Rahmenthema »Gesicht, Maske, Person – Selbstbild, Spiegelbild, Fremdbild« gewählt. Damit wird der Zusammenhang von ästhetischer Bildung und Auseinandersetzung mit Identität akzentuiert. Das Gesicht ist der Teil des menschlichen Körpers, an dem die wichtigsten Sinnesorgane angesiedelt sind: das Auge für das Sehen, die Ohren für das Hören, die Nase für das Riechen, der Mund für das Schmecken. Damit ist das Gesicht Ort der ästhetischen Wahrnehmung und Übergang vom Äußeren zum Inneren. Das Gesicht ist aber zugleich ein Ort, bei dem das Innere eines Menschen für das Gegenüber sichtbar werden kann, wenn z.b. durch die Mimik Traurigkeit oder Freude zum Ausdruck kommt. Im zwischenmenschlichen Umgang spielt das Gesicht entsprechend eine entscheidende Rolle in der Einschätzung des Gegenübers. So wird mit dem Blick auf das Gesicht einem Menschen Identität zugeschrieben – wobei für das Subjekt die Erfahrung entstehen kann, dass es je nach Situation und Gegenüber ganz unterschiedlich wahrgenommen wird. In der Tiefenpsychologie gilt das Betrachten des eigenen Gesichts zudem als Schlüsselszene für die Entwicklung von Ich-Bewusstsein (vgl. vor allem den viel zitierten Vortrag von Jacques Lacan aus dem Jahr 1949 »Le stade du miroir comme formateur de la fonction du Je«, Lacan 1966, S. 93-100).

Die Maske erscheint als Kontrapunkt zum Gesicht. Mit ihr kann man sein wahres Gesicht verbergen und in eine andere Identität schlüpfen. Maskierung ist ein ästhetischer Prozess, sie hat mit Imagination, Verwandlung, Schein, auch mit Freiheit zu tun – und in vielen Kulturen sind Masken künstlerisch aufwändig gestaltet. Auch im übertragenen Sinn kann man von Maskierung bei ästhetischen Prozessen sprechen, z.B. beim Lesen von Literatur: Der Leser versetzt sich in die Perspektive literarischer Figuren, lebt und erlebt mit ihnen. Er spielt ein Spiel der Maskerade, der Identitätsdiffusion, experimentiert mit imaginierter Verwandlung ins Anderssein. Solche Maskerade kann auf den Prozess der Identitätsbildung zurückwirken:

Die Distanzierung vom gewohnten Selbstsein, die Entgrenzung kann Selbsterkenntnis bewirken – durch das Wiedererkennen von Eigenem im Fremden und durch Abgrenzung.

Zum Phänomen der Maskierung gehört auch die künstliche Stilisierung des Erscheinungsbildes, mit der fragwürdige Wirkungen einhergehen können. Als ein extremes und aufschlussreiches Beispiel wird dazu in zwei der folgenden Modelle das Beispiel Hitler zum Thema gemacht (3.12 und 3.13); damit wird eine kritische Reflexion über Ästhetisierungsprozesse angeregt.

Die Wirkung der Maske auf die Identität begründet, warum im gewählten Rahmenthema die Begriffe ›Gesicht‹ und ›Maske‹ durch ›Person‹ ergänzt sind: Die Auseinandersetzung mit dem eigenen Gesicht und eigenen Masken trägt dazu bei, sich als Person zu erkennen. In der Tradition des symbolischen Interaktionismus und vor dem Hintergrund postmoderner Identitätstheorien kann Identität und damit der Begriff ›Person‹ (als ein sich seiner Identität vergewisserndes Subjekt) nur prozesshaft verstanden werden: Ein Mensch hat nicht ein für allemal Identität, sondern strebt sie in jeder Lebenssituation erneut an. Im Umgang mit dem Ästhetischen können Identitätsprozesse besonders intensiv in Gang kommen: Gewissheiten, die das Ich-Bewusstsein stützen, werden erschüttert, neue Dimensionen im eigenen Ich können entdeckt, Verdrängtes, Abgewehrtes in die eigene Identität integriert werden (vgl. dazu auch Frederking 2004).

Eine hervorgehobene Rolle spielt in den Unterrichtsvorschlägen das Motiv des Spiegelbildes, das in den Künsten und in der Psychologie gleichermaßen eine Rolle spielt und so ästhetische Bildung und Identitätsentwicklung exemplarisch miteinander in Verbindung bringt. »Inventa sunt specula ut homo ipse se nosset« (zit. nach Michel/ Rizek-Pfister 2003, S. 10) (die Spiegel sind erfunden worden, damit sich der Mensch selbst kennen lerne), hat schon Seneca formuliert. Im Spiegel ist sich der Betrachter zugleich Subjekt und Objekt und er sieht sich deshalb in der Situation der Selbstreflexion – »das bin ich, und ich bin es nicht«, hat Hart Nibbrig vom Blick in den Spiegel gesagt (Hart Nibbrig 1987, S. 21). So ist in Philosophie und Literatur der Spiegel zu einem zentralen Motiv geworden, anhand dessen Fragen der Subjektivität und der Selbsterkenntnis erörtert werden. Ralf Konersmann nennt in diesem Sinne seine aspektreiche Abhandlung über das Spiegelmotiv »Lebendige Spiegel. Die Metapher des Subjekts« (Konersmann 1991). Rolf Haubl hält im Nachwort seiner ausführlichen Studie zur Kulturgeschichte des Spiegels abschließend fest, dass dieser »ein Kollektivsymbol des menschlichen Selbst- und Weltbezuges ist, das die Kulturgeschichte des Abendlandes sowohl ideell als auch nachhaltig prägt« (Haubl 1991, S. 970). Besonders werden Fragen der Ästhetik immer wieder mit Bezug auf Spiegelphänomene diskutiert; Kunst wird als Spiegel der Natur, als Spiegel der Ideenwelt, als Spiegel der Gesellschaft usw. in unterschiedlichen Epochen verstanden (vgl. Peez 1990). Das Gesicht des Menschen und die Wahrnehmungsorgane werden ebenfalls immer wieder mit der Metapher des Spiegels erörtert; so sagt Goethe vom Auge: »In ihm spiegelt sich von außen die Welt, von innen der Mensch« (Konersmann 1991, S. 191). Der Zusammenhang von Gesicht, Wahrnehmungsorgan und Subjektivität, der für das Rahmenthema »Gesicht Maske Person« zentral ist, wird in einem solchen Zitat deutlich. Die Begriffe ›Selbstbild, Spiegelbild und Fremdbild‹ bezeichnen auf einer abstrakteren Ebene, worum es in den Unterrichtsmodellen geht.

Aufgegriffen werden in den Unterrichtsvorschlägen auch die mythischen Gestalten Venus und Narziss, in denen das Spiegelmotiv im Laufe der abendländischen Kultur-, Kunst- und Literaturgeschichte immer neue Interpretationen erfahren hat. Schon in der Antike wird Venus, die vollkommen schöne Frau, oft mit dem Spiegel dargestellt. In der italienischen Renaissancemalerei wird Venus mit dem Spiegel bei Bellini, Vasari, Tizian, Veronese, Carracci u.a. zu einem beliebten Motiv, das dann von Rubens und Velazquez aufgegriffen wird (vgl. Prater 2002). Damit wurde die mittelalterliche Interpretation der Venus als Göttin der lasterhaften Lustbefriedigung, als babylonische Hure, überwunden und die sinnliche Schönheit aufgewertet (vgl. Katalog »Venus.Bilder einer Göttin« der Bayerischen Staatsgemäldesammlungen 2001). Kindern ist der Venusspiegel vom Schneewittchen-Märchen mit dem Satz »Spieglein, Spieglein an der Wand, wer ist die Schönste im ganzen Land?« bekannt.

Narziss, der sich in sein Spiegelbild verliebt, ist zum Inbegriff des nur auf sich selbst bezogenen Menschen und eines tödlichen Ästhetizismus geworden. Ovid hatte in seinen Metamorphosen die Sage von Narziss erzählt, und im Verlauf der Jahrhunderte hat diese mythologische Gestalt bei den Kirchenvätern, bei Philosophen, Kunsttheoretikern und in Literatur und Kunst immer neue Interpretationen gefunden bis zur Psychologie des 20. Jahrhunderts, für die – ausgehend von Sigmund Freud – der Narzissmus zu einem Schlüsselbegriff geworden ist (vgl. Renger 1999).

Literatur

Bayerische Staatsgemäldesammlungen (Hg.): Venus: Bilder einer Göttin. München 2001

Hart Nibbrig, Christiaan L.: Spiegelschrift. Spekulationen über Malerei und Literatur. Frankfurt am Main 1987

Haubl, Rolf: »Unter lauter Spiegelbildern ...«: Zur Kulturgeschichte des Spiegels.Bd. 1 und 2. Frankfurt am Main 1991

Konersmann, Ralf: Lebendige Spiegel. Die Metapher des Subjekts.Frankfurt am Main 1991

Lacan, Jacques: Ecrits.Paris 1966

Michel, Paul/Rizek-Pfister, Cornelia: Physik, Trug, Ideologie, Zauber und Symbolik des Spiegels.In: Michel, Paul (Hg.): Präsenz ohne Substanz. Beiträge zur Symbolik des Spiegels.Zürich 2003, S. 1-57

Peez, Erik: Die Macht der Spiegel. Das Spiegelmotiv in Literatur und Ästhetik des Zeitalters von Klassik und Romantik. Frankfurt am Main 1990

Prater, Andreas: Im Spiegel der Venus: Velazquez und die Kunst einen Akt zu malen. München 2002

Renger, Almut-Barbara: Mythos Narziss: Texte von Ovid bis Jacques Lacan. Leipzig 1999

2. Unterrichtspraktische Hinweise zu den Vorschlägen
Kaspar H. Spinner

Die im Folgenden zusammengestellten Unterrichtsbausteine sind in eine gegliederte Gesamtkonzeption eingebettet, die von der Bewusstmachung der verschiedenen Sinneswahrnehmungen bis zur Auseinandersetzung mit postmoderner Identität führt. Das heißt aber nicht, dass die Bausteine in der vorgegeben Reihenfolge durchgeführt werden müssen. Sie sind vielmehr so konzipiert, dass sie in unterschiedlichen Zusammenstellungen realisiert werden können. Es ist auch keine feste Zuordnung zu bestimmten Klassenstufen vorgenommen worden; bei der Erarbeitung waren vor allem Klasse 9 des Gymnasiums und die Kollegstufe im Blick. In diesen Klassenstufen sind auch die meisten Vorschläge erprobt worden.

Im Vergleich zum herrschenden Unterricht in Realschule und Gymnasium spielen in den Vorschlägen die leibsinnlichen Erfahrungen und das produktive, experimentierende Gestalten eine besonders große Rolle. Nachdrücklich berücksichtigt ist auch der Film einschließlich der Arbeit mit der Videokamera. Diese mediendidaktische Akzentuierung geschieht im Sinne einer Medienerziehung, die die Entwicklung medienästhetischer Sensibilität und künstlerischer Medienarbeit als wesentliches Ziel sieht (vgl. Spinner 2004).

Das produktionsorientierte Arbeiten wird von der Arbeitsgruppe allerdings nicht als Gegensatz zum reflexiven Umgang gesehen; vielmehr zielen die Vorschläge gerade auf eine enge Verknüpfung von sinnlicher Wahrnehmung, kreativem Ausdruck und Reflexion, entsprechend der oben dargestellten Ästhetikkonzeption, die die reflexionsanregende Kraft ästhetischer Erfahrung betont.

Den Unterrichtsvorschlägen sind z.T. zusätzliche Materialien beigefügt. Sie sollen Anregungen zur Ergänzung und Variation der Modelle geben; überhaupt sollten die Vorschläge nicht als Rezepte verstanden werden, sondern als Beispiele, die je nach Klasse bzw. Kurs und je nach methodischer Kompetenz und didaktischer Überzeugung der Lehrkraft flexibel umgesetzt werden müssen. Die Vorschläge sind auch nicht auf einen bestimmten organisatorischen Rahmen festgelegt: Sie sind sowohl für die Umsetzung im normalen Unterricht wie für Projekttage gedacht. Bewusst sind sie auch nicht für einen bestimmten Fachunterricht ausgewiesen, auch wenn jeweils eine Schwerpunktsetzung z.B. auf den Kunst- oder den Deutschunterricht sichtbar ist. Der interdisziplinäre Charakter legt eine Zusammenarbeit von Kolleginnen und Kollegen nahe; das schließt aber nicht aus, dass einzelne Bausteine von einer Lehrkraft alleine durchgeführt werden können.

Literatur

Spinner, Kaspar H. (Hg.): Ästhetische Bildung multimedial, in: Bönnighausen, Marion / Rösch, Heidi (Hg.): Intermedialität im Deutschunterricht. Baltmannsweiler 2004, S. 31-39

Hinweis zu den Kopiervorlagen

Im Anschluss an die meisten Unterrichtsmodelle befinden sich Kopiervorlagen, die durch das Symbol ■ ■ ■ in der Kopfzeile gekennzeichnet sind. Um diese Kopiervorlagen auf A-4-Format zu bringen, vergrößern Sie sie bitte mit 141%. Im Anhang ab Seite 255 befinden sich farbige Abbildungen, die als Vorlagen für Farbfolien genutzt werden können. Die mit ▶ gekennzeichneten Erweiterungsmöglichkeiten bieten zusätzliche Unterrichtsanregungen sowie Anregungen zur Verknüpfung der vorgestellten Unterrichtsmodelle.

3. Modelle

3.1 Das Gesicht als Ort unserer Sinne
Sehen – Hören – Riechen – Schmecken – Spüren

Elisabeth Naurath

Didaktische Einleitung

Sinnliche Wahrnehmung ist eine wesentliche Voraussetzung für ästhetische Erfahrung. Deshalb ist diesem Aspekt das erste Unterrichtsmodell gewidmet, das als Einstieg in die Reihe dienen kann. Mit kleinen Versuchen und Reflexionen zum Sehen, Hören, Riechen, Schmecken und (taktilen) Spüren soll Sensibilität und Bewusstheit für die oft kaum bewussten Wahrnehmungsmöglichkeiten geweckt werden.

Durch die Berücksichtigung mehrerer Sinne soll der Tatsache Rechnung getragen werden, dass das Ganze mehr ist als die Summe seiner Teile. So wie ein Musikstück nicht aufgrund einzelner Noten, sondern nur als Komposition wirkt, so verbinden sich die Wahrnehmungen der einzelnen Sinnesorgane auch zu einer komplexen sinnlichen Wahrnehmung (aisthesis). Wir sind synästhetische Wesen, die »Totalität der wahrgenommenen Phänomene« lässt sich erst durch die »Totalität der Sphäre unserer Sinnlichkeit« (Picht 1986, S. 410) erfassen. Für eine gelingende Selbstwahrnehmung als Voraussetzung von Identitätsbildung ist das Schulen der Wahrnehmungsfähigkeit mit allen Sinnen Voraussetzung.

Das Gesicht kann als Zentrum unserer Sinneswahrnehmungen gesehen werden: Hier kumulieren die fünf grundlegenden, sinnlichen Fähigkeiten. Eindrücke von außen werden durch Sehen, Hören, Riechen, Schmecken und auch Spüren von Berührungen (Tastsinn im weiteren Sinn) am Ort des Gesichts aufgenommen, wahrgenommen und zugleich durch Mimik als reagierender Ausdruck des Selbst nach außen widergespiegelt.

Die hier vorgestellte Stunde hat zum Ziel, die Sensibilität für das Gesicht als Schnittpunkt von Eindruck und Ausdruck, Innen und Außen, Individualität und Sozialität, Person und Lebenswelt zu schärfen. Unterschiedliche Wahrnehmungssituationen bewirken differierende Sinneseindrücke, die sich in der Mimik in verschiedener Intensität ausdrücken. Den Zusammenhang zwischen Wahrnehmungs- und Ausdrucksebene zu erleben und zu beobachten, führt zu einer höheren Sensibilität für den inneren Zusammenhang von – zumeist unbewusst ablaufenden – Sinneswahrnehmungen. Erstaunlich kann für Schülerinnen und Schüler hierbei sein, dass das Gesicht nicht nur ein Spiegel innerer Stimmungen, Gefühle etc. ist, sondern auch unmittelbar sinnliches Erleben als Reaktion auf Sinnesreize ausdrückt. Interessant ist zu beobachten, welche Reize zu besonders intensiver Reaktion führen, sowohl in der Mimik als auch im inneren Erleben. Überlegungen, wie unser Alltag von Reaktionen auf sinnliche Reize geprägt wird oder welche Rolle die nonverbale Kommunikation spielt, können sich hier anschließen. Wenn – um nur ein banales Beispiel zu nennen – ein Lehrer das Klassenzimmer betritt und wegen der schlechten Luft das Gesicht verzieht, so wirkt dies selbstverständlich auf die wichtige Phase des Unterrichtsbeginns ein.

Methodisches Vorgehen
Als Einführungsstunde zur Unterrichtsreihe »Gesicht, Maske, Person« hat der im Folgenden beschriebene Verlauf den Charakter einer Anwärmübung, die Spaß machen, Hemmungen abbauen und Neugier wecken soll. Das Vorgehen mag für die Schülerinnen und Schüler etwas ungewohnt sein; es ist deshalb wichtig, dass die Teilnahme an den durchzuführenden Versuchen freiwillig ist.

- Tafelanschrieb: *Das Gesicht als Ort unserer Sinne*
  Zu diesem Satz wird ein Unterrichtsgespräch geführt, das sich auf die folgenden Fragen beziehen kann: Wie viele und welche Sinne gibt es? Inwiefern ist das Gesicht ein besonderer Ort der Sinneswahrnehmungen? Stehen die Sinneswahrnehmungen in Wechselbeziehung zueinander? Welche Auswirkungen hat es, wenn eine Sinneswahrnehmung nicht möglich ist (z.B. bei Blindheit)?
- *Lebendes Bild zu Nähe und Distanz*
  Es werden Karten mit Darstellung der Sinnesorgane (Ohr, Auge, Mund, Hand, Nase, siehe Kopiervorlagen) am Boden ausgelegt. Die Schülerinnen und Schüler bewegen sich im Raum und stellen sich in die Nähe des Sinnesorgans, das ihnen persönlich am wichtigsten ist. Möglich ist auch eine Stellung zwischen zwei Sinnesorganen, sodass Nähe und Distanz zu verschiedenen Wahrnehmungsarten deutlich wird. Die Lehrperson geht als Interviewer/in umher und fragt einzelne SchülerInnen, warum sie sich dieses Sinnesorgan bzw. einen bestimmten Abstand dazu ausgewählt haben. Hier kann in einem ersten Schritt deutlich werden, dass in der Einschätzung unserer Wahrnehmungsmöglichkeiten deutliche Präferenzen auftauchen. An der Tafel wird eine Rangliste erstellt, welche Sinne die SchülerInnen als die wichtigsten einschätzen. Vielleicht deuten sich dabei Begründungen im Blick auf unsere Lebenswelt und Lebensgewohnheiten an.
- *Experimente in Kleingruppen*
  Im Anschluss daran wird in Kleingruppenarbeit ein Intensiv-Setting zu den fünf Sinnen vorbereitet. Dieser Unterrichtsschritt ist in der Vorbereitung etwas auf-

wändig, in der Wirkung als Anwärmübung aber sehr effektiv. Es macht den SchülerInnen Spaß, dass sie sich mit verschiedenen Materialien wechselseitig testen können. (Siehe S. 45: benötigte Materialien)
Die SchülerInnen bekommen Materialien gestellt, aus denen sie in fünf Kleingruppen einen Sinnes-Parcours zusammenstellen; eine freiwillige Testgruppe von zwei bis drei SchülerInnen soll dann in ihren mimischen Reaktionen auf Wahrnehmungsreize beobachtet werden (noch besser wäre es, wenn die einzelnen Situationen gefilmt werden). Jede Kleingruppe hat die Aufgabe, aus einer Reihe von Materialien zu einer bestimmten Sinneswahrnehmung drei auszuwählen, bei denen sie die Wirkung auf den Gesichtsausdruck als jeweils schwach, mittel und stark einschätzen. Sie bereiten dazu Zettel vor, auf denen die Einschätzung der Wirkung auf die Testperson verzeichnet ist und die stumm den Beobachtenden direkt vor dem Versuch gezeigt werden. Die Vorgabe, dass unterschiedlich starke Reize geplant werden sollen, hat den Vorteil, dass nicht nur starke Reaktionen (Überforderung der Testperson) hervorgerufen werden und dass sich die Gruppe schon vorher über die beabsichtigte Wirkung verständigen muss.Bei der Durchführung der Versuche werden die Materialien nacheinander den Versuchspersonen (Augen verbunden, außer beim Sehexperiment) gereicht; ihre Reaktion wird dokumentiert (Notizen). Im Anschluss an das Experiment äußern sich zunächst die Beobachtenden dazu, auf welche Weise sich der Sinnesreiz im Gesicht gespiegelt hat; anschließend wird die Versuchsperson zu ihrem Erleben befragt.
Die Gruppenaufträge verteilen sich folgendermaßen (genauere Angaben zu den benötigen Materialien siehe am Ende des Beitrags):
1. Kleingruppe ›Sehen‹: Die Gruppe sucht nach einigen eindrücklichen Fotos, die emotional wirken. Wie psychologisch erwiesen, wirkt das Ansehen von Fotos emotional auf den/die Betrachter/in und kann sich nach wenigen Sekunden in der Mimik widerspiegeln.
2. Kleingruppe ›Hören‹: Mit verschiedenen Instrumenten werden leise und laute Geräusche bzw. Töne erzeugt.
3. Kleingruppe ›Riechen‹: Es werden Gläser mit Duftstoffen (z.B. in Flüssigkeit getränkte Watte) vorbereitet.
4. Kleingruppe ›Schmecken‹: Es werden Kostproben vorbereitet, die mit geschlossenen Augen verzehrt werden.
5. Kleingruppe ›Spüren‹: Was spürt die Haut des Gesichts? Es werden die Reaktionen auf verschiedene Berührungen (Wasser, Schwamm ...) beobachtet.

- *Reflexionsphase:* Zur Auswertung der Erfahrungen wird das lebende Bild wieder aufgegriffen. Es liegen alle Karten zu den Sinneswahrnehmungen wieder auf dem Boden aus und die SchülerInnen positionieren sich erneut. So kann überprüft werden, ob durch die Experimente neue Einschätzungen entstanden sind. Überlegungen zu den folgenden Fragen können anschließend angestellt werden: Welches Sinnesorgan ist für mich jetzt am wichtigsten/ eindrücklichsten geworden? Warum? Sollte die Rangliste an der Tafel verändert werden? Gibt es Gemeinsamkeiten/ Unterschiede in der Mimik bei den verschiedenen Sinneswahrnehmungen? Warum gibt es Unterschiede in der Intensität des Gesichtsausdrucks? (Falls die Reaktionen bei den Experimenten mit Videokamera aufgenommen worden sind, können sie zur Unterstützung des Gesprächs noch einmal angesehen werden.)
Weiterführend und im Hinblick auf Alltagserfahrungen interessant sind ferner Überlegungen zur Frage, warum sich unser Gesichtsausdruck bei der Wahrnehmung von Fotos wenig verändert, während ein strenger Geruch deutliche Reaktionen hervorruft (das wurde entgegen der zunächst geäußerten Vermutung bei der Erprobung so beobachtet). Ist das Hinweis darauf, dass die vermeintlich marginalen Sinne wie das Riechen doch eine größere Rolle spielen, als man in der Regel meint? Reagieren wir auf Fotos weniger, weil wir durch die Reizüberflutung visuell abgestumpft sind?
Im Hinblick auf die Thematik der Unterrichtsreihe kann schließlich der Frage nachgegangen werden, ob die Schülerinnen und Schüler ihre Wahrnehmungspräferenzen und Reaktionsweisen als Teil ihrer je individuellen Identität begreifen.

Erfahrungen bei der Erprobung

Obwohl die 9. Klasse, mit der das Modell erprobt wurde, als äußerst zurückhaltend und ›nur schwer aus der Reserve zu locken‹ geschildert worden war, hatte die Stunde den Effekt, dass alle mit Spaß ins Thema einstiegen. Mit unüblichen Materialien zu arbeiten, sich über die zum Teil heftigen mimischen Reaktionen der MitschülerInnen zu amüsieren, hatte deutlich motivierende Wirkung für ein Unterrichtsvorhaben, bei dem man gerade in dieser Jahrgangsstufe Widerstände befürchten könnte (Erwartung subjektiver Äußerungen, Preisgabe der Empfindung bei körperlichen Wahrnehmungen). Eine eher von Humor getragene Zugangsweise empfiehlt sich hier. Bei der Auswahl der Materialien ist eine gewisse Zurückhaltung angebracht: Schon die Reaktionen auf vermeintlich harmlose Stoffe wie Zitronensaft oder Senf (Schmecken), auf alten Käse oder Nagellackentferner (Riechen) können sehr heftig sein. Wichtig ist auch, dass durch gut strukturierte Reflexionsphasen die Konzentration immer wieder zum Thema zurückgeführt wird, damit Zusammenhänge erkannt und Schlussfolgerungen gezogen werden können.

Erweiterungsmöglichkeiten
Versuche und Überlegungen zu Sinneswahrnehmungen stehen auch im Mittelpunkt der folgenden Modelle von Schiefer, S. 51, von Dietl, S. 65, und von Ballis, S. 77.

Benötigte Materialien
- Karten zu den Sinneswahrnehmungen (s.S. 48/49)
- Versuchsmaterialien, mögliche Vorschläge:
  - *Sehen:* ein Cartoon; ein Foto mit abschreckender Wirkung (z.B. Kriegsdarstellung); ein Spiegel; eine künstlerische Darstellung, die rätselhaft und unverständlich bleibt, etc.
  - *Hören:* Wecker; Klangstab (Vorsicht sehr laut!); Orffsche Instrumente; ein Streichholz, das entzündet wird...
  - *Riechen* (in Gläsern mit Schraubverschluss vorbereitet): Essig; Zwiebel; Lebkuchengewürz; Knoblauch; Duftöl; alter Käse; Nagellackentferner ...
  - *Fühlen:* Creme; Feder; Föhn; rauer Schwamm, Blumenspritzflasche mit Wasser (Vorwarnen, denn die Reaktion ist heftig!)
  - *Schmecken* (auf je einem Teelöffel werden gereicht): Salzwasser; Zitrone; Zuckerwasser; Senf (Vorwarnung!); Essigwasser...

Literatur
Hilger, Georg: Wahrnehmung und Verlangsamung als religionsdidaktische Kategorien. Überlegungen zu einer ästhetisch inspirierten Religionsdidaktik. In: Heimbrock, Hans-Günter (Hg.): Religionspädagogik und Phänomenologie. Von der empirischen Wendung zur Lebenswelt (Forum zur Pädagogik und Didaktik der Religion; 15). Weinheim 1998, S. 138-157
Hoffmann-Axthelm, Dieter: Sinnesarbeit. Nachdenken über Wahrnehmung. Frankfurt/ New York 1984
Picht, Georg: Kunst und Mythos. Stuttgart 1986

Kopiervorlagen

Sinneskarten

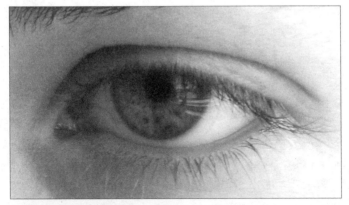

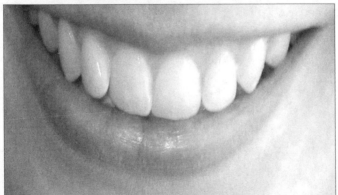

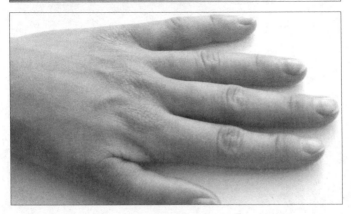

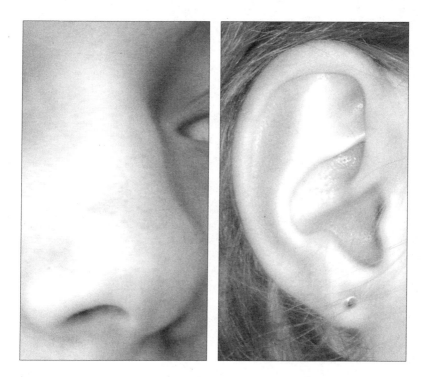

3.2 Gipsmasken – zwischen Selbstverhüllung und Selbstdarstellung, Fremdwahrnehmung und Selbstwahrnehmung

Markus Schiefer Ferrari

Thema und Lernchancen

Redewendungen wie »sein wahres Gesicht zeigen« oder »sein Gesicht verlieren« rechnen mit der Möglichkeit, verschiedene Gesichter zu haben und das eigene Gesicht verbergen zu können. So wollen auch Masken bestimmte Seiten des eigenen Ich verbergen und von außen kommende Infragestellungen abwehren, Distanz zu sich selbst und zu anderen schaffen, aber ebenso können sie ein Versuch sein, liebgewordene und Schutz bietende Ausdrucksformen des eigenen Selbst über den Augenblick hinaus zu retten.

Maskierung und Maskentragen haben nicht nur im Theater bei der Inszenierung unterschiedlicher Rollen oder in künstlerisch aufwändig gestalteten ritualisierten Formen ihren Platz – etwa zur Abwehr von Dämonen –, sondern werden – im übertragenen Sinne – auch in alltäglichen zwischenmenschlichen Begegnungen zum schillernden Spiel der Selbstdarstellung und der gleichzeitigen Selbstverhüllung.

Masken markieren einen vieldeutigen Übergang zwischen Innen und Außen, zwischen Darstellen und Verbergen, zwischen Distanz und Nähe. Der Wunsch, Masken abzulegen, um dem »wahren« Gesicht, dem eigenen Ich begegnen zu können, scheint selbst im Gegenüber einer freundschaftlichen Beziehung oder im einsamen Kämmerchen immer wieder zum Scheitern verurteilt zu sein. Ebenso wenig gelingt es – zumindest nicht auf Dauer –, Masken gezielt aufzusetzen, sich selbst zu inszenieren, um andere über das eigene Ich hinwegzutäuschen.

Dazu gesellt sich die Schwierigkeit, annähernd bestimmen zu können, wie uns andere, aber auch wie wir uns selbst wahrnehmen. Selbstwahrnehmung und Fremdwahrnehmung treten in ein spannungsvolles Verhältnis und bedingen sich gegenseitig. Die eigene Sicht auf sich selbst verändert die Sicht von außen und umgekehrt.

Trotz oder gerade wegen dieser Ambivalenz und ständigen Veränderung der Wahrnehmungen erscheint es uns reizvoll, uns von außen oder mit den Augen anderer sehen zu können. So erwecken das Fotografieren oder die Anfertigung einer Gipsmaske unseres Gesichts die Hoffnung, wenigstens den äußeren Ausdruck unseres eigenen Ich für einen Augenblick festhalten zu können. Beim Anfertigen einer Gipsmaske wird durch den verlangsamten Übergang von der Bewegung des Gesichts zum Erstarren der Gesichtszüge in der Gipsform noch deutlicher als beim schnellen fotografischen Schnappschuss, dass das, was ursprünglich festgehalten werden sollte, sich zunehmend der Wahrnehmung entzieht. Je klarer die äußere Form der Gipsmaske wird, um so weniger erscheint das Ich des Abgebildeten wirklich fassbar und begreifbar. Der Versuch der Vereindeutigung des Vieldeutigen erweist sich als trügerisch.

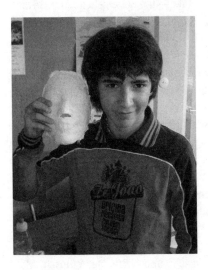

Im folgenden Unterrichtsversuch geht es nicht in erster Linie darum, Schülerinnen und Schülern beizubringen, wie man Gipsmasken anfertigt. Mit Hilfe dieses einfachen Verfahrens soll vielmehr versucht werden, sich dem Thema Identität anzunähern, und zwar nicht wie in klassischen Unterrichtsmodellen vor allem über Textarbeit und Unterrichtsgespräch, sondern im Sinne der ästhetischen Bildung mittels verschiedenster Wahrnehmungs- und Ausdrucksformen, die alle Sinne einzubeziehen suchen. Bislang zu wenig Beachtetes, möglicherweise Übersehenes oder Überhörtes sollen ins Zentrum der Aufmerksamkeit rücken. Die Distanzierung vom gewohnten Selbstsein kann, wie einleitend zum Rahmenthema »Gesicht, Maske, Person – Selbstbild, Spiegelbild, Fremdbild« beschrieben, Selbsterkenntnis bewirken – durch das Wiedererkennen von Eigenem im Fremden und durch Abgrenzung.

So sollten den Jugendlichen mit diesem Unterrichtsmodell zum Thema (Gips)Masken Zugänge eröffnet werden, die es ihnen erlauben, das Festhalten und damit die Bestimmung des eigenen Ich als immer nur bedingt möglich und vorläufig zu erkennen. Die Schülerinnen und Schüler sollten sich ansatzweise mit der beschriebenen Spannung zwischen Selbstwahrnehmung und Fremdwahrnehmung und zwischen Selbstverhüllung und Selbstdarstellung auseinander setzen und diesen Perspektivenwechsel als eine notwendige Voraussetzung für die eigene Identitätssuche entdecken können.

Unterrichtsmodelle 53

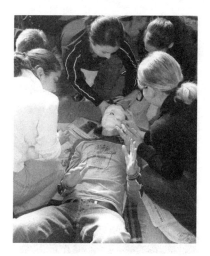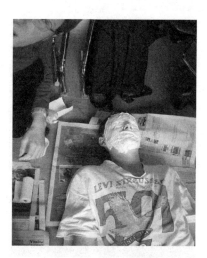

Das Anfertigen von Gipsmasken erlaubt es den Schülerinnen und Schülern außerdem, sich auf spielerische Weise gegenseitig im Gesicht, dem Zentrum unserer Sinne, zu berühren und dadurch ansonsten ungewohnte Berührungen mit verschiedenen Sinnen wahrnehmen zu können. Insbesondere derjenige, dem feuchte Gipsbinden auf Augen und Mund gelegt werden – die Nasenlöcher bleiben selbstverständlich frei –, muss damit zurecht kommen, dass es um ihn finster wird und die Wahrnehmungen von Kälte und Wärme oder von Geräuschen und Gerüchen überraschend deutlich und eventuell unangenehm werden können.

Eine besondere Chance liegt darin, während der Anfertigung der Gipsmaske zu schweigen. Beide Seiten, sowohl diejenigen, die die Gipsmaske anfertigen, als auch derjenige, der die Maske angelegt bekommt, müssen dadurch nonverbale und damit ungewohnte Formen der gegenseitigen Verständigung über eigene Bedenken, Unsicherheiten oder sogar Ängste finden.

Die Konzentration auf das Gesicht des anderen beziehungsweise auf die Berührungen der anderen führt zu einem tastenden Begreifen und Erspüren. Es setzt bei den Beteiligten Vertrauen auf die anderen und Verantwortung für die anderen voraus, aber auch Offenheit für neue Erfahrungen. Die Verlangsamung des Wahrnehmungsvorgangs fördert zugleich die Sensibilisierung der Wahrnehmungsfähigkeit.

Durchführung des Unterrichtsvorschlags

Entsprechend dem Rahmenthema »Gesicht, Maske, Person – Selbstbild, Spiegelbild, Fremdbild« sollte diese zweite Einheit zunächst einen Übergang zwischen den beiden Aspekten Gesicht und Maske herstellen. Ein einleitendes Brainstorming zum

 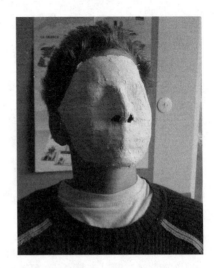

Thema Maske kann eine kurze Hinführung zu der Frage eröffnen, wann wir unser (wahres) Gesicht zeigen (können) beziehungsweise wann wir Masken aufsetzen. Um aber die Auseinandersetzung mit dem Thema Maske nicht auf die argumentativ-diskursive Ebene eines Unterrichtsgesprächs zu lenken, sollte die Stichwortsammlung möglichst ohne Kommentierung der einzelnen Begriffe erfolgen. Außerdem sollte sich möglichst bald der Impuls an die Schülerinnen und Schüler anschließen, die Fragestellung nochmals von einer anderen Seite her anzugehen, indem sie versuchen, sich gegenseitig Gipsmasken anzufertigen und dabei vor allem den unterschiedlichen Sinneseindrücken nachzuspüren.

Wichtig ist es, die Jugendlichen nicht mit dieser Idee zu überrumpeln, sondern ihnen genau zu erklären, was auf sie zukommt, und ihnen die Entscheidung freizustellen, ob sie sich eine Gipsmaske anfertigen lassen oder lieber selbst einem Mitschüler oder einer Mitschülerin eine Maske anlegen wollen.

Bei der Erprobung des Unterrichtsprojekts sammelten die Schülerinnen und Schüler einer 9. Jahrgangsstufe in dieser Einleitungsphase auf einer Folie beispielsweise folgende Assoziationen zum Stichwort Maske: bei Banküberfällen, Phantom der Oper, Karneval, Clown, »Im Spiegel«, cool sein, sich verstellen und Schwächen verstecken. Daraus ergab sich sehr schnell die intendierte Fragestellung. Trotz großer Motivation, dieser Frage weiter nachzugehen, indem man sich gegenseitig Masken anlegt, äußerten die Schülerinnen und Schüler aber spontan Bedenken, ob sich die Gipsmaske am Ende tatsächlich ablösen lassen würde oder ob sie im schlimmsten Fall Gefangene ihrer eigenen Maske bleiben müssten.

Unterrichtsmodelle 55

Um unnötige Ängste zu vermeiden, sollte sich derjenige, der sich eine Gipsmaske anfertigen lassen will, zwei bis drei Mitschülerinnen und -schüler aussuchen dürfen, bei denen er sich darauf verlassen kann, dass sie sein Gesicht, insbesondere die Augenbrauen und Wimpern, gut mit Vaselincreme einschmieren, beim Ablösen seiner Maske sehr vorsichtig vorgehen und seine »Wehrlosigkeit« nicht für Scherze ausnutzen werden.
Bei der Anfertigung der Maske arbeitet man am einfachsten mit Gipsbinden, die in jeder Apotheke erhältlich sind. Etwa 25 cm lange Streifen werden in großen Joghurtbechern angefeuchtet und von der Stirn her beginnend aufgelegt. In der Regel genügen ein bis zwei Schichten. »Unebenheiten« können mit Gipsresten ausgeglichen werden. Die Nasenlöcher müssen selbstverständlich frei bleiben. Sollte jemand Atemschwierigkeiten haben, kann man auch den Mund frei lassen und nur eine Halbmaske anfertigen. Der Trockenvorgang kann durch Föhnen beschleunigt werden. Allerdings ist mit großer Vorsicht darauf zu achten, dass sich unter der Gipsschicht nicht eine zu große Hitze entwickelt. Ablösen lässt sich die Maske erst, wenn der Gips wirklich hart geworden ist. Versehentlich miteingegipste Haare sollten vorher abgeschnitten werden.

Will man nicht von der Selbstwirksamkeit des Erlebten ausgehen, erscheint für die intendierten Lernprozesse außerdem eine nachbereitende Reflexion wesentlich, die es den Schülerinnen und Schülern ermöglicht, einerseits eigene Erfahrungen zum Ausdruck zu bringen und andererseits einen Eindruck vom Erleben der anderen zu bekommen. Um der Gefahr zu entgehen, dass die Jugendlichen nur über das reden, was die Mitschülerinnen und -schüler ihrer Meinung nach von ihnen erwarten, kann die Phase der nonverbalen Kommunikation während der Anfertigung der Masken insofern fortgesetzt werden, als die Jugendlichen in einem Prozess des kreativen Schreibens zunächst ihre eigenen Erfahrungen für sich allein zu reflektieren suchen. Neben Fragen zu ihren Gedanken, Gefühlen und Wahrnehmungen bekommen die Schülerinnen und Schüler auf einem Arbeitsblatt (vgl. Anhang) zum Beispiel auch den Impuls, ein »Elfchen« zu ihren Maskenerfahrungen zu formulieren. Bei einem so genannten »Elfchen« wird den Schülerinnen und Schülern das Schreiben durch die Vorgabe eines bestimmten Musters erleichtert. Die Bezeichnung »Elfchen« ergibt sich dabei aus der Anzahl der Worte in einem fünfzeiligen Text – in der ersten und letzten Zeile jeweils ein Wort, in der zweiten, dritten und vierten Zeile anwachsend zwei, drei und vier Wörter.
Die »Auswertung« dieser Gedanken sollte die Lehrerin/ der Lehrer in einem ersten Schritt anonym durchführen. In einem zweiten Schritt kann eine kleinere Gruppe von Schülerinnen und Schülern eine Auswahl der gemeinsamen Erfahrungen für die

gesamte Klasse präsentieren, um noch einmal die Differenz von Fremd- und Selbstwahrnehmung, aber auch die verschiedenen Möglichkeiten der Wirklichkeitszugänge deutlich zu machen. Fotografien von den verschiedenen Anfertigungsphasen dienen dabei zum einen der Unterstützung der Präsentation durch entsprechende Visualisierungen, sollen aber auch deutlich machen, dass es neben den unterschiedlichen Wahrnehmungen der Jugendlichen nochmals eine Außenperspektive gibt, die aber ebenso wenig beanspruchen kann, Wirklichkeit hinreichend erfassen zu können.

Die Spannung zwischen Selbstverhüllung und Selbstdarstellung und zwischen Fremdwahrnehmung und Selbstwahrnehmung lässt sich in der Präsentation besonders eindrücklich inszenieren, wenn die Schülerinnen und Schüler ihre Gedanken im Wechselgespräch vortragen oder eine Art Dialog mit der eigenen Maske führen, indem sie diese passend zu ihren Erfahrungen vor das Gesicht halten oder abnehmen und dabei anschauen.

Das nachfolgende Präsentationsbeispiel der Schülerinnen und Schüler der 9. Jahrgangsstufe zeigt, dass die Jugendlichen offenbar nicht nur unterschiedliche, teilweise überraschende Sinneseindrücke wahrnehmen konnten, sondern aufgrund dieser Erfahrungen sehr eindrücklich eigene Bedürfnisse und die Wahrnehmung des eigenen Ich im Gegensatz zur Sichtweise anderer und zum Rollendruck von außen artikulieren konnten. Insbesondere in den »Elfchen« zur eigenen Maskenerfahrung klingt die Gleichzeitigkeit von Selbstdarstellung und Selbstverhüllung an. Wenn eine Schülerin oder ein Schüler zu ihrer bzw. seiner Maskenerfahrung schreibt, dass man sich wie nie zuvor auf einmal um einen anderen Menschen kümmert, oder andere Neuntklässler vom Vertrauen sprechen als Voraussetzung, um Masken ablegen zu können, so verweist dies auch auf eine ethische Dimension einzelner Erfahrungen.

Selbstverständlich können solche Äußerungen der Schülerinnen und Schüler auch Anlass für vertiefende Gespräche sein oder Anbindungsmöglichkeiten für weitere Unterrichtseinheiten zum Thema Masken bieten.

Erweiterungsmöglichkeiten

Die Auseinandersetzung mit dem eigenen Gesicht wird weitergeführt im folgenden Modell von Dietl (S. 65), das von Selbstporträts der Künstlerin Maria Lassnig ausgeht. Im Modell von Naurath über »Lebensgeschichte und Gender-Perspektive« rückt die Veränderung des Gesichts im Verlauf des Heranwachsens in den Fokus. Das Spiegelmotiv, das in mehreren weiteren Modellen im Zentrum steht, schließt ebenfalls direkt an die Arbeit mit Masken an. Die Selbstbefragung, die durch Maske und Spiegel ausgelöst werden kann, spielt insbesondere im Modell von Spinner über Spiegelgedichte (S. 125) eine Rolle.

Unterrichtsmodelle 57

Präsentationsbeispiel einer 9. Jahrgangsstufe

1) Während mir eine Maske angelegt wurde, habe ich mir gedacht ...
- wann es endlich zu Ende ist.
- mal was anderes, durchaus interessant.
- wenn ich jetzt einen Klaustrophobieanfall bekomme, bin ich verloren!
- wie sie (die Maske) wohl aussieht.

2) Während mir eine Maske angelegt wurde, habe ich gefühlt ...
- dass ich nichts machen konnte.
- dass es immer dunkler wird um mich.
- das fühlt sich so geil an!
- (un)angenehm

3) Während mir eine Maske angelegt wurde, habe ich wahrgenommen ...
- Ich konnte nur hören, was die anderen geredet haben.
- die Geräusche im Klassenzimmer, die Kälte vom Gips bzw. Wärme vom Fön.
- fremde Hände.
- *gehört!* und gefühlt

4) Während ich eine Maske angefertigt habe, habe ich mir gedacht ...
- wie sich der in der Maske wohl fühlt.
- wie es sich wohl anfühlt, wenn ich Backen, Nase, Augen ... berühre.
- »Der Arme, total hilflos.«
- hoffentlich erstickt er nicht.

5) Während ich eine Maske angefertigt habe, habe ich gefühlt ...
- Spaß, das Gesicht des anderen zu bearbeiten.
- wie warm das Gesicht war.
- wie sich alle Gesichtsteile formen.
- Mitleid.
- glitschigen Gips.

6) Während ich eine Maske angefertigt habe, habe ich wahrgenommen ...
- ein Gipsgesicht, das atmete.
- dass der am Boden verunsichert bzw. verängstigt war.

- dass er es genoss, wie man ihn im Gesicht berührte.
- dass sich der andere seltsam fühlte.

7) Wir setzen Masken auf, wenn …
   - wir Menschen treffen, die wir nicht oder nicht so gut kennen.
   - wir etwas vor den anderen verstecken oder aber den anderen von uns etwas zeigen wollen.
   - wenn wir unsere wahren Gefühle verbergen wollen.
   - wir uns unsicher fühlen.
   - wir so nicht akzeptiert werden, wie wir sind.
   - wir unter Druck stehen.
   - wir unser wahres Gesicht verstecken wollen.
   - es gibt tausende Situationen, in denen wir Masken auf- und absetzen. Dazu müsste man die Seele jedes Menschen kennen.

8) Wir legen unsere Masken ab, wenn …
   - wir mit der/m besten Freund/in bzw. mit den Eltern sind.
   - wir uns geborgen und sicher fühlen.
   - einem Menschen wirklich vertrauen.
   - in einer vertrauten Umgebung sind
   - wir uns anderen gegenüber offenbaren wollen.

9) Auf die Außenseite seiner Maske würde ein Jugendlicher in meinem Alter über sich vielleicht schreiben – sodass es jeder sehen kann – , …
   - dass er alles locker nimmt und spontan ist.
   - welche Erfolge er hat.
   - Coolness, Schönheit, Schick.
   - lässig, witzig, protestierend gegen Lehrer, Erwachsene.

10) Auf die Innenseite seiner Maske würde ein Jugendlicher in meinem Alter über sich vielleicht schreiben – sodass es niemand sehen kann – , …
    - angespannt, sensibel, ängstlich, ANDERS als die anderen, Probleme.
    - ich bin mir nicht sicher, wer ich bin.
    - Fehler, Traurigkeit, erledigt, k.o.
    - »Ich brauche Liebe.«

11) Elfchen zu meinen Maskenerfahrungen

Wir
tragen Masken
nur um akzeptiert
zu werden; nicht wirklich
gut.

Fasching,
Verstecken aus Angst:
Anonymität. Nicht erkannt
werden wollen. Wir fühlen uns
wohl.

Man
kümmert sich
auf einmal um
einen anderen Menschen, wie nie
zuvor.

Literatur
Böttcher, Ingrid (Hg.): Kreatives Schreiben. Grundlagen und Methoden. Berlin 1999
Ebeling, Ingelore: Masken und Maskierung. Kult, Kunst und Kosmetik; von den Naturvölkern bis zur Gegenwart. Köln 1984
Eisermann, Gottfried: Rolle und Maske. Tübingen 1991
Hintersberger, Benedikta: Mit Jugendlichen Meditieren. Methoden – Einstiege – Texte. München [8]1998, S. 11-30

Kopiervorlagen

Masken

Während mir eine Maske angelegt wurde,
- habe ich mir gedacht ...

- habe ich gefühlt ...

- habe ich wahrgenommen ....

Während ich eine Maske angefertigt habe,
- habe ich mir gedacht ...

- habe ich gefühlt ...

- habe ich wahrgenommen ...

Elfchen zu meinen »Maskenerfahrungen«

_____

_____ _____

_____ _____ _____

_____ _____ _____ _____

_____

Wir setzen Masken auf, wenn ...

Wir legen unsere Masken ab, wenn ...

Auf die Außenseite seiner Maske würde ein Jugendlicher in meinem Alter über sich vielleicht schreiben – sodass es jeder sehen kann:

Auf die Innenseite seiner Maske würde ein Jugendlicher in meinem Alter über sich vielleicht schreiben – sodass es keiner sehen kann:

3.3 Gesichts-Sensationen
Bildnerische Experimente zu den Selbstporträts von Maria Lassnig

Marie-Luise Dietl

Unser Gesicht kennen wir nur von Fotografien oder aus dem Spiegel. Oft überrascht es uns, wenn wir es sehen. Dann scheint die Momentaufnahme nicht den Vorstellungen, Empfindungen und Wunschbildern zu entsprechen, die wir in uns tragen. Wir erleben uns fröhlicher, entspannter, lebendiger, tatkräftiger, energischer. Oder es belasten uns Sorgen, Nöte und Probleme, die dem äußeren Bild nicht in der Weise anzusehen sind, wie wir sie empfinden.

Das Selbstporträt bei Maria Lassnig
Dieses Wechselspiel und die Diskrepanz zwischen innerer und äußerer Wahrnehmung sind die zentralen Themen, welche die 1919 in Kärnten geborene Malerin Maria Lassnig in ihren Bilderserien ein Leben lang untersucht und darzustellen versucht hat. Ihre gemalten und gezeichneten Selbstporträts sind von menschlichen Figurationen erfüllt, die einerseits Merkmale fotorealistischer Abbildungen tragen, häufig aber bis zur Unkenntlichkeit deformiert und in groteske Situationen eingebettet sind. Oft treten ihre Selbstporträts eher als Fabelwesen in Erscheinung denn als weibliche Körper- oder Gesichtsformen. Wie Lassnig erklärt (vgl. Weskott 1993, S. 14), geht es ihr beim Malen zwar in erster Linie darum, die Augen zu benützen und kleinste Veränderungen der eigenen Gestalt oder des Gesichts aufzuspüren und umzusetzen. Bei den Möglichkeiten des Sichtbaren zu bleiben genügt ihr jedoch nicht. Mit aller Intensität richtet sich ihre Aufmerksamkeit auch auf innere Zustände wie Druck-, Spannungs- oder Ausdehnungsgefühle einzelner Körperteile und Gesichtspartien.

Um diese zu visualisieren, entwickelt sie eine Vielzahl unkonventioneller Methoden: Sie malt liegend, kniend oder sich stützend, in möglichst unbequemen Haltungen. So entsteht physischer Druck, den sie in einem Zustand äußerster Konzentration in Farben und Formen zu fassen versucht. Ähnliche Wirkung hat das Malen mit breiten Pinseln oder zähflüssiger Farbe auf großen Formaten. Hier sind es die Materialien, welche dem agierenden Körper Widerstand und Identifikationsmöglichkeit bieten. Weitere Methoden sind das An-sich-Hinunterschauen, das den eigenen Körper bruchstückhaft verzerrt und in eigenwilligen Zusammenhängen zur Ansicht bringt, oder das surreale Verfremden körperlicher Ansichten, wenn Lassnig auf einer Darstellung z.B. Körper und Lehnstuhl zu einem einzigen Objekt verschmilzt, um das Gefühl des Sitzens optimal zum Ausdruck zu bringen. Bildtitel wie »Briefkastenselbstporträt« oder »Selbstporträt als Schwammerl« verraten, dass Lassnig sich beim Zeichnen auch unmittelbar mit den Objekten ihrer Umwelt identifiziert. Eine im Zusammenhang mit den Kreidezeichnungen häufig angewandte Methode ist das Blindzeichnen, welches die Konzentration auf sich selbst und damit auch die Sensibilität der Linienführung erhöht. Die Arbeitsergebnisse bezeichnet Lassnig als aus dem Unterbewusstsein geschürfte »Körpersensationen« (Weskott 1993, S. 14 f.). Vom Betrachter verlangt sie damit eine vertiefte Beschäftigung, ein Sich-Einlassen auf äußerlich wie innerlich erlebbare Details.

Das Selbstporträt im Unterricht

Die Vielfalt im Formalen macht Lassnigs Darstellungen v. a. für einen Unterricht interessant, der nicht darauf abzielt, Techniken zu trainieren oder ein bestimmtes bildnerisches Problem aufzuschlüsseln, sondern den Schülern ein breit gefächertes Ausdrucksrepertoire zur Verfügung stellen möchte. Darüber hinaus regt Lassnigs Malerei dazu an, sich auf unkonventionelle Weise tastend, spürend, in ruhiger Versenkung oder kritisch beäugend immer wieder mit sich selbst zu beschäftigen. Entwicklungspsychologische Studien (vgl. Affolter 1992, Kap. 1) belegen, dass gerade körperliche Erfahrungen und haptische Erlebnisse von Druck und Widerstand die Akzeptanz der eigenen Befindlichkeiten erhöhen, weil die Selbstwahrnehmung und das Körpergefühl dadurch entwickelt werden. Hierdurch wiederum wird Selbstbewusstsein aufgebaut und es können Reflexionen über Schönheitsideale eingeleitet werden (Es gibt eine Schönheit von innen!).

Die Übersetzung methodisch angeregter Spürerfahrungen auf die Mal- oder Zeichenfläche verstärkt die physische und psychische Begegnung mit sich selbst. Bildnerische Verfahren, die darüber hinaus den Wechsel von spontanem Zugriff und visueller Kontrolle zulassen, scheinen besonders geeignet, unbekannte Facetten des Ich aufzuspüren und die Frage nach der eigenen Identität stets neu zu stellen.

Methodische Anregungen rund um das Thema »Gesicht«

Die hier vorgelegte Unterrichtseinheit ist in Modulen aufgebaut. Die einzelnen Unterrichtsbausteine lassen sich in unterschiedlicher Abfolge aneinander fügen und je nach Schülerinteressen hinsichtlich ihrer Dauer und Intensität variieren. Sie eignen sich auch als Vorlagen für inhaltlich differenziertes Arbeiten in Gruppen. Die spielerischen Übungen reichen von Prozessen der Selbstwahrnehmung über experimentelle und materialintensive Verfahren der Bildherstellung bis hin zur rezepti-

Unterrichtsmodelle

ven Auseinandersetzung mit den Malereien Lassnigs. Ziel ist es, die Zusammenhänge von sinnlichem Eindruck, Motiv, Form, Farbgebung und Ausdruck in vielfältigster Weise erfahrbar zu machen und dabei das oftmals an Darstellungsschemata orientierte Selbstporträt im Kontext der Selbstwahrnehmung zu reflektieren. Die Konzentration auf das Thema »Gesicht« hat dabei exemplarischen Charakter.

Assoziieren
Es bietet sich an, die Schülerinnen und Schüler mit einer gezielten Auswahl von Lassnigs Porträtdarstellungen zu konfrontieren. Die Darstellungen sollten in ruhiger Folge kommentarlos vorgestellt werden, um zunächst einmal die Vielfalt der bildnerischen Ausdrucksmöglichkeiten in den Fokus der Aufmerksamkeit zu rücken. Im nachfolgenden Gedankenaustausch geht es darum, die erstaunlichen Darstellungen zu kommentieren und eigene Ideen zu entfalten, um das Thema »Porträt« zu erschließen. Die beiliegenden Folienvorlagen (in Farbe auf Seite 256 ff.) stellen für den Unterricht folgende Abbildungen zur Verfügung: eine zarte Grafik in Eiform (ohne Titel 1961), ein in Farbfelder aufgegliedertes Gesicht (Kopfheit 1956), ein aquarelliertes Farbfleckengefüge (Blütenselbstporträt 1961), einen surreal verfremdeten Gesichtsausschnitt (Ausschnitt Sensenmann 1991), eine technisch gefasste Darstellung (Selbstporträt als Schwammerl 1958) sowie eine Objekt-Verschmelzung (Großes Sciencefiction-Selbstporträt 1996).

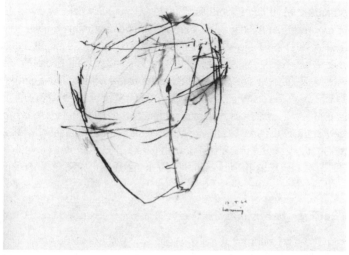

Maria Lassnig: Ohne Titel, 1961, Kreide, 43 x 61 cm, im Besitz der Künstlerin (Kat. 1995, S.73)

Maria Lassnig: Kopfheit, 1956, Öl auf Leinwand, 55 x 71 cm, im Besitz der Künstlerin (Kat. 1985, S. 37)

Maria Lassnig: Blütenselbstporträt, 1961, Aquarell, 50 x 65 cm, im Besitz der Künstlerin (Kat. 1987, S.14)

Unterrichtsmodelle

Maria Lassnig: Selbstporträt als Schwammerl, 1958, Kreide, 66 x 44 cm, Graphische Sammlung, Staatsgalerie Stuttgart (Kat. 1995, S. 151)

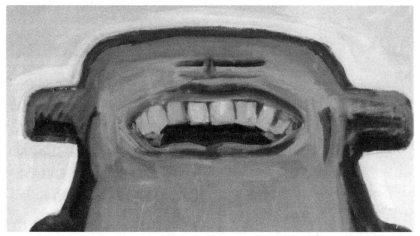

Maria Lassnig: Sensenmann, 1991, Öl auf Leinwand, 200 x 145 cm, im Besitz der Künstlerin (Ausschnitt) (Krit. Lex. 46, S. 4 und Kat. 2001, S. 53)

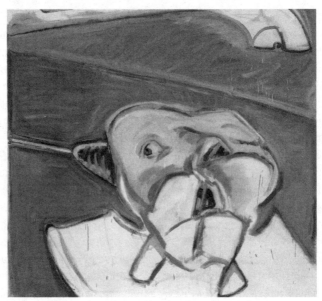

Maria Lassnig: Großes Sciencefiction-Selbstporträt, 1996, Öl auf Leinwand, 198 x 205 cm, im Besitz der Künstlerin (Krit. Lex. 46, S. 5)

Maria Lassnig: Doppelselbstporträt, 2000, Öl auf Leinwand, 100 x 125 cm, im Besitz der Künstlerin (Kat. 2001, S. 41)

Unterrichtsmodelle

Abstrahieren und Deformieren
Um den unkonventionellen Malereien Lassnigs nahe zu kommen, muss es insbesondere auch darum gehen, bei den Schülerinnen und Schülern ein Verständnis für Abstraktions- und Deformationsprozesse anzubahnen. Folgende Demonstration wäre denkbar: Zwei Schüler werden an die Tafel gerufen und gebeten, sich nebeneinander aufzustellen. Einer bekommt eine Seidenstrumpf-Maske (Nylonstrumpfhose) übergestülpt. Sein Kopf verwandelt sich in eine Eiform. Die Haare schmiegen sich an den Kopf. Nase und Mund sind nur noch als sanfte Erhebungen zu erkennen. Der Vergleich des verhüllten Gesichts mit dem unverhüllten macht die Reduktion der Form durch die Strumpfmaske besonders deutlich. Im Gespräch lässt sich herausarbeiten, dass Malen bei Lassnig mit »Weglassen« zu tun hat. Indem auf äußerliche Details der Gesichtsform verzichtet wird, können innere Empfindungen z.B. farblich oder kompositorisch besser zum Ausdruck gebracht werden. Es geht Lassnig um die Beschränkung auf das Wesentliche: die Grundform, ihre Spannung, ihre Dynamik. Gemeinsam kann auch ein großer, rund geschliffener Kiesel oder ein luftleerer, eingebeulter Basketball betrachtet werden. Selbst hier lassen sich noch Gesichtszüge erahnen, Stimmungen und Gefühle assoziieren. Für die Schüler wird erkennbar, dass sich der Prozess der Abstraktion und Deformation in der Porträtdarstellung weit treiben lässt.

Blindzeichnen
Diese Übung bedarf der Langsamkeit, Ernsthaftigkeit und Konzentration. Sie soll den Schülerinnen und Schülern die Oberfläche und Ausdehnung ihres eigenen Gesichts erfahrbar machen. Mit den Fingerspitzen einer Hand erkunden sie die Erhebungen und Vertiefungen des Gesichts. Nun kommt die zweite Hand dazu und zeichnet die gefühlten Spuren auf der Tischplatte nach. Sobald die Umsetzung der Spürbewegung gelingt, wird die Übung mit Zeichenkohle oder Pinsel und Wasserfarben auf großem Papier durchgeführt. Es zeigt sich, dass hervortretende Bereiche des Gesichts wie Nase, Augen, Ohren, Mund zu wiederholter Berührung einladen. Folglich verdichten sich die Linien und Farbspuren auf der Bildfläche – Akzente entstehen. So wird das Gesicht nach und nach abgetastet und in grafische Spuren übersetzt. Die Augen sind während des Fühlens und Zeichnens geschlossen. Erst wenn der Pinsel nicht mehr gleitet, dürfen die Augen geöffnet werden, um Farbe nachzufassen. In diesen Momenten wird das bildnerische Geschehen visuell steuerbar. Bewegungsrichtungen, Strichstärken und Farbentscheidungen lassen sich kurzzeitig überprüfen und bei der Weiterbearbeitung, die wiederum mit geschlossenen Augen erfolgt, variieren.

Geometrisieren
Eine weitere Methode des Abstrahierens ist das Auflösen eines Gegenstands in wenige, klar gegliederte Flächenformen. Durch analytisches Betrachten des eigenen Gesichts im Spiegel lassen sich Dreiecke, Rechtecke, Halbkreise und andere geometrische Formen entdecken. Werden diese auf die Bildfläche gebracht, setzt sich das Gesicht nach dem Baukastenprinzip als vereinfachte und stark reduzierte Form wie von selbst zusammen. Das Ergebnis ist wirkungsvoller, wenn nicht alle Farben des Malkastens zum Einsatz kommen, sondern innerhalb einer Farbrichtung gearbeitet wird.

Aquarellieren
Wenn Flächengliederungen außer Acht bleiben, lassen sich Abstraktion und Deformation noch weiter treiben. So könnte die Wahrnehmung beim Abtasten des Gesichts etwa auf weiche fleischige und harte knochige Partien des Gesichts gelenkt werden. Finden allein diese Empfindungen auf der Bildfläche ihren Niederschlag, kommt es zu Darstellungen, die mit der »realistischen« Gesichtsform, die wir aus dem Spiegel oder von Fotografien her kennen, nichts mehr zu tun haben. Vielmehr entsteht ein lockeres Fleckengefüge, das allein aus der Farbe lebt und seinen Ausdruck insbesondere durch den Wechsel von fließenden und prägnanten Flächenrändern erhält. Um besonders großflächige und blütenzarte Ergebnisse zu erzielen, kann das Zeichenpapier zu Beginn der bildnerischen Arbeit angefeuchtet werden.

Mit der Spiegelscherbe experimentieren
Abstraktionen und Deformationen lassen sich auch aus dem Sehen ableiten. Spielerische Experimente haben gezeigt, dass sich Spiegelscherben, die etwa durch Brechen eines Taschenspiegels entstehen, in besonderem Maße dazu eignen, das eigene Gesicht im Detail zu untersuchen. Aufgrund ihrer Kleinheit spiegeln sie nie die Gesamtheit, sondern immer nur einen minimalen Ausschnitt des Gesichts wieder. Aus dem Zusammenhang gerissen entwickelt dieser eine ganz eigene, oft befremdliche Qualität. Es ist v. a. der gespiegelte Blick von unten, das An-sich-Hinaufschauen, das dazu reizt, die perspektivisch ungewöhnlichen Nasen-, Augen-, Wimpern- oder Ohrenansichten überdimensional und drastisch überzeichnet zur Ansicht zu bringen. Für die Ausführung der Teilporträts eignen sich alle grafischen und malerischen Techniken, wie Bleistift-, Buntstift-, Kreide-, Kohlezeichnung, vor allem aber auch das Malen mit Flüssigfarben auf verschiedensten Untergründen und großen Formaten.

Unterrichtsmodelle 73

Objektbeziehungen herstellen
Eine Spezialität Lassnigs ist es, Körper- oder Gesichtsformen mit Dingobjekten zu verschmelzen. Das können Bestandteile der natürlichen Umgebung (»Blütenselbstporträt«, »Selbstporträt als Schwammerl«), aber auch funktionale oder technische Objekte sein. Es liegt nahe, mit den Schülern eine Materialsammlung anzulegen. Sie sollte Gegenstände beinhalten, die ihnen bedeutsam erscheinen. In der wiederholten Auseinandersetzung mit einem gewählten Objekt durch Zeichnen, Malen, Collagieren, oder auch durch Bauen und Formen, lassen sich in der zunehmenden Verfremdung Annäherungen an eine Gesichtsform entwickeln, die persönliche Ängste, Träume, Wünsche und Hoffnungen zur Anschauung bringen.

Zusammenhänge erkennen
Für Wiederholung, Ausweitung und Erkenntnistransfer eignet sich das Doppelselbstporträt Lassnigs aus dem Jahr 2001 (vgl. Farbabbildung S. 258). Hier kombiniert Lassnig eine gefühlte mit einer gesehenen Gesichtsform. Beide Selbstporträts, die parallel auf einer Leinwand angefertigt wurden, drücken denselben Stimmungszustand aus – sind sie doch zeitgleich entstanden. Das gefühlte »innere« Porträt steht neben dem am visuellen Erscheinungsbild orientierten Porträt. So wird deutlich, dass reduzierende und deformierende Verfahrensweisen besonders geeignet sind, um innere Prozesse kommunizierbar zu machen. Im freien Unterrichtsgespräch könnten folgende Impulse einfließen: Hund und Mensch! Nein, zweimal Maria Lassnig! Gibt es Hinweise für diese Annahme? Wie sind die Befindlichkeiten Maria Lassnigs während des Malprozesses einzuschätzen? Welche malerischen Mittel hat sie angewendet, um ihre momentane Stimmung zum Ausdruck zu bringen? Was erzählen und was verschweigen die jeweiligen Darstellungen? Maria Lassnig bezeichnet ihre Malereien als »Körper-Sensationen«. Wofür steht dieser Begriff?

Gesicht, Körper und Identität

Schwieriger als ein ausdrucksstarkes Ganzkörper-Porträt zu entwickeln, ist es laut Lassnig (Weskott 1993, S. 14), das eigene Gesicht sensorisch wahrzunehmen. Das Gesicht, so formuliert sie, widersetzt sich den Prozessen der Abstraktion und Deformation in besonderem Maße. Als Erklärung nennt Lassnig das häufige Betrachten des eigenen Gesichts im Spiegel, welches den visuellen Eindruck intensiviert und schwerer überformbar macht als Ansichten anderer Körperpartien. Ausschlaggebend für das von Lassnig geschilderte Darstellungsproblem sind vermutlich auch die geringen haptischen und kinästhetischen Erfahrungen im Gesicht. Bei alltäglichen Bewegungen wie dem Sitzen, Stehen, Rennen und Rempeln lastet das Körpergewicht u.a. auf Rücken, Hüfte und Füßen. Das Gesicht jedoch wird kaum selbst gespürt und somit vorrangig visuell (im Spiegel) wahrgenommen.

Zusammenfassend kann festgehalten werden, dass die hier vorgeschlagene bildnerische Auseinandersetzung mit den Werken von Maria Lassnig von praktisch-handelnden und reflexiven Prozessen durchdrungen ist. Alle genannten Bausteine zur ästhetischen Praxis sollten die Betrachtung und Reflexion von Lassnigs Werken einbeziehen. Die Rezeption führt nicht nur in expressive Darstellungsweisen und abstrakte Formensprache ein, sie hilft auch, unkonventionelle Ausdrucksweisen zu akzeptieren und anzuwenden. Darüber hinaus werden Kenntnisse über Analyseverfahren und Interpretationsmethoden sowie über die Künstlerin vermittelt. Die Schülerinnen und Schüler lernen nicht nur das kritisch analytische Betrachten von Lassnigs Werken, sondern auch, in der Kommunikation über innere Befindlichkeiten zu sprechen und Bezüge zu den gewählten formalen Mitteln (Farbe, Form, Komposition, Linie, Fläche usw.) herzustellen.

Das Zusammenspiel von Übungen zur Selbstwahrnehmung, der Auseinandersetzung mit den künstlerischen Werken und eigener bildnerischer Darstellung befördert die Selbstreflexion und die Identitätssuche auf ästhetische Weise. Die bildnerische Darstellung des eigenen Gesichts verlangt die Beschäftigung mit der eigenen Person – dem Aussehen, den Gefühlen, Stimmungen, psychischen Zuständen etc. Insbesondere die Verschränkung von Produktion, Rezeption und Reflexion führt zur Verdichtung im bildnerischen Handeln, zur Formfindung, Ausdruckssteigerung usw. und zwingt die Jugendlichen, sich mit dem Selbst, dem Selbstbild, den Identitätskonzepten zu befassen. Denn im bildnerischen Prozess müssen innere Vorgänge erfasst und geordnet werden, um sie strukturiert gestaltend hervorzubringen. Dieser nicht-sprachliche Kommunikationsprozess kann in entscheidendem Maße zur Identitätsentwicklung beitragen.

Erweiterungsmöglichkeiten

Einen vielfältig experimentierenden Umgang mit dem Selbstporträt findet man auch bei den Werken der Künstlerin Cindy Sherman, der das Modell von Kirchner gilt (S. 141). Der Blick in den Spiegel spielt in der Mehrzahl der folgenden Modelle eine Rolle.

Literatur

Affolter, Felicie: Wahrnehmung, Wirklichkeit und Sprache. Villingen-Schwenningen 1992 (1987)

Bergmann, Rudij: Maria Lassnig. In: Kritisches Lexikon der Gegenwartskunst. Ausgabe 46, München 1999

Drechsler, Wolfgang (Hg.): Maria Lassnig. Ausstellungskatalog, Klagenfurt 1985

Haenlein, Carl (Hg.): Maria Lassnig. Bilder 1989-2001. Ausstellungskatalog, Hannover 2001

Helfenstein, Josef/ Weskott, Hanne (Hg.): Maria Lassnig. Zeichnungen und Aquarelle 1946-1995. Ausstellungskatalog, München 1995

Wally, Manuel (Hg.): Maria Lassnig. Zeichnungen und Aquarelle 1957-1962, Zeichnungen 1986/87. Ausstellungskatalog, Salzburg 1987

Weskott, Hanne: Maria Lassnig. In: Kritisches Lexikon der Gegenwartskunst. Ausgabe 22, München 1993

Wilkening, Friedrich/ Krist, Horst: Entwicklung der Wahrnehmung und Psychomotorik. In: Oerter, Rolf/ Montada, Leo (Hg.): Entwicklungspsychologie. Weinheim 1998 (1982)

3.4 Von Texten und Textilien
Sinnliche Erfahrung und »Intertextualität« von Lyrik

Anja Ballis

Zwischen Texten und Textilien – Konzeption und Zielsetzungen

Das folgende Unterrichtsmodell versucht, Gedichte zu verschiedenen Sinneswahrnehmungen (sehen, hören, riechen, fühlen, schmecken) durch den besonderen Bezug zwischen Text und stofflichem Gewebe und den Ansatz der Intertextualität auch sinnlich erfahrbar zu machen.

Mit dem Begriff der Intertextualität werden im weitesten Sinne alle Bezüge eines literarischen Textes auf andere literarische und außerliterarische Prätexte erfasst. Es kann als ein Kennzeichen literarischer Texte gelten, dass seit jeher intertextuelle Verfahren in Form von Zitaten, Anspielungen, Parodien, Travestien u.a. verwendet werden. Im Gefolge der modernen und postmodernen Beschäftigung mit Literatur kommt diesem Begriff eine besondere Bedeutung zu, indem – so eine Möglichkeit – Intertextualität als Verfahren innerliterarischer Sinnbildung verstanden wird. In dieser Spielart geht es um Verweise eines Textes auf so genannte Prätexte, die vom Autor intendiert werden, im Text markiert sind und vom Leser im Sinne eines angemessenen Verständnisses erschlossen werden müssen (Pfister 1985).

In vorliegendem Modell wird der Versuch unternommen, den produktiven Mechanismus, der dem Begriff der Intertextualität zugrunde liegt, für Schülerinnen und Schüler transparent und erfahrbar zu machen: Sie sollen erkennen, welche Verweismöglichkeiten die Auseinandersetzung mit literarischen Texten birgt. Dazu wird die komplexe Struktur von Texten durchschaubar gemacht: Die Schülerinnen und Schüler sollen in einem ersten Schritt das »Gewebe« des Textes erkennen.[1] Ein Blick auf die etymologische Herkunft von »Text« zeigt die enge Verwandtschaft zu lat. »textus« (»Gewebe«) und »texere« (»weben«) (Kluge 2002, S. 914). Auf dieser Ähnlichkeit von Text und Gewebe basiert auch der zweite Schritt des Unterrichtsentwurfs: Die Metapher vom Gewebe eines Textes wird »aufgelöst« und wörtlich verstanden; literarische Werke und Stoffe werden zueinander in Beziehung gesetzt, sodass der literarische Text zum Prätext wird, auf den die Stoffbilder zurückverweisen. Solchermaßen soll eine Brücke zwischen abstrakten Texten und fühlbarer Stoff-

---

[1] In einem neueren Unterrichtsmodell wird auch auf die Metapher des Gewebes zurückgriffen, die in Analogie zur Produktion von Texten verwendet wird; auf diese Weise soll die Komplexität des Schreibens durchschaubar gemacht werden (Kahlert u.a. 2005, S. 38).

lichkeit hergestellt werden, die sowohl das Verständnis des literarischen als auch des »stofflichen« Textes vertieft. Diesen Verweishorizont gilt es durch die Schülerinnen und Schüler zu erschließen, zu entschlüsseln und zu reflektieren.
Erste Erfahrungen mit Stoffen haben Schülerinnen und Schüler häufig in der Grundschule gemacht; oft dient hierbei das sinnlich Wahrnehmbare als das Ästhetische, dem Kinder nachspüren sollen: beim Wahrnehmen, bei der Gestaltung und bei der kulturellen Einordnung von Textilien (Herzog 2000, S. 60).
Die in der Grundschule begonnene Arbeit mit Stoffen wird allerdings nur selten in der Sekundarstufe I/II fortgesetzt, sodass es sorgfältiger Planung und konzeptioneller Vorarbeiten bedarf, um die Begegnung der Schülerinnen und Schüler mit den Stoffen für die Auseinandersetzung mit Texten fruchtbar zu machen. Am Anfang dieser Planung steht die Frage nach der Auswahl der Texte. Vorzugsweise Lyrik eignet sich aufgrund ihrer Bildhaftigkeit und ihrer klanglich-rhythmischen Sinnenreize, ein komplexes Assoziationsregister bei den Leserinnen und Lesern hervorzurufen (Elm 2003, S. 341). Dafür werden hier Gedichte aus dem Spätwerk von Rose Ausländer (1901-1988) herangezogen, die ausgehend von leicht fassbaren Alltagserfahrungen Fragen nach »kosmischen Traumbildern« stellen (ebd., S. 341); thematisch eint die hier ausgewählten Gedichte, die als Vorschlag und Anregungen aufzufassen sind, das Ansprechen von sinnlichen Erfahrungen[2]: mit dem Sehen (»Augen I«, »Das Auge II«), Hören (»Nicht mit dem Ohr«), Riechen (»Das Parfum«), Fühlen (»Antennen«) verbinden die Schülerinnen und Schüler eigene Empfindungen und Vorstellungen; diese Sinneswahrnehmungen können demzufolge sowohl als Zugangsmöglichkeit zu Texten als auch zu eigenen Erfahrungen der Schülerinnen und Schüler werden. Um das Rätselhafte und Paradoxe von solchen Texten in adäquater Weise zu erschließen, sollen Stoffe mit ihrem Formen- und Farbenreichtum als Anspielungshintergrund dienen. Durch dieses Wechselspiel von Text und Stoff können Reflexionen über Bild und Abbild, Zeichen und Bedeutung, Mensch und Raum ausgelöst werden, da sich das Material als vielfältig erweist und unterschiedlichste Konnotationen zulässt (Mertens 2002, S. 17f). Gleichzeitig wird den Schülerinnen und Schülern der Verweischarakter von Kunst erfahrbar gemacht. Diese Einsicht, dass die Auseinandersetzung mit Texten – sowohl in der sprachlichen als auch stofflichen Ausformung – als produktive Mechanismen verstanden werden können, lässt die Schülerinnen und Schüler an ästhetischer Erfahrung teilhaben.

---

2   Da kein adäquater Text zum »Schmecken« von Rose Ausländer gefunden wurde, wird hier ein Text von Hans Magnus Enzensberger (»Mund«) vorgeschlagen.

Unterrichtsmodelle

Vom Text zum Stoff zum Bild – methodisches Vorgehen

Das Fühlbuch
Den Schülerinnen und Schülern werden im Klassenzimmer unterschiedliche Stoffe – z.B. halbdurchsichtige Gaze, dickes Karostepp, Leinwand, seidenartiges Gewebe, Musselin – präsentiert. Es bietet sich an, die Stoffe an Tischen im Klassenzimmer auszulegen: In einer ersten Annäherungsphase werden die Schülerinnen und Schüler aufgefordert, sich mit den Stoffen vertraut zu machen, um die jeweiligen Besonderheiten der Materialien wahrzunehmen. Nach dieser »Tuchfühlung« werden die Wahrnehmungen der Schülerinnen und Schüler im Klassengespräch thematisiert, indem sie sich einen Stoff heraussuchen, der ihnen besonders gefallen, sie fasziniert bzw. besondere Bilder in ihnen hervorgerufen hat.

Mögliche Leitfragen für das Unterrichtsgespräch
- Wie fühlen sich die unterschiedlichen Stoffe an?
- Wann würdet ihr solche Stoffe tragen?
- Welche Erinnerungen werden in euch geweckt?

Möglichst viele Sinneseindrücke sollen aktiviert werden, um zu gewährleisten, dass sich die Schülerinnen und Schüler intensiv mit den Materialien und den durch sie hervorgerufenen Wahrnehmungen auseinander setzen; da diese Erfahrungen für das weitere Unterrichtsgeschehen gesichert werden sollen, werden Gefühle und Wahrnehmungen »katalogisiert«: Entsprechend den Musterbüchern des Handwerks wird ein so genanntes Fühlbuch erstellt, in dem die Schülerinnen und Schüler ihre Eindrücke zu den Stoffen niederlegen. Für jeden für relevant befundenen Stoff wird eine Seite erstellt nach der unten abgedruckten Musterseite (siehe Material) und anschließend zusammengeheftet oder gebunden. Da es sich um ein gemeinsames Projekt der Klasse handelt, wird ein Exemplar angefertigt, das für die weitere Arbeit in der Klasse herangezogen wird.

Das Fühlbuch
    a) Wie fühlt sich der Stoff auf der Haut an?
    b) Welche Farben und/ oder Muster stechen ins Auge?
    c) Wie hört sich der Stoff an?
    d) Wie riecht der Stoff?
    e) Welche Atmosphäre/ Stimmung erzielt der Stoff?
    f) Freie Assoziationen/ Gedanken

»Stofflichkeit« – Lyrik von Rose Ausländer

Aufgrund ihres begrenzten Umfangs sowie der vielfältigen Sinn- und Bedeutungsebenen eignet sich Lyrik in besonderer Weise, um die Übersetzung eines Textes in ein Stoffbild anzuregen. Die Schülerinnen und Schüler finden sich in Kleingruppen zusammen und wählen aus der Gedichtauswahl einen Text aus.Sie werden aufgefordert, sowohl die Atmosphäre des von ihnen gewählten Gedichts als auch seine Struktur zu erfassen, um es anschließend in Stoff umzusetzen. Hierfür ist den Schülerinnen und Schülern entsprechend Zeit zu geben, da die Lyrik von Rose Ausländer zwar klangschön wirkt, aber sich einem »schnellen Zugriff« verweigert. Den Schülerinnen und Schülern sollte es freigestellt sein, ob sie ein Bild aus Stoffen anfertigen oder Worte, Texte und Schrift in/miteinander »verweben« wollen. Einzige Bedingung ist, dass die sie sich nicht darauf beschränken, das jeweilige Sinnesorgan abzubilden. Um den Arbeitsbeginn zu erleichtern, dient das Fühlbuch als Gedächtnisstütze und als »Fundus«.

Hilfestellungen für die Übersetzung Text – Bild
- Lest euch die lyrischen Texte aufmerksam durch und wählt ein Gedicht zur weiteren Bearbeitung aus.
- Unterzieht das Gedicht einer sorgfältigen Analyse: In welche Stimmung versetzt euch das Gedicht? Durch welche Mittel (Wörter, Klänge, Zeichen, Anordnung) wird diese Stimmung erzielt? Welche Sinneswahrnehmung steht im Vordergrund?
- Setzt eure Erkenntnisse anschließend in ein »Stoffbild« um. Zieht dazu, falls nötig, auch das Fühlbuch heran. Bildet nicht nur das im Text genannte Sinnesorgan ab.

Um den atmosphärischen und strukturellen Gehalt der Texte sichtbar zu machen, werden die Texte so mit Hilfe von Stoffen in neue »Bilder« umgesetzt. Da nicht nur auf kognitive Bewusstseinsschichten für die Wahrnehmung und Vermittlung von Inhalten rekurriert wird, enthüllt sich die Deutungsvielfalt der Texte. Diese Vielfalt an Interpretationsmöglichkeiten wird auch Ausgangspunkt der Präsentation im Kurs- bzw. Klassenverband: Da die Klasse in Gruppen getrennt gearbeitet hat, sie aber alle den gleichen Textkorpus zur Auswahl haben, beginnt die Reflexion mit der Zuordnung der Gedichte zu den einzelnen Bildern durch die »Nicht-Gruppenmitglieder«.[3] Auf diese Weise soll im Sinne der »Intertextualität« der Verweischarakter von Stoffbild und Textgefüge herausgearbeitet und der diesem Verfahren inhärente produktive Mechanismus erfahrbar werden: Werden die Anspielungen und Verweismöglichkei-

---

3 Für dieses Verfahren eignet sich der Stuhlkreis: Alle Schülerinnen und Schüler haben Blick auf die Kunstwerke, die in der Mitte niedergelegt werden.

Unterrichtsmodelle 81

ten von den Mitschüler(inne)n erfasst? Welche Deutung der Texte liegt den Stoffbildern zugrunde? Darüber hinaus sollte den Schülerinnen und Schülern die Möglichkeit gegeben werden, über die Sinnhaftigkeit dieses Vorgehens zu reflektieren: Wie beurteilen sie dieses Verfahren? Welche »Erkenntnisse« können sie ihm abgewinnen? Alternativ zur skizzierten Präsentationsmöglichkeit wäre es denkbar, dass die entstandenen Bilder im Klassenzimmer aufgehängt werden und die Schülerinnen und Schüler ihre Eindrücke und Stimmungen zu den Bildern notieren. Diese werden unterhalb der Stoffbilder angebracht und können »reihum« ergänzt werden, sodass die »Galerie« zum Reflexionsraum der Schülerinnen und Schüler wird.

Rückmeldungen – Was Schülerinnen und Schüler zu sagen haben

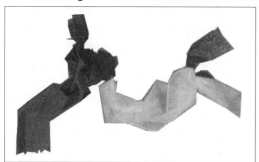

Schülerarbeit: »Duftband« zum Gedicht »Das Parfum«

In den mehrfach durchgeführten Erprobungen mit Schülerinnen und Schülern der Oberstufe haben sich einige typische »stoffliche« Umsetzungsmöglichkeiten herauskristallisiert. Einerseits werden die Stoffe »konventionell« im Sinne einer Collage verwendet, d.h. sie werden wie Farbpapiere benutzt, aus ihnen werden Formen herausgeschnitten und anschließend auf ein Plakat aufgeklebt. In diesem Fall zeigt sich, dass nur vereinzelt die Besonderheit des Stoffes auch für die Umsetzung fruchtbar gemacht wird; in der Regel geht diese Vorgehensweise mit der Erschließung der Gedichte anhand zentraler Begriffe einher. Andererseits bedienen sich Schülerinnen und Schüler der Stoffe, indem sie sowohl Farbe und Struktur als Anspielungshintergrund benutzen. Im abgebildeten Beispiel sieht man, dass die Schülerinnen und Schüler das Gedicht »Das Parfum« überwiegend mit durchsichtigen und filigranen Stoffen umgesetzt haben und ein »Duftband« abbilden, das sowohl durch einen integrierten Stoff »ein Geheimnis« als auch in seiner Farbgebung die versöhnliche Kraft des Duftes aufnimmt. Darüber hinaus gelingt vereinzelt eine »Inszenierung«: Zum Gedicht »Antennen« haben Schülerinnen und Schüler eines Leistungskurses eine Fühlbox erstellt, gefüllt mit Sternen und sich unangenehm anfühlenden Stoffen; ihren Mitschülerinnen und -schülern verbanden sie die Augen, bevor diese in die Box langen durften. Auf diese Weise nahmen sie das im Gedicht erwähnte Vertrauen und die widerstreitenden Gefühle auf, die uns so oft bewegen. Wie Schülerinnen und Schüler dieses Vorgehen beurteilen, sei an einigen Beispielen einer 11. Klasse und eines Leistungskurses Deutsch illustriert: Im Allgemeinen werten sie die Arbeit mit Stoffen als eine willkommene Abwechslung im Unterrichtsalltag; allerdings wird auch immer wieder darauf verwiesen, dass die Arbeit mit den Gedichten nicht einfach und das Verfahren zeitintensiv sei. Auch wird bemängelt: »Die Aktion hat nicht wesentlich zum Textverständnis beigetragen. Sie hat eher das Gegenteil bewirkt: Die Texte/ Gedichte erschienen noch rätselhafter.« (Sebastian, LK Deutsch) Dass in dieser Kritik ein zentrales Problem der Auseinandersetzung mit Literatur offenkundig wird, belegt die Äußerung eines weiteren Schülers des Kurses, der schreibt: »Zudem wurde deutlich, wie vielfältig ein Gedicht aufgefasst werden kann und wie schwierig es ist, eine allgemein einheitliche Interpretation zu finden.« In dieser »Verrätselung« und Vielfalt von Literatur liegt aber auch ihre Faszination begründet, die als eine ästhetische Grunderfahrung gilt und im Wechselspiel von Text und Textilie aufscheint.

Literatur

Ausländer, Rose: Denn wo ist die Heimat? Gedichte. Frankfurt am Main ²2000
Ausländer, Rose: Die Musik ist zerbrochen. Gedichte. Frankfurt am Main ²2002
Ausländer, Rose: Mein Venedig versinkt nicht. Gedichte. Frankfurt am Main 1982
Elm, Theo: Weibliche Lyrik in der deutschen Gegenwartsliteratur. In: Hiltrud Gnüg / Renate Möhrmann (Hg.): Frauen Literatur Geschichte. Schreibende Frauen vom Mittelalter bis zur Gegenwart. Baden-Baden 2003, S. 340-351
Enzensberger, Hans M.: Gedichte. 1950-2000. Frankfurt am Main 2001
Haus, Andreas / Hoffmann, Franck / Söll, Änne (Hg): Material im Prozess. Strategien ästhetischer Produktivität. Berlin 2000
Herzog, Marianne: Textilgeschichten. Anregungen und Materialien für den Textilunterricht in der Grundschule. Seelze-Velber 2000
Hoffmann, Franck: Materialverwandlungen. Prolegomena zu einer Theorie ästhetischer Produktivität. In: Haus / Hoffmann/ Söll 2000, S. 17-47
Kahlert, Gerhard G. / Schütz, Susanne: »Gute Texte zu schreiben ist eine Kunst wie schöne Stoffe weben!« In: Deutschunterricht 1 (2005), S.38-43.
Kluge. Etymologisches Wörterbuch der deutschen Sprache. Bearbeitet von Elmar Seebold. Berlin, New York ²⁴2002
Mertens, Veronika: Der Vorhang ist das Bild. In: Dies.: Stoff. Material, Plastik, Installationen. Albstadt 2002, S. 7-18
Pfister, Manfred: Konzepte der Intertexualität. In: Broich, Ulrich / Pfister, Manfred (Hg.): Intertextualität. Formen, Funktionen, anglistische Fallstudien. Tübingen 1985

Kopiervorlagen

Gedichtauswahl (Vorschläge)

1. Sehen
Rose Ausländer, *Das Auge II*
Aus: Dies., Denn wo ist die Heimat? Gedichte, Frankfurt am Main ²2000, S. 90
© S. Fischer Verlag

    1   Ein Zartoval, zwei Kreise, feuchter Glanz,
           umschattet von der Wimpern Seidenkranz.

           Mühelos hält es jeden Gegenstand
           in seiner winzigen Pupillenhand.

    5   In seinem grenzenlosen Innenraum
           wohnen die Körper, spielen Tausendtraum.

Rose Ausländer, *Augen I*
Aus: Dies., Die Musik ist zerbrochen. Gedichte, Frankfurt am Main ²2002, S. 148
© S. Fischer Verlag

    1   Augen
           – Lichtlippen –
           ungehorsam dem Gesicht

           Das eine spricht JA
    5   das andere NEIN
           Fatum im Blick

           Ein Meteor stürzt zurück
           in Iristiefe
           als riefe ein Stern
    10   Sieh – hier bin ich
           bei dir ist mir gut
           einen Augenblick

2. Hören
Rose Ausländer, *Nicht mit dem Ohr*
Aus: Dies., Die Musik ist zerbrochen. Gedichte, Frankfurt am Main ²2002, S. 82
© S. Fischer Verlag

1   Mit vielen inneren Uhren
      bist du begabt
      Nicht mit den Uhren der Zeit

      Die Werke in dir
5   sind voll geheimer Gesetze

      Ich höre den Herzschlag
      deiner großen Räder
      der mittelgroßen und kleinen
      und der allerkleinsten Rädchen
10   Ich höre sie nicht mit dem Ohr

      Sie liegen an meinen Pulsen
      und legen verschwiegne Sekunden
      in ihre Läden

      Ich hör die verborgne Botschaft
15   höre sie Tag und Nacht
      Ich höre sie nicht mit dem Ohr
      Mit dem Herzen

3. Riechen
Rose Ausländer, *Das Parfum*
Aus: Dies., Die Musik ist zerbrochen. Gedichte, Frankfurt am Main ²2002, S. 153
© S. Fischer Verlag

  1   Kann es sich nicht begeben
       daß ein Parfum
       von tausend Blüten
       eine Essenz ergibt
  5   deren Aroma alles ändert

       daß
       was unmöglich schien
       durch Retorten getrieben
       in ein Geheimnis tritt
10   eine Tür sich öffnet

       zur Menschenliebe
       duftend verteilt
       an feindliche Kontinente

4. Fühlen
Rose Ausländer, *Antennen*
Aus: Dies., Mein Venedig versinkt nicht. Gedichte, Frankfurt am Main 1982, S. 61
© S. Fischer Verlag

1   Manchen Antennen
    vertrau ich

    Mondfinger
    auf meiner Haut

5   Mit den Fingerspitzen
    drück ich die Nacht
    an die Sterne

    um mich von ihrem
    Magnet zu befreien

10   Zu welchem
    Unstern
    gerissen

5. Schmecken
Hans M. Enzensberger, *Mund*
Aus: Gedichte. 1950-2000, Frankfurt a.M. 2001, S. 40
© Suhrkamp

1   Hat sich geöffnet, nach Luft gerungen
    hat etwas Warmes gekannt
    Ah gesagt überm kalten Löffel.
    Was weiß ein Mund.

5   Lirum larum, so schmeckt der Bleistift,
    so schmeckt die Eisblume,
    so die stählerne Zahnarztklammer,
    so schmeckt im Kasten der Sand.

    Was weiß ein Mund. Kennt Milch und Blut,
10 Brot und Wein, Zucker und Salz,
    hat unterschieden Morsches von Dürrem,
    Schleimiges von Verbranntem.

    Hat sich gegen das Übel gewehrt
    mit Lirum und Larum,
15 Hustensaft und Oblaten.
    Hat sich getäuscht.

    Was weiß ein Mund.
    Weiß nichts, sucht, will nicht,
    verzehrt und verzehrt sich,
20 sucht und läßt sich versuchen.

    Sucht Freundschaft mit noch einem Mund,
    sucht ein Ohr, ringt nach Luft,
    öffnet sich, teilt sich mit.
    Was weiß ein Mund.

25 Hat sich getäuscht, ist dunkel,
    hat gesucht und knirschend gefunden
    etwas Kaltes, Dunkles
    hat sich verschlossen.

Musterseite Fühlbuch

Wie fühlt sich der Stoff auf der Haut an?

Welche Farben und/oder Muster stechen ins Auge?

Wie hört sich der Stoff an?

Wie riecht der Stoff?

Welche Atmosphäre/ Stimmung erzielt der Stoff?

Was noch auffällt ...

3.5 Lebensgeschichte und Gender-Perspektive

Elisabeth Naurath

Thema und Intention
Im Zeitalter gesellschaftlicher Umbrüche, heterogener Leitbilder und zunehmender Generationenkonflikte wird es für Jugendliche immer schwerer, einen Weg in die Erwachsenenwelt zu finden. Sie müssen die Vielfalt möglicher Lebensentwürfe erst sichten und ihre Lebensvorstellungen selbst erarbeiten. Dazu gehört, sich der eigenen Person zu vergewissern – als Voraussetzung zur individuellen Identitätskonstruktion.

Das folgende Unterrichtsbeispiel will die Prozesse der Selbstwahrnehmung und Selbstreflexion auf ästhetische Weise unterstützen und somit einen Beitrag zur Identitätsbildung der Jugendlichen leisten. In der Pubertät erfährt der Körper große Veränderungen, insbesondere auch das Gesicht. Hieran anknüpfend soll einerseits die lebensgeschichtliche Veränderung des Gesichts – im Zeitraum der Lebensphasen Kindheit bis zum Jugendalter – erfahrbar werden, zum anderen werden Gesichtsdarstellungen thematisiert, die von normativen Rollenerwartungen – wie z.B. typisch männlich oder weiblich – geprägt sind. Fragen wie die biologische Veränderung eines Kindergesichts zum Erwachsenengesicht, aber auch der sozialisationsbedingte Aspekt der Selbststilisierung des Gesichts in verschiedenen Lebensaltern können dabei diskutiert werden.

Folgende Information kann die Diskussion anregen: Die Wahrscheinlichkeit ist groß, dass beim Ballspiel mit einem vermeintlich männlichen Kleinkind der Ball fortgerollt wird (der Junge soll ihn holen; deutlicher Aufforderungscharakter zu extrovertiertem Verhalten) und mit einem vermeintlich weiblichen Kind der Ball zugespielt wird (das Mädchen soll ihn aufgrund beziehungsorientierter Interaktion zurückspielen). In den berühmten Baby-X-Studien (Trautner 1994) zeigten Erwachsene derart rollenspezifisches Verhalten, obwohl ihnen absichtlich das falsche Geschlecht des Kindes angegeben worden war. Derartige Facetten geschlechtsspezifischer Sozialisation durch die Umwelt vereinen sich mit zunehmendem Lebensalter mit dem so genannten ›doing gender‹ (West/ Zimmerman 1987) der Heranwachsenden, d.h. dass sich Mädchen und Jungen (Frauen und Männer) aktiv an der Aufrechterhaltung geschlechtsspezifischen Rollenverhaltens beteiligen und nicht nur passiv zu Männern oder Frauen gemacht werden. Hierbei wird das biologische Geschlecht (sex) vom sozialen Geschlecht (gender) unterschieden. Kleidung, Schmuck, Kosmetik und Frisur sollen der geschlechtlichen Identität Ausdruck verleihen. Besonderer Ort der Gestaltung ist oftmals das Gesicht (Schminke, Bartwuchs, Frisur).

Die Erarbeitung des Themas »Ich habe viele Gesichter« (gedacht wird vor allem an eine 8. oder 9. Klasse) erfolgt über verschiedene kopierte Foto-Porträt-Serien, sodass zunächst nicht die eigene Person im Zentrum steht und eine distanzierte Reflexion möglich ist. Denn die Auseinandersetzung mit fremden Fotos ebnet den Weg, Hemmungen abzubauen. Erst in einem nächsten Schritt ist es sinnvoll, mit eigenen Fotos zu arbeiten (siehe Erweiterungsmöglichkeit 2.)

Die lebensgeschichtliche Perspektive eignet sich, um geschlechtstypisierende Prozesse wahrzunehmen und zu reflektieren: Inwiefern spiegeln sich in den Veränderungen des Gesichts vom Kind zum Jugendlichen ›männliche‹ oder ›weibliche‹ Rollenerwartungen wider? Wie sehen eigene Rollenerwartungen und Leitbilder aus? Welche individuellen Vorstellungen über die eigene Rolle in der Gesellschaft können entwickelt werden? Ziel ist es, ein breites Spektrum möglicher Rollen zu zeigen, das erlaubt, gesellschaftlich determinierte Rollenbilder kritisch zu prüfen und neue, individuelle Rollen zu konstruieren.

Methodisches Vorgehen
1. Impuls: Stell dir vor, du siehst nur das Gesicht einer Person. An welchen Merkmalen erkennst du, ob die Person männlich oder weiblich ist? Sammlung der Wortmeldungen und erste Diskussion zum geschlechtsspezifischen Ausdruck.
2. Kleingruppen: Es werden Porträtfotos (jeweils 5 Fotos; siehe Kopiervorlage), die die Entwicklung eines Mädchens in einem Zeitraum von 10 Jahren (1990-2000) demonstrieren, bearbeitet. Empfehlenswert sind geschlechtergetrennte Kleingruppen, um Unterschiede der Betrachtung und Einschätzung aufzudecken. Ziel ist es, die Wahrnehmung zu schärfen, indem Assoziationen zu den Bildern gesammelt werden. Der Arbeitsauftrag für die einzelnen Kleingruppen könnte sein: Schreiben mehrerer kurzer, fiktiver Steckbriefe zur Person (auf der Bilderserie) – jeweils in einem bestimmten Lebensalter (Alter, Hobby, Lieblingslektüre, etc.).
3. Vorstellung im Plenum: Die Gesichterserien werden auf einem Overhead-Projektor aufgelegt oder als Kopie verteilt, und jeweils eine Schülerin oder ein Schüler beschreibt die lebensgeschichtlichen Veränderungen, die die Gruppe erdacht hat. Impulse zur Diskussion könnten sein: Was ist mädchenhaft an den Mäd-

chenbildern? Was wäre jungenhaft an Jungenbildern? Was sind normative Erwartungen an die Personen? Wie stellen sich Mimik und Gesichtszüge – unabhängig von Kosmetik und Frisur dar? Wer kann oder darf Gefühle zeigen? Wo zeigen sich spezifische individuelle Gesichtsausdrücke?
4. Spielerische Diskussion der Gesamtgruppe zur Frage: Welche Veränderungen der Gesichter wurden deutlich? Sind es deiner Meinung nach vor allem biologische (bzw. wachstumsbedingte) Veränderungen, Veränderungen, die sich auf die Ich-Identität der Person beziehen, oder sind sie sozialisationsbedingt, d.h. zeigen die Gesichter, dass sich ein Junge oder ein Mädchen bewusst männlich oder weiblich darstellen will? Im Raum werden drei Bereiche markiert: Stichwort biologische Veränderungen, Stichwort gesellschaftsbedingte normative Rollenerwartungen und Stichwort individuelle Entwicklung zur Ich-Identität. Die Schülerinnen und Schüler positionieren sich in den markierten Bereichen und tauschen ihre Argumente aus. Wichtig ist, dass nach jedem Argument eine Möglichkeit zum Platzwechsel gegeben wird. Diese Methode bietet die Möglichkeit, als ganze Person für seine Meinung Position zu beziehen, aber auch Flexibilität zu beweisen. Die Theoriediskussion zur Identitätsentwicklung zwischen der eigenen Lebensgeschichte bzw. der individuellen Entwicklung sowie den Polen von sex (Biologie) und gender (Soziologie) wird so lebendig und spannend. Wenn es – wie zu erwarten – zu einem Wechselspiel der Argumente kommt, wird die Komplexität des Themas offensichtlich. Die Gefahr vereinfachender Pauschalurteile kann so eingedämmt werden.
5. Forschungsauftrag in Kleingruppen zum Thema ›Lebensalter und Gender‹: Es werden verschiedene alterstypische Zeitschriften wie Teletubbies, Benjamin Blümchen oder Löwenzahn (Vorschulalter), Mickey Mouse oder Rätselhefte (Grundschulalter), Bravo oder Geolino (Jugend), aber auch geschlechtsspezifische Zeitschriften wie Barbie bzw. Kicker ausgeteilt. Für jede Gruppe ist damit ein Forschungsauftrag verbunden: Schneide aus deiner Zeitschrift Gesichter aus, die deiner Meinung nach ›Typisch Jungs‹ oder ›Typisch Mädchen‹ ausdrücken sollen. Gibt es auch geschlechtsneutrale Figuren? Gibt es ausgesprochen individuell gestaltete Figuren, die sich durch besondere Charaktereigenschaften oder Fähigkeiten auszeichnen? Die Gruppen stellen Collagen her, mit denen sie sich gegenseitig ihre Ergebnisse präsentieren und im Anschluss daran diskutieren.

Erweiterungsmöglichkeiten
1. Der Bezug zur individuellen Lebensgeschichte kann in einem Arbeitsauftrag zu Hause hergestellt werden:

- über die eigene Musikgeschichte (Thema Hören): In welchem Alter hast du bestimmte Lieblingslieder bzw. -gruppen gehabt? Eine Auswahl wird mitgebracht und den anderen vorgestellt.
- Für Mutige: Bringe eigene Fotos aus verschiedenen Lebensphasen mit, die du den anderen zeigen möchtest.
- Hast du noch Requisiten, die für eine Phase deines Lebens besonders wichtig waren, wie ein Stickeralbum, Lieblingsspielzeug, Sammlerleidenschaften ...
Wichtig ist ein sensibler Umgang mit dem, was die Schülerin oder der Schüler den anderen von sich offenbart. Auch wenn manches sicher lustig wirkt, ist der persönliche Schutzraum zu wahren.
2. Ein eigenes Foto in mehreren Kopien wird graphisch weitergestaltet (vgl. SZ Nr. 3 vom 4.-6.1.03, Seite V1/14 als Anregung für die Lehrperson, siehe S. 96). Das Thema Lebensgeschichte und Geschlecht wird so in einer Sammlung verschiedener und divergierender Zukunftsvisionen fortgesetzt. Welches Gesicht im weiteren Sinne (Frisur, Kopf- oder Hals-/Ohrschmuck, Oberbekleidung) könnte ich in einigen Jahren haben? Was passt zu mir? Was will ich ausdrücken? Mit der spielerischen Gestaltung des eigenen Gesichts anhand eines Fotos kann man sich assoziativ den jeweiligen Wünschen, Vorstellungen vom weiteren Lebensweg nähern, der von der Geschlechtlichkeit nicht zu trennen ist. Diskussionsstoff bietet die Frage, ob die jeweiligen Zukunftsvisionen auch denkbar wären, wenn man dem anderen Geschlecht angehören würde. Abschließend kann ein persönlicher Brief an sich selbst (in 10 Jahren) geschrieben werden, der zwar nicht vorgestellt, aber aufgehoben werden sollte!
3. Die hier vorgeschlagene Beschäftigung mit Fotografien kann ergänzt werden durch die Arbeit mit Spiegelgedichten, wie sie im Modell von Spinner (S. 125) vorgeschlagen wird.

Literatur

Leicht, Irene/ Rakel, Claudia (Hg.): Arbeitsbuch Feministische Theologie. Inhalte, Methoden und Materialien für Hochschule, Erwachsenenbildung und Gemeinde. Gütersloh 2003, S. 198 - 214

Trautner, Hans Martin: Geschlechtsspezifische Erziehung und Sozialisation. In: Schneewind, Klaus A. (Hg.): Psychologie der Erziehung und Sozialisation. Hogrefe 1994, S. 167 - 195

West, Candace/ Zimmerman, Don H.: Doing gender. In: Gender and society 1. New York 1987, S. 125 - 151

Kopiervorlagen

1. Bilderserien Gesichter (Quelle: Die Zeit Nr. 33 vom 8.8.2002, 9 ff). Fotos: Anne Koch

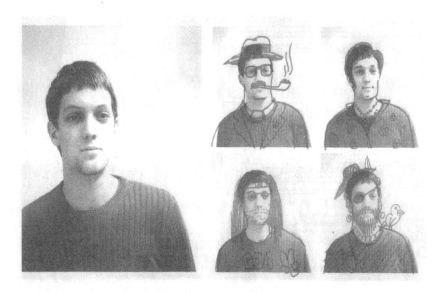

2. Bildmaterial ›Was wird aus mir?‹ (SZ Nr. 3 vom 4.-6.1.03, Seite V1/14 als Anregung für die Lehrperson).

3.6 Die filmästhetische Inszenierung von Identität in *Die Bourne Identität*

Elisabeth Schmitt

Die Suche nach der eigenen Identität ist seit der Antike ein zentrales Moment von Heldenmythen, das sich trotz der medialen Metamorphose dieser Erzählungen von den homerischen Epen[1] bis zu modernen Actionfilmen[2] erhalten hat. Der amerikanische Agententhriller »Die Bourne Identität« des Regisseurs Doug Liman[3] eignet sich besonders gut für die Auseinandersetzung mit dem Thema Identität im Kontext der Unterrichtsreihe »Gesicht, Maske, Person – Selbstbild, Spiegelbild, Fremdbild«, da sich der Protagonist nach einem kompletten Gedächtnisverlust auf die mühsame Suche nach einer Antwort auf die existenzielle Frage begibt, wer er ist.[4] Seine Nachforschungen werden dadurch erschwert, dass er in der Vergangenheit als Geheimagent mehrere (Schein-)Identitäten hatte.

Der Film entfaltet seinen Identitätsdiskurs nicht nur auf der Handlungsebene, sondern setzt ihn gleichzeitig mit den dem Kino zur Verfügung stehenden Darstellungstechniken ästhetisch um, wobei das Gesicht als Ausdrucksmedium der Psyche eine Schlüsselrolle spielt – entsprechend häufig sind Gesichter in Nahaufnahme zu sehen. Räume, Beleuchtung, Kameraperspektive und andere filmästhetische Mittel visualisieren und differenzieren die verschiedenen Persönlichkeitsfacetten des Titelhelden Jason Bourne; durch Spiegel, in denen er sich immer wieder betrachtet, wird das Augenmerk zusätzlich auf die Identitätsthematik gelenkt.

Die wichtigsten Elemente der ästhetischen Inszenierung von Identität des Films – die Verwendung des Spiegelmotivs, die Darstellung von Gesichtern, der Kontext von Gesicht und Kleidung sowie der Zusammenhang von Bild und Person in der Dokumentation von Identität – werden im folgenden Abschnitt genauer herausgearbeitet. Diese Darstellung bildet die Grundlage des darauf aufbauenden Unter-

---

1 Odysseus' Irrfahrt z.B. ist auch ein zehnjähriger Kampf um die Behauptung der eigene Identität und gegen das Vergessen. Vgl. u.a. die Episoden bei den erinnerungslosen Lotus-Essern und bei Polyphem, dem sich Odysseus als »Niemand« vorstellt. Odysseus' Identität ist immer wieder durch Drogen, Amnesie und Tod gefährdet. Folgerichtig treibt er in seinen Lügengeschichten ein geschicktes Spiel mit Scheinidentitäten.
2 Zu den strukturellen Gemeinsamkeiten von Heldenmythen der Antike und der Gegenwart siehe das entsprechende Kapitel in Schmitt 2006.
3 Produziert von Universal Pictures 2002.
4 Schon der englische Titel »The Bourne Identity« thematisiert die Frage nach Angeborenheit bzw. erfahrungsbedingter Entwicklung von Identität, indem der Name des Titelhelden auf »born« (geboren/angeboren) verweist.

richtsvorschlags, der die genannten Aspekte didaktisch umsetzt. Die Auseinandersetzung der Schülerinnen und Schüler mit dem ästhetisch strukturierten Identitätsdiskurs von »Die Bourne Identität« verfolgt zwei Ziele: Einerseits soll das Bewusstsein für die Wirkung filmästhetischer Mittel geschärft werden, die die Zuschauer-Wahrnehmung der Charakterzüge der gezeigten Figuren subtil lenken. Andererseits bieten sich in den Protagonisten Jason Bourne (Matt Damon) und Marie (Franka Potente) Projektionsfiguren für die eigene Identitätssuche der Heranwachsenden.[5] Zur Einordnung der in chronologischer Reihenfolge behandelten Szenen in den Handlungsverlauf siehe die Inhaltsübersicht in den Unterrichtsmaterialien.

Spiegel-Szenen
Der Blick in den Spiegel stellt ein Leitmotiv der ersten Hälfte des Films dar, in dem der Identitätsverlust des Helden und die sich daraus ergebenden Recherchen im Vordergrund stehen: Kurz nach seiner Rettung aus dem Meer betrachtet er sich zu Beginn des Films in der engen, dunklen Kajüte eines Fischerboots in einem fleckigen, trüben Spiegel und fragt sich/das fremde Gesicht in mehreren Sprachen, wer er sei. Auf der anschließenden Reise nach Zürich, von der sich der Protagonist Aufschluss über seine Herkunft erhofft, spiegelt sich während der Fahrt durch einen Tunnel sein Gesicht in der Fensterscheibe vor dem schwarzen Hintergrund: Jason sieht sich selbst nicht klar, er hat keinen (sozialen) Hintergrund; Identitätsverlust und Fehlen der Vergangenheit werden bildlich dargestellt. Die weibliche Hauptfigur Marie benutzt den Spiegel im Gegensatz dazu ganz alltäglich und funktional, als sie sich in Jasons Wohnung ein Bad einlässt. Ein Hinweis auf eine Identitätsproblematik ist in dieser Szene nicht zu erkennen.
Die Badezimmer-Szene im »Hôtel de la Paix« stellt einen Wendepunkt des Geschehens dar und bringt die durch das Spiegelmotiv symbolisierte Identitätssuche zu einem vorläufigen Abschluss.Die Auseinandersetzung mit der Vergangenheit wird von der aktiven Veränderung der Identität (bzw. des äußeren Erscheinungsbildes) in der Gegenwart abgelöst, damit Marie nicht von ihren Verfolgern erkannt wird, die mit Hilfe von Fahndungsfotos nach ihr suchen. Nach dem Waschen und Färben ihrer Haare betrachtet sich die junge Frau im Spiegel. In ihrem Blick liegt Neugier und Selbstsicherheit. Der Vorgang des anschließenden Haareschneidens ist, wie schon die Haarwäsche, eine sehr intime Szene, bei der sich die Protagonisten nahe kommen. Der sich daraus entwickelnde Kuss wird offenbar teilweise im Spiegel

---

5   »In a way, he's [Jason Bourne] a functioning microcosm of us all. I mean, we're all trying to find out who the hell we are, aren't we?«, stellt ein Psychiater in der Romanvorlage des Films fest (Ludlum 1975, S. 522).

gezeigt (erkennbar an Jasons Uhr), Spiegelbild und Realität sind in diesem Moment deckungsgleich: Selbstbild und Wirklichkeit befinden sich vollständig im Einklang, die beiden schaffen sich durch ihre Beziehung zueinander Identität. Der Blick in den Spiegel ist für die beiden unwichtig geworden, sie haben nur noch Augen füreinander.

Inszenierung von Gesichtern im Film
In der zweiten Hälfte des Films wird der vorher auf seine Identität so neugierige Protagonist mit seiner problematischen Vergangenheit konfrontiert. Jason und Marie stehen nachts im schwachen Licht einer Straßenlaterne. Als er ihr klar macht, dass er ein Killer sein muss, dreht sie sich weg – ihr Gesicht ist jetzt im Dunklen. Eine ähnliche Szene später: Jason und Marie haben im Haus eines früheren Bekannten von ihr Unterschlupf gefunden. Marie wacht nachts auf, Jason ist nicht da, sie sucht ihn und findet ihn im Kinderzimmer. Er sagt, er habe sich Sorgen um die Kinder gemacht, und fragt Marie, ob es eine gemeinsame Zukunft für sie gebe. »Ich weiß es nicht.« – Marie ist wiederum im Schatten: Durch Jasons Vergangenheit ist seine Beziehung zu Marie gefährdet, wie die Verdunklung ihres Gesichts zeigt. Sie ist für ihn nicht mehr richtig sichtbar, das Gesicht und damit der Mensch und die Beziehung entziehen sich ihm.
Der Showdown des Films, die Konfrontation mit Jasons ehemaligem Chef, dem CIA-Agenten Conklin, findet nachts in einer dunklen Wohnung statt. Nur die Köpfe der beiden werden schwach angeleuchtet, was ihre Gesichter fratzenhaft erscheinen lässt. Sie sind kaum voneinander zu unterscheiden.[6] Auch in der kurz darauf eingebauten Rückblende, die ebenfalls nachts spielt – die Kinder des afrikanischen Politikers Wombosi, den Jason töten soll, schlafen bereits –, sind die Gesichter der Afrikaner nur andeutungsweise zu erkennen: Jasons Vergangenheit ist wortwörtlich »dunkel«. Im entscheidenden Moment, als er schon die Waffe auf Wombosi gerichtet hat, bemerkt er aber die Kinder und kann seinen Auftrag nicht zu Ende bringen – der eigentliche Wendepunkt seines Lebens.[7] In der Schlussszene hat er seine Vergangenheit endgültig überwunden. Die Gesichter von Marie und Jason sind in der strahlenden Helligkeit eines Sommertages am Mittelmeer deutlich zu sehen.

---

6 Dieser optische Effekt ist leider auf dem Bildschirm nicht so eindrücklich wie auf der Filmleinwand.
7 Der Film legt sogar die Deutung von Tod und Wiedergeburt nahe: Jason fällt nach seinem »Gang in die Unterwelt« schwer verwundet ins Meer und wird als ein anderer, als er vorher war, wieder herausgefischt. Die Rückkehr aus dem Totenreich gehört schon in der Antike zu den übermenschlichen Taten, die nur Heroen wie Herakles vollbringen können.

Gesichter im Kontext: Kleidung

Der Ausdruck eines Gesichts steht in Wechselbeziehung zu dessen Umgebung, z.B. zu Kleidung, Gestik, Haltung. In »Die Bourne Identität« spiegelt sich die Entwicklung der Protagonisten nicht nur in den Gesichtern, sondern auch in ihrer Kleidung. Diese verstärkt die Wirkung des jeweiligen Gesichtsaudrucks und ist wie dieser ein Spiegel für die Stimmung der Figur.

Als der Mann ohne Gedächtnis das Fischerboot verlässt, am Bahnhof steht und schließlich in einer kalten Winternacht durch Zürich irrt, wirkt er jung und verletzlich, sein Gesichtsausdruck spiegelt Unsicherheit, Angst. Der Eindruck des Nichthierher-Gehörens wird durch den alten, kaputten braunen Wollpulli und die fleckige Jacke verstärkt, die ihm die Fischer geschenkt haben. Dieser Junge wirkt im geschäftigen Bahnhof und in der noblen Bank fehl am Platz. (Bild 1)[8]

Er wächst allerdings zunehmend in die Rolle des selbstbewussten, strategisch planenden Profiagenten hinein. Ein Katalysator dieser Entwicklung vom Gejagten zum Jäger ist die Szene im Badezimmer des Hotels, die gleichzeitig eine Gegenwelt eröffnet: Jasons bis auf ein Unterhemd nackter Oberkörper ist dabei sicher auch bildlich zu verstehen. Er ist in diesem Moment – in der Beziehung zu Marie – er selbst, er spielt keine Rolle. Jason wirkt gleichzeitig stark und schwach, sicher und verletzbar. Auch um die Möglichkeit einer solchen Beziehung zu verteidigen und Marie zu schützen, muss er sich seiner Vergangenheit stellen. (Bild 3 und 4)

Seine Erscheinung strahlt mehr und mehr Entschlossenheit aus, seit der Ankunft in Paris ist er funktional dunkel, später ganz schwarz gekleidet. Jason tritt jetzt als moderner Racheengel auf. (Bild 5 und 6, man beachte den Gegensatz dieser Ästhetik zu den konventionellen Anzügen des alten, hässlichen Schreibtischtäters Conklin.) In der Schlussszene kommt Jason als »Kunde« in Maries Laden. Er lebt in der Gegenwart, mit der Vergangenheit hat er abgeschlossen, wie sein weißes Hemd zeigt. Sein Auftreten ist ruhig und sicher, er ist erwachsen geworden.

Parallel zu Jason entwickelt sich auch Marie von der langhaarigen, orientierungslosen Studentin im lässigen Post-Punk-Künstlerlook[9] (Bild 2) über die kühle, kurzhaarige Gestalt in Schwarz (Bild 5 und 6: optische Annäherung an Jason!) zur hübschen jungen Frau im Sommerkleid mit eigenem Laden. Die zu Zöpfen geflochtenen, noch immer relativ kurzen Haare erinnern an den »Schnitt« in ihrem Leben durch die Begegnung mit Jason. Aber sie hat ihren Platz gefunden: Nach einem Moment des ungläubigen Staunens reagiert sie in der Schluss-Szene gelassen auf Jasons »Kunden«-Gespräch. (Bild 7 und 8)

---

8 Siehe die Zusammenstellung in den Unterrichtsmaterialien.
9 So der Kostümdesigner des Films auf der offiziellen Website des deutschen Verleihs.

Bild und Person – die Dokumentation von Identität

Auf der wörtlichen Ebene geht es im Schlussdialog (Marie: »Do you have ID?« [=*identification*, ›Ausweis‹ oder *identity*] – Jason: »Not really.«) um das Mieten eines Motorrollers, doch gleichzeitig wird das leitmotivische Thema (Dokumentation von) Identität mit diesem hochgradig ironischen Kommentar zum Abschluss gebracht. Es durchzieht den Film in Form von Überwachungskameras, Identitätskontrollen, Ausweisdokumenten, Fahndungsfotos etc. Die Identität als Übereinstimmung von Dokument/ Bild und Person wird dabei problematisiert und in Frage gestellt: Ein Mann mit vielen Gesichtern/ Ausweisen, aber ohne Identität wird im Lauf der Handlung zu Jason Bourne, der weiß, wer er war und wer ist, aber seine Identität nicht mit einem Ausweis dokumentieren kann – ein zugleich ironischer und logischer Ausdruck seines Bruchs mit der Vergangenheit und seiner Identitätsfindung. Auch Marie ist nicht die Frau auf den Fahndungsfotos, der die CIA automatisch kriminelle Energien zuschreibt.[10]

Methodisches Vorgehen

Den Ausgangspunkt der Unterrichtsreihe bildet die gemeinsame Besprechung des Filmanfangs: Die ersten Szenen werden bis zur Ankunft am Zürcher Bahnhof gezeigt. Die Schülerinnen und Schüler erhalten den Auftrag, besonders auf die zwei kurzen Spiegel-Szenen im Boot und im Zug zu achten und im Anschluss in einigen Sätzen zu formulieren, was dem namenlosen Protagonisten in diesem Moment durch den Kopf geht. Im zweiten Durchgang gilt das Augenmerk der ästhetischen Umsetzung des Identitätsverlusts: »Mit welchen filmischen Mitteln (Raum, Ton, Licht, Kameraeinstellung, Requisiten, Schnitt etc.)[11] ist die Situation des Protagonisten dargestellt? Notiert, was euch auffällt.« Anschließend werden die Eindrücke gesammelt.

Die weitere Verwendung des Spiegel-Motivs,[12] die Inszenierung von Gesichtern und die Kontextuierung von Gesichtern durch Kleidung werden in den im Material enthaltenen Arbeitsaufträgen thematisiert. Zur Einordnung der Szenen ist es hilfreich, vorab die Handlung von Schülerinnen und Schülern, die den Film schon

---

10 Mit der Thematisierung von Identität in der modernen Gesellschaft und der Kritik an Überwachungstechnik steht *Die Bourne Identität* im Kino der letzten Jahre nicht alleine. Weitere bekannte Beispiele sind *Gattaca* (Andrew Niccol 1997), *Staatsfeind Nr. 1* (Tony Scott 1998) und *Minority Report* (Steven Spielberg 2002).
11 Siehe die Kopiervorlage mit wichtigen filmästhetischen Mitteln in den Unterrichtsmaterialien.
12 Alternativ zur Gruppenarbeit kann die Hotel-Szene ähnlich wie die Spiegel-Sequenzen am Anfang mit der Klasse erkundet werden: Den Film bei Maries Blick in den Spiegel anhalten und überlegen, was sie in diesem Moment denkt bzw. was sie als nächstes tun wird.

gesehen haben, zusammenfassen zu lassen. Anschließend werden die entsprechenden Szenen gemeinsam angesehen und die erarbeiteten Ergebnisse vorgestellt. Als Ergänzung können im Vorfeld Kurzreferate zu den oben genannten Themenkomplexen vergeben werden, sodass »Experten« zur Verfügung stehen, die ihren Mitschülern die Aspekte und Szenen vorstellen, deren Besprechung in der Klasse aus Zeitgründen nicht möglich ist.

Besonderes Augenmerk verdient der Schluss.Die im Bonusmaterial der DVD enthaltene alternative Fassung lädt zur Gegenüberstellung der beiden Versionen ein: Welche Unterschiede (Musik, Raum, Handlung, Kameraperspektive etc.) fallen auf? Wie verändert die unterschiedliche Kleidung die Figuren? Welche Gründe könnte der Regisseur für seine Entscheidung gegen das alternative Ende gehabt haben?[13]

Das Ende des Films bringt den Identitätsdiskurs des Films zum Abschluss und eignet sich deshalb – insbesondere wenn der Film ganz gezeigt wird – zur vertiefenden Auseinandersetzung mit dem Thema Identität. Ergänzend zur Besprechung der Szene, die möglichst in der englischen Originalversion gezeigt werden sollte, bieten sich produktionsorientierte Zugangsweisen an:

- Eine Schluss-Szene entwerfen, die die Spiegelmetaphorik wieder aufnimmt; Dabei soll der Entwicklungsprozess der Figuren zum Ausdruck kommen. Wie sieht der Spiegel aus? Wo befindet er sich? Wer/ was ist darin zu sehen? Diese Aufgabenstellung knüpft an die vorausgegangene Analyse der Symbolik der anderen Spiegelszenen an, indem die Schülerinnen und Schüler an die Stelle des Regisseurs treten und die Identitätsentwicklung von Jason und Marie mit den ästhetischen Mitteln des Mediums Films visualisieren.
- Marie und Jason stellen für den anderen ganz persönliche Ausweisdokumente her. Wie könnte so ein Ausweis aussehen? Dabei können die unterschiedlichsten Materialien zum Einsatz kommen, z.B. Stoffe, Bilder, Gegenstände etc. Auch was die Form angeht, sind keine Grenzen gesetzt: traditioneller Ausweis, Collage, etc. Die Zielsetzung hierbei ist eine doppelte: einerseits die einfühlende Auseinandersetzung mit den Figuren, andererseits die Beschäftigung mit der Frage, auf welche Art und Weise Identität ausgedrückt werden kann.

---

13 Das alternative Ende entspricht mit der Gitarrenballade von Reamonn, der personalen Kameraperspektive und dem leidenschaftlichen Filmkuss vor malerischer Strandkulisse den Konventionen eines Liebesfilms, während das tatsächliche Ende das Wiedersehen von Jason und Marie durch den Schlussdialog, die objektivere Kameraführung und den Song »Extreme Ways« von Moby distanzierter inszeniert, was der Grundstimmung des Films deutlich besser gerecht wird und den Reifungsprozess der Protagonisten klarer herausarbeitet als das klischeehafte Happy End der alternativen Fassung.

- Nach einiger Zeit auf der Insel schreibt Jason seine Geschichte auf oder erzählt sie Marie, dabei steht die Szene auf Wombosis Schiff als Wendepunkt in Jasons Leben im Zentrum (»Seit ich mich an die Nacht auf dem Schiff erinnern kann, weiß ich, wer ich bin ...«). Bei der Schilderung sollen Jasons Sinneseindrücke besonders berücksichtigt werden. Er ist als Agent darauf trainiert, möglichst viele Details einer Situation wahrzunehmen und auszuwerten. Neben der Schulung der Wahrnehmung und des sprachlichen Ausdrucks steht auch in dieser Aufgabe die Übernahme der Perspektive Jasons im Mittelpunkt.

Der Film »Die Bourne Identität« eignet sich, wie die Unterrichtsvorschläge zeigen, ausgezeichnet zur Auseinandersetzung mit den ebenso wichtigen wie komplexen Themen Identität und Persönlichkeitsentwicklung. Insbesondere bietet Jasons Auseinandersetzung mit seiner Vergangenheit ein Modell dafür, wie fehlerhaftes Verhalten und Schuld überwunden werden können.[14] Die Kombination analytischer und produktionsorientierter Verfahren bei der Erarbeitung der filmästhetischen Umsetzung des Themas ist darüber hinaus dazu geeignet, bei den Schülerinnen und Schülern die Beschäftigung mit der eigenen Identität anzuregen.

Unterrichtsmaterialien und -medien
- Inhaltsübersicht auf Overhead-Folie (siehe S. 106)
- Handout mit Film-Grundbegriffen (siehe S. 108/109)
- Bilder als Farbausdruck und Overheadfolie (siehe S. 107)
- Film auf DVD, wenn möglich Zusammenstellung der besprochenen Szenen (Anfang 0:00:24–0:10:03, Hotel 0:56:44–1:00:42, Jason-Conklin 1:37:55–1:40:48, Schluss 1:45:52–1:47:20, alternativer Schluss 0:00:00–0:02:02)
- Audio-Aufnahme der Begegnung von Jason und Conklin (1:37:55–1:40:48)
- leere Overhead-Folien und Folienstifte

Erweiterungsmöglichkeit
Wenn man die filmästhetisch gestaltete Identitätsproblematik weiter verfolgen will, bietet sich das Modell von Czerny/Fellenberg (S. 189) an; es bezieht sich auf den Film »Der blaue Engel« und thematisiert ebenfalls in besonderem Maße die Spiegelszenen.

---

14 Die Emanzipation Jasons gegenüber der übermächtigen CIA ist eine Möglichkeit, die im antiken Mythos nicht besteht. Achills Zorn oder Herakles' Wahnsinn sind von den Göttern verordnetes Schicksal, das die Helden zwar durch unmenschliche Taten schuldig werden lässt, aber keine Handlungsalternative vorsieht.

Literatur
Kritiken deutscher Zeitungen und Zeitschriften, Bildmaterial, Interviews: http://www.filmz.de/film_2002/die_bourne_identitaet/links.htm
Liman, Doug: *The Bourne Identity (Die Bourne Identität)*. USA/Tschechische Republik/ Deutschland: Universal Pictures 2002
Ludlum, Robert: *The Bourne Identity.* New York: Richard Marek Publishers 1975
Offizielle deutsche Internetseite zum Film mit gut versteckten, aber interessanten Hintergrundinformationen: http://movies.uip.de/bourneidentity
Schmitt, Elisabeth: Von Herakles bis Spider-Man. Mythen im Deutschunterricht. Baltmannsweiler 2006

Kopiervorlagen

Inhaltsübersicht

Fischerboot/ Mittelmeer	Fischer retten einen leblos im Meer treibenden Mann mit Schusswunden, der sich an nichts erinnern kann. Ein Implantat in der Hüfte des Unbekannten enthält Informationen über ein Konto auf einer Bank in Zürich. Der Mann ohne Vergangenheit fährt nach Zürich.
Zürich	Das Bankschließfach enthält sehr viel Bargeld, mehrere gefälschte Pässe mit seinem Bild (u.a. ein amerikanischer auf den Namen Jason Bourne mit Wohnsitz in Paris) und zwei Schusswaffen. Ein Bankangestellter löst Alarm aus, Jason flüchtet vor seinen Verfolgern ins amerikanische Konsulat, doch auch dort ist er nicht sicher.
Paris	Marie, eine junge Deutsche, fährt Jason gegen Bezahlung nach Paris. In der Wohnung von Jason Bourne lauert ihnen ein Killer auf, dem sie ebenso entkommen können wie der Pariser Polizei. Bei den gemeinsamen Nachforschungen nach Jasons Vergangenheit kommen sich Jason und Marie näher. Jason findet heraus, dass er ein Killer war, der den afrikanischen Politiker Wombosi töten sollte. Das Versteck im Hotel fliegt auf, Jason und Marie fliehen nach Südfrankreich.
Bauernhaus	Jason kann einen weiteren auf ihn angesetzten Killer zur Strecke bringen und verabschiedet sich von Marie, um sich seiner Vergangenheit zu stellen.
Paris	Kontaktaufnahme mit Conklin, seinem ehemaligen Chef bei der CIA, mit Hilfe der Ausrüstung des auf Jason angesetzten Agenten. In einer Pariser Wohnung trifft Jason seinen ehemaligen Vorgesetzten Conklin. Während der Konfrontation erinnert er sich an das Attentat auf Wombosi und erklärt, dass er kein Killer mehr sein will. Showdown: Jason kämpft sich seinen Weg nach draußen frei.
Insel/ Mittelmeer	Jason hat Maries neues Zuhause am Mittelmeer aufgespürt und taucht eines Tages dort auf.

Bilder zu *Die Bourne Identität*

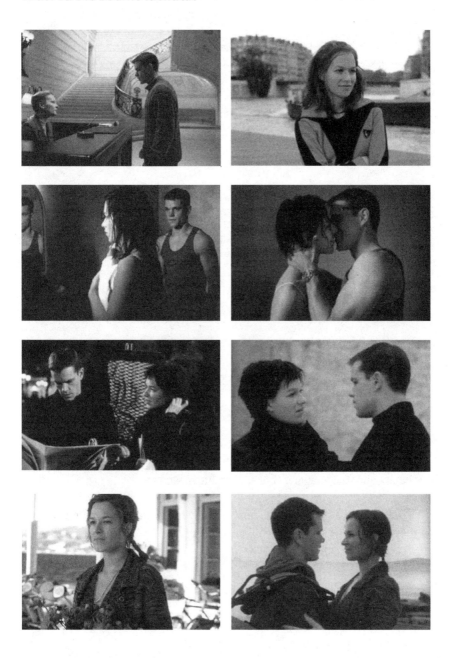

Wichtige Aspekte bei der Beschreibung von Filmen

Einstellung
Grundeinheit jedes Films: alles, was zwischen zwei Schnitten mit der gleichen Kameraeinstellung (siehe unten) gezeigt wird

Szene
Gruppe von aufeinander folgenden Einstellungen, die am selben Ort zur selben Zeit spielen

Montage
Kombination von Einstellungen

fade in/out, Überblenden, harter Schnitt

Kameraeinstellung
Distanz der Kamera zu gefilmten Objekten

vertikale Position: Normalhöhe, Vogel-, Froschperspektive

horizontale Position: frontal, seitlich, auf der Rückseite etc.

statisch oder bewegt: Schwenk um eigene Achse, Fahrt, Zoom, Handkamera

Raum
Innen- und Außenräume, Größe, Einrichtung etc.

Position der Figuren im Raum: im Zentrum oder am Rand, im Vordergrund oder im Hintergrund
Position der Figuren untereinander

Licht   hell oder dunkel
gleichmäßige oder ungleichmäßige Ausleuchtung
Position der Lichtquelle zu den Figuren/Objekten (von oben, unten, vorne, hinten, Seitenlicht etc.)

Ton   Tonquelle im Bild (»on screen«) oder nicht zu sehen (»off screen«)
Geräusche
Musik

Zeitstruktur   Film folgt der Reihenfolge der Ereignisse oder Rückblenden

Figuren   Figurentypen (Held, Freund, Bösewicht etc.)
Verhältnis der Figuren zueinander (z.B. Parallel- und Kontrastfiguren)

Sonstiges   Filmgenre (Western, Komödie, Krimi etc.), Zitate

Arbeitsauftrag zum Spiegel in der Hotelzimmer-Szene

Der Protagonist Jason lernt auf der Suche nach seiner Identität Marie kennen, die ihn nach Paris fährt und ebenfalls ins Visier von Jasons Widersachern gerät. Sie können ihre Verfolger abschütteln und finden Zuflucht in einem Hotel. Seht euch die Szene zweimal aufmerksam an und vergleicht sie mit der Anfangsszene auf dem Boot. Welche Rolle spielt der Spiegel hier? Wie hat Jason sich entwickelt? Wie wird die Beziehung von Marie und Jason dargestellt? Beschreibt die Inszenierung der Gesichter, Raum, Licht, Ton, Kamera, Schnitt etc. im Vergleich zur ersten Szene. Notiert eure wichtigsten Beobachtungen und ordnet sie, damit ihr sie anschließend euren Mitschülerinnen und Mitschülern vorstellen könnt.

Arbeitsauftrag zur Inszenierung von Gesichtern (Jason und Conklin)

Jason entdeckt bei seinen Nachforschungen, dass er ein ausgebildeter Killer war, der einen afrikanischen Politiker umbringen sollte, und kann Kontakt zu seinem Auftraggeber herstellen. Um herauszufinden, was passiert ist und warum er sein Gedächtnis verloren hat, stellt er seinen ehemaligen Chef, den CIA-Agenten Conklin, zur Rede. Hört euch die Tonspur des Gesprächs der beiden an und überlegt euch, wie ihr diese Szene optisch gestalten würdet, wenn ihr der Regisseur des Films wärt: Wo und zu welcher Tageszeit findet die Begegnung statt? Wie sieht der Raum aus? Wie ist er beleuchtet? Wie riecht es dort? Welche Kostüme tragen die Figuren? Welche Kameraeinstellung würdet ihr wählen? etc. Achtet besonders auf die Inszenierung der Gesichter der Figuren und ihre Mimik. Entwickelt einen Drehplan, bei dem jede einzelne Kameraeinstellung anhand einer Skizze dargestellt und genau beschrieben wird. Übertragt die wichtigsten Skizzen auf Overheadfolien, damit ihr das Konzept anschließend den anderen Gruppen vorstellen könnt.

Arbeitsauftrag zu Gesichtern und Kostümen

Seht euch die in chronologischer Reihenfolge nummerierten Bilder an. Erkennt ihr einen Zusammenhang zwischen dem Gesichtsausdruck der Figuren und ihrer Kleidung und Frisur? Entwerft ausgehend von euren Beobachtungen eine mögliche Handlung des Films. Wie entwickeln sich die Figuren? Bezieht die unterschiedliche Kleidung von Jason und Marie sowie Maries wechselnde Frisuren als Ausdruck dieser Entwicklung in die Handlung ein. Die Geschichte soll auf die Anfangsszene, die ihr gesehen habt, aufbauen, und einen Agentenplot enthalten. Wichtig ist dabei nicht, möglichst nah an das Original heranzukommen, sondern auf der Grundlage der Bilder eine in sich stimmige Erzählung zu entwickeln. Macht euch Notizen, um eure Geschichte bei der Besprechung vorstellen zu können.

Unterrichtsmodelle 111

3.7 Szenische Etüden und Schreibanregungen: Spiegel und Spiegeln

Gabriele Czerny, Kaspar H. Spinner

Intentionen

Mit diesem Unterrichtsvorschlag werden die Schülerinnen und Schüler in Verfahren der szenischen Improvisation eingeführt, die dann in weiteren Modellen ihre Fortführung finden. Die hier vorgestellten Etüden gehen vom Spiegelmotiv aus, das eine Auseinandersetzung mit dem eigenen Ich anregt. Fragen folgender Art können dabei eine Rolle spielen:

> Wer bin ich?
> Was gefällt mir/ gefällt mir nicht an mir?
> Wie erscheine ich?
> Wie möchte ich erscheinen?
> Was kann ich aus mir machen? ...

Eine entsprechende Funktion kommt dem Spiegel auch im Alltag zu, z.B. beim Schminken, bei einem kontrollierenden Blick in den Spiegel vor dem Weggehen oder wenn man vor dem Spiegel Grimassen schneidet. Selbstwahrnehmung, Stilisierung, Verfremden und Befremden gehören zu den Erfahrungen, die man dabei macht.

Das Spiegelmotiv eignet sich für kurze szenische Übungen, die variabel eingesetzt werden können. Sie stärken die sinnliche Wahrnehmungsfähigkeit, fördern die Vorstellungskraft, schulen Körperbewusstheit und Ausdrucksfähigkeit und setzen eine Reflexion über äußeres Erscheinungsbild und innere Befindlichkeit in Gang.

Die Einheit beginnt mit Vorübungen und führt dann über szenische Improvisationen anhand eines Liedes der Fantastischen Vier zum produktiven Umgang mit einem Prosatext von Margret Steenfatt. Das Lied und der Kurzprosatext thematisieren beide den Blick in den Spiegel als Selbstbefragung, bei den Fantastischen Vier im Sinne einer Selbstvergewisserung und -behauptung, bei Steenfatt als krisenhafte Konfliktsituation. Die Band der Fantastischen Vier wurde 1990 in Stuttgart gegründet und war schnell sehr erfolgreich. Sie verbindet Pop und (deutsch gesprochenen) Rap und zeichnet sich durch Wortwitz, kritisches Engagement und komplexe Musik aus. Margret Steenfatt lebt als freie Schriftstellerin in Hamburg; sie schreibt realistische Erzählungen, Romane, Sachbücher, Hörspiele und Stücke für Jugendliche und Erwachsene.

Die hier vorgeschlagene Arbeit mit szenischer Improvisation verlangt vom Leiter bzw. der Leiterin eine gewisse Vertrautheit mit entsprechenden Verfahren; Unsicherheit kann schnell bei den Schülerinnen und Schülern Hemmung oder gar Obstruktion hervorrufen.

Durchführung
Für die szenischen Etüden muss ein leerer Raum zur Verfügung stehen. Als Material wird gebraucht:
- ein CD-Player und die CD »Die 4. Dimension« der Fantastischen Vier für den Song »Sieh Dich Im Spiegel An« (Col Sony 2001)
- evtl. eine große Transparentfolie, die aufgespannt wird (z.B. Malerabdeckfolie)
- Kopien des Textes von Steenfatt (siehe Kopiervorlage S. 122).

Grundthema der nachfolgenden Übungen ist die intensive Selbstwahrnehmung im Wechselspiel von Nähe und Distanz, wie dies auch im Lied zum Ausdruck kommt.

1. Übung »Ich Du Wir«
Die Übung »Ich Du Wir« verbindet Bewegung mit Innehalten und Blickkontakt. Die Schülerinnen und Schüler gehen aufmerksam durch den Raum, halten an, verharren in der Bewegung und gehen wieder weiter. Erfahrung des Raumes und der eigenen Bewegung sind hier das Ziel. Dann wird die Übung durch Aufnahme von Blickkontakt erweitert. Die Schülerinnen und Schüler nehmen im Gehen Blickkontakt mit anderen auf, sie halten den Blick und lösen ihn wieder. Dann folgt eine kurze stumme Selbstreflexion, die der Erfahrung mit dem Blickkontakt gelten soll. Anschließend wird diese insgesamt sehr langsame Übung durch verschiedene Impulse (»Immer schön langsam«, »Eile mit Weile«, »Weg, weg, weg«) erweitert, die in Bewegung und Blickkontakt umgesetzt werden sollen.
Im folgenden Kasten findet sich ein Vorschlag für die Anweisungen, die der Lehrer/ die Lehrerin sprechen kann:

> *Ich – Du – Wir*
> Gehe aufmerksam durch den Raum und betrachte ihn. Was kannst du alles entdecken? Wenn du etwas Interessantes siehst, halte an und nimm dabei bewusst wahr, wie du langsam in deinen Bewegungen innehältst. Verweile und gehe dann weiter und suche neue Plätze. Bleibe mit der Aufmerksamkeit bei dir.

> Gehe jetzt durch den Raum und nimm Blickkontakt mit deinen Spielpartnern auf. Versuche den Blickkontakt eine Weile zu halten, löse ihn und nimm dann erneut Blickkontakt mit einem anderen Spielpartner auf. Halte dann inne, schließe die Augen und überlege: Fiel es dir schwer Blickkontakt aufzunehmen? Konntest du Blicke aushalten oder war es dir unangenehm?
>
> Probiere jetzt verschiedene Möglichkeiten der Bewegung aus: Gehe auf den Ballen, den Fersen, den Zehenspitzen, der Außen- bzw. Innenkante der Füße. Verändere jetzt dein Gehtempo. Versuche die folgenden Impulse in Bewegung umzusetzen:
> - »Immer schön langsam« (Blickkontakt aufnehmen und halten, bis die Bewegung wechselt)
> - »Eile mit Weile« (Blickkontakte schneller wechseln)
> - »Weg, weg, weg« (Keine Blickkontakte mehr aufnehmen)
>
> Wenn du das akustische Signal hörst, halte inne und spüre deinen Empfindungen nach.

2. Spiegelübung

Hier handelt es sich um eine Partnerübung: Der eine Spielpartner beginnt sich zu bewegen, der andere beobachtet ihn und spiegelt seine Bewegungen (er macht sie genau nach). Nach einer gewissen Zeit werden neue Paare gebildet. Bei dieser Übung ist darauf zu achten, dass sie in großer Langsamkeit und Achtsamkeit durchgeführt wird. Nur so können die Schülerinnen und Schüler lernen sich intensiv gegenseitig zu beobachten und zu spiegeln. Ein Reiz der Übung besteht darin, dass sich die Schülerinnen und Schüler auf immer neue Partner einstellen müssen und mit jeder Spiegelung mehr über sich selbst erfahren.

> *Spiegelübung*
> Gehe jetzt wieder in slow-motion durch den Raum. Achte auf deine Körperspannung. Finde einen Spiegelpartner. Verabredet, wer mit den Bewegungen beginnt und wer sie spiegelt.
> Wenn ihr das Signal hört, verabschiedet euch voneinander und sucht einen neuen Spiegelpartner.

3. Improvisation »Nähe und Distanz«

Die Erfahrungen der Spiegelübung werden hier vertieft durch den Arbeitsauftrag, in Kleingruppen zum Motiv Nähe und Distanz zu improvisieren. Die entstehenden Improvisationen werden gegenseitig präsentiert. Dies erfordert von den Schülerinnen und Schülern, dass sie ihre Improvisation strukturieren müssen; es geht also um experimentieren, strukturieren und fixieren.

> *Improvisation: Nähe und Distanz*
> Bildet Kleingruppen.
> Wie könntet ihr das Thema »Nähe und Distanz« in Bewegung umsetzen? Probiert aus! Versucht dann eure Improvisation zu strukturieren und wiederholbar zu machen. Stellt sie dann den anderen vor.
> Tauscht euch anschließend aus!

4. Szenische Improvisation »Sieh Dich Im Spiegel An«

Nun erfolgt die Begegnung mit dem Lied »Sieh dich im Spiegel an«. Die Schülerinnen und Schüler sitzen oder liegen und hören (wenn möglich mit geschlossenen Augen) zu.
Der Song beginnt ganz langsam, fast meditativ, dazu werden mit tiefer Stimme mehrmals die Worte »ganz tief« gesprochen. Dann werden Rhythmus und Melodie lebendiger, zusätzliche Sprechstimmen sind zu hören, unter anderem die Aufforderung »Schaut euch im Spiegel an«. Dann folgt, in schnellem Sprechgesang, der folgende Text:

> sieh dich im spiegel an und sag mir dann
> ob du magst wen du siehst
> wenn du siehst wer du bist oder ob du vor dir fliehst
> wenn du dicht bei dir bist und nicht mehr vor dir fliehst
> dann ändert sich etwas wie du siehst wenn du siehst
> was nun wiederum voraussetzt dass du einen
> weg gefunden hast
> der dich nach vorn zu dir führt und deshalb zu dir passt
> und diesen weg kennst nur du denn fängst du an zu fragen
> dann hat irgendwo irgendwer irgendwas zu sagen
> irgendwann kann es passieren dass dann
> wenn ihn irgendjemand hört er irgendwas verändern kann

> und er verändert dinge sicher gut doch nur in seinem sinn
> doch haut das dann auch für mich hin wo ich doch
> schon wieder anders bin
> und du und du und er und sie und wieder ich
> denn das was ich hier sage dreht sich letztlich
> auch für mich um mich
> und deshalb bin ich jetzt raus und ihr zieht euch das rein
> denn individuell kann ich am besten allein sein

(Die Textwiedergabe folgt dem Textheft, das der CD beiliegt, jedoch mit Korrektur von zwei offensichtlichen Druckfehlern: »fängst du an« statt »fängst du« in der Vorlage, »passieren dass« statt »passieren das«).

Der Song endet wieder langsam wie am Anfang, das Wort »tief« bildet den Schluss. Der abgedruckte zusammenhängende Textteil ist eine direkte Ansprache an die Hörer und kann als ein Aufruf, sich der eigenen Identität zu stellen, verstanden werden.

Aufbau und Rhythmus des Songs regen zu einer pantomimischen Umsetzung an, die mit langsamen Bewegungen beginnt, dann bewegter wird und sich wieder verlangsamt. Das Wort »tief« am Anfang und am Schluss des Songs kann dazu anregen, die Pantomime liegend oder kauernd zu beginnen und zu beenden. Die Arbeit kann in Zweier- oder in Kleingruppen erfolgen.

Eine Variante für eine Arbeit mit der ganzen Klasse bestünde darin, dass der Raum durch eine Transparentfolie geteilt wird. Sie soll einen großen Spiegel symbolisieren. Die Schülerinnen und Schüler gehen in slow-motion-Bewegungen zunächst einzeln darauf zu, nehmen Blickkontakt mit dem »Spiegel« auf, verharren, lösen sich und gehen wieder in ihre Ausgangsposition zurück. Dynamik und Bewegung in der Improvisation entsteht dann, wenn ein Wechselspiel zwischen Einzelnen und Kleingruppen erfolgt und mit den Prinzipien »langsam« und »schnell« improvisiert wird.

> *Sieh Dich Im Spiegel An*
> Überlegt euch zu diesem Lied eine Improvisation
> - zu zweit
> - zu viert
> - mit der ganzen Gruppe (evtl. mit Transparentfolie)

5. Produktive Aufgaben zu einem Prosatext

An die szenischen Übungen schließt sich die Beschäftigung mit einem Kurzprosatext von Margret Steenfatt an (vgl. Kopiervorlage S. 122). Er handelt von Achim, einem Jungen, der sich im Spiegel ansieht, mit den Fingern über das Spiegelbildgesicht streicht, dann sein Spiegelgesicht übermalt, schließlich mit der Faust in den Spiegel schlägt und so das Bild zerstört. Die Leitbegriffe der Unterrichtsvorschläge in diesem Band, Gesicht, Maske, Person, sind hier exemplarisch ins literarische Bild gesetzt: Achim sieht sein Gesicht, übermalt es im Spiegel und zerstört das maskenhafte Konterfei in einem aggressiven Akt; er, der sich von den anderen als ein Nichts behandelt sieht und der sich am Anfang des Textes unter Decken und Kissen vergraben hat, verschafft sich ein Gefühl des Lebendigseins durch Selbstverletzung. Der Text, der durch seine Offenheit an das Nachdenken des Lesers appelliert, ist hier mit Vorschlägen für produktive Aufgaben abgedruckt. Das in den szenischen Übungen bearbeitete Motiv von Nähe und Distanz wird hier in doppeltem Sinne aufgegriffen: Es bestimmt das Verhalten der literarischen Figur ihrem Spiegelbild gegenüber, es spielt aber auch eine Rolle in der Bearbeitung der produktiven Aufgaben, weil diese zum Fremdverstehen (Hineindenken in die literarische Figur) anhalten und mögliche Identifikations- und Selbstreflexionsprozesse auslösen können. Die erste Anregung, die eine pantomimische Darstellung vorschlägt, schließt am engsten an die vorherigen Übungen an. Drei weitere Anregungen sind Schreibaufgaben und verlangen ein Hineindenken in Achim, die Figur im Text. Eine letzte Anregung greift das Motiv des Übermalens des eigenen Gesichts auf und soll durch diese Verfremdung Selbstreflexion anstoßen. Der Arbeitsprozess ist dabei wichtiger als das entstehende Endprodukt. Die fünf Anregungen können arbeitsteilig zugewiesen oder einfach zur Wahl freigegeben werden.

Wenn mehrere der vorgeschlagenen Aufgaben bearbeitet worden sind, kann eine szenisch gestaltete Präsentation durchgeführt werden, bei der z.B. nach der Darstellung ohne Worte ein innerer Monolog vorgelesen wird (der Sprecher steht schon von Anfang an in der Mitte hinten im Raum), dann liest ein seitlich stehender Schüler die Szene im Supermarkt oder in der Disco, von hinten vorkommend liest anschließend ein Schüler den Text des 40-jährigen Achim vor. Dabei kann die gleiche Aufgabe auch von mehreren Schülern nacheinander vorgestellt werden. Die übermalten Fotoporträts werden während der ganzen Präsentation von den Schülern stehend gleichsam als eine Art Kulisse gezeigt. Da in neuen Lehrplänen das Präsentieren immer mehr betont wird, bietet es sich an, die produktive Auseinandersetzung mit Texten in diesem Sinne zu nutzen.

Im Anschluss an die produktiven Aufgaben bietet sich ein Gespräch über die Frage an, ob sich die Schülerinnen und Schüler im Lied der »Fantastischen Vier« (und evtl. auch im Text von Steenfatt) wiederfinden.

Erweiterungsmöglichkeiten
- Szenisches Gestalten zum Gedicht »Spiegelbild« von A. von Droste-Hülshoff (siehe das folg. Modell von Spinner)
- Vergleich des Textes von Steenfatt mit demjenigen von Sibylle Berg (Unterrichtsmodell von Pfäfflin, S. 233), in dem das Ich ebenfalls den Spiegel zerbricht.
- Kreative Auseinandersetzung mit dem Spiegelbildmotiv in der bildenden Kunst (Unterrichtsmodell von Kirchner, S. 141).

Kopiervorlagen

Wer bin ich?
Was gefällt mir/ gefällt mir nicht an mir?
Wie erscheine ich?
Wie möchte ich erscheinen?
Was kann ich aus mir machen? ...

Ich – Du – Wir
Gehe aufmerksam durch den Raum und betrachte ihn. Was kannst du alles entdecken? Wenn du etwas Interessantes siehst, halte an und nimm dabei bewusst wahr, wie du langsam in deinen Bewegungen innehältst. Verweile und gehe dann weiter und suche neue Plätze. Bleibe mit der Aufmerksamkeit bei dir.
Gehe jetzt durch den Raum und nimm Blickkontakt mit deinen Spielpartnern auf. Versuche den Blickkontakt eine Weile zu halten, löse ihn und nimm dann erneut Blickkontakt mit einem anderen Spielpartner auf.
Halte dann inne, schließe die Augen und überlege: Fiel es dir schwer Blickkontakt aufzunehmen? Konntest du Blicke aushalten oder war es dir unangenehm?

Spiegelübung
Gehe jetzt wieder in slow-motion durch den Raum. Achte auf deine Körperspannung. Finde einen Spiegelpartner. Verabredet, wer mit den Bewegungen beginnt und wer sie spiegelt.
Wenn ihr das Signal hört, verabschiedet euch voneinander und sucht einen neuen Spiegelpartner.

Improvisation: Nähe und Distanz
Bildet Kleingruppen.
Wie könntet ihr das Thema »Nähe und Distanz« in Bewegung umsetzen?
Probiert aus! Versucht dann eure Improvisation zu strukturieren und wiederholbar zu machen. Stellt sie dann den anderen vor.
Tauscht euch anschließend aus!

Sieh dich im Spiegel an
sieh dich im spiegel an und sag mir dann
ob du magst wen du siehst
wenn du siehst wer du bist oder ob du vor dir fliehst
wenn du dicht bei dir bist und nicht mehr vor dir fliehst
dann ändert sich etwas wie du siehst wenn du siehst
was nun wiederum voraussetzt dass du einen
weg gefunden hast
der dich nach vorn zu dir führt und deshalb zu dir passt
und diesen weg kennst nur du denn fängst du an zu fragen
dann hat irgendwo irgendwer irgendwas zu sagen
irgendwann kann es passieren dass dann
wenn ihn irgendjemand hört er irgendwas verändern kann
und er verändert dinge sicher gut doch nur in seinem sinn
doch haut das dann auch für mich hin wo ich doch
schon wieder anders bin
und du und du und er und sie und wieder ich
denn das was ich hier sage dreht sich letztlich
auch für mich um mich
und deshalb bin ich jetzt raus und ihr zieht euch das rein
denn individuell kann ich am besten allein sein

Überlegt euch zu diesem Lied eine Improvisation
- zu zweit
- zu viert
- mit der ganzen Gruppe (evtl. mit Transparentfolie)

Margret Steenfatt: *Im Spiegel*

»Du kannst nichts«, sagten sie, »du machst nichts«, »aus dir wird nichts«. Nichts.Nichts.Nichts.

Was war das für ein NICHTS, von dem sie redeten und vor dem sie offensichtlich Angst hatten, fragte sich Achim, unter Decken und Kissen vergraben.

Mit lautem Knall schlug die Tür hinter ihnen zu.

Achim schob sich halb aus dem Bett. Fünf nach eins.Wieder mal zu spät. Er starrte gegen die Zimmerdecke. – Weiß. Nichts.Ein unbeschriebenes Blatt Papier, ein ungemaltes Bild, eine tonlose Melodie, ein ungesagtes Wort, ungelebtes Leben.

Eine halbe Körperdrehung nach rechts, ein Fingerdruck auf den Einschaltknopf seiner Anlage. Manchmal brachte Musik ihn hoch.

Er robbte zur Wand, zu dem großen Spiegel, der beim Fenster aufgestellt war, kniete sich davor und betrachtete sich: lang, knochig, graue Augen im blassen Gesicht, hellbraune Haare, glanzlos.›Dead Kennedys‹ sangen: »Weil sie dich verplant haben, kannst du nichts anderes tun als aussteigen und nachdenken.«

Achim wandte sich ab, erhob sich, ging zum Fenster und schaute hinaus.Straßen, Häuser, Läden, Autos, Passanten, immer dasselbe. Zurück zum Spiegel, näher heran, so nahe, dass er glaubte, das Glas zwischen sich und seinem Spiegelbild durchdringen zu können. Er legte seine Handflächen gegen sein Gesicht im Spiegel, ließ seine Finger sanft über Wangen, Augen, Stirn und Schläfen kreisen, streichelte, fühlte nichts als Glätte und Kälte.

Ihm fiel ein, dass in dem Holzkasten, wo er seinen Kram aufbewahrte, noch Schminke herumliegen musste. Er fasste unters Bett, wühlte in den Sachen im Kasten herum und zog die Pappschachtel heraus, in der sich einige zerdrückte Tuben fanden. Von der schwarzen Farbe war noch ein Rest vorhanden. Achim baute sich vor dem Spiegel auf und malte zwei dicke Striche auf das Glas, genau dahin, wo sich seine Augenbrauen im Spiegel zeigten. Weiß besaß er reichlich. Er drückte eine Tube aus, fing die weiche ölige Masse in seinen Händen auf, verteilte sie auf dem Spiegel über Kinn, Wangen und Nase und begann, sie langsam und sorgfältig zu verstreichen. Dabei durfte er sich nicht bewegen, sonst verschob sich seine Malerei. Schwarz und Weiß sehen gut aus, dachte er, fehlt noch Blau. Achim grinste seinem Bild zu, holte sich das Blau aus dem Kasten und färbte noch die Spiegelstellen über Stirn und Augenlidern.

Eine Weile verharrte er vor dem bunten Gesicht, dann rückte er ein Stück zur Seite und wie ein Spuk tauchte sein farbloses Gesicht im Spiegel wieder auf, daneben eine aufgemalte Spiegelmaske.

    Er trat einen Schritt zurück, holte mit dem Arm weit aus und ließ seine Faust in die Spiegelscheibe krachen. Glasteile fielen herunter. Splitter verletzen ihn, seine Hand fing an zu bluten. Warm rann ihm das Blut über den Arm und tröpfelte zu Boden. Achim legte seinen Mund auf die Wunden und leckte das Blut ab. Dabei wurde sein Gesicht rot verschmiert.

    Der Spiegel war kaputt. Achim suchte sein Zeug zusammen und kleidete sich an. Er wollte runtergehen und irgendwo seine Leute treffen.

Aus: Geschichten 9/10, hg. v. K. H. Spinner. Frankfurt: Diesterweg 1998, S. 7f.
Erstdruck in: Augenaufmachen, v. H.-J. Gelberg. 1984 Beltz & Gelberg in der Verlagsgruppe Beltz, Weinheim & Basel

Anregungen zur produktiven Gestaltung:

- Spiele die Szene ohne Worte. Dazu kann das Lied »Sieh Dich Im Spiegel An« der Fantastischen Vier abgespielt werden.
- Vergegenwärtige dir, was Achim gedacht haben mag; schreibe seine Gedanken als inneren Monolog (in Ich-Form) auf.
- Schildere in einem kurzen Text, wie Achim durch den Supermarkt oder in die Disco geht.
- Achim ist mittlerweile 40 Jahre alt und Kaufmann in gehobener Stellung; er denkt an seine Jugend zurück. Schreibe seine Gedanken in Ich-Form auf.

3.8 Spiegel-Gedichte von Annette von Droste-Hülshoff und Wolfdietrich Schnurre

Kaspar H. Spinner

Thema und Intentionen

Die Selbstbegegnung im Spiegel ist ein Motiv, das in der Lyrik immer wieder aufgegriffen wird. Das bekannteste Beispiel ist *Das Spiegelbild* von Droste-Hülshoff, ein anspruchsvolles, eindrückliches Gedicht, das die Fremdheit des gespiegelten Ich und damit eine problematische Identitätssuche thematisiert[1]. Intensive Bildlichkeit und gesteigerte Reflexion verbinden sich in diesem Gedicht auf ungewöhnliche Weise. Droste hat das Gedicht im Januar 1842 im Alter von 45 Jahren geschrieben; die Thematik betrifft aber ebenso junge Menschen. In den oben ausgeführten Unterrichtsvorschlägen zu den Gesichtsmasken, zur Lebensgeschichte und zu den szenischen Spiegel-Etüden ist sie bereits angesprochen. Die im Folgenden vorgeschlagene Arbeit mit Gedichten zur Identitätsproblematik erfolgt im Blick darauf, dass es um ein die Schülerinnen und Schüler betreffendes existenzielles Thema geht, dass durch den fremden Text aber zugleich ein Schutz vor Selbstoffenbarung gegeben ist: Wie viel an Eigenem in die unterrichtliche Beschäftigung einfließt, braucht nicht explizit sichtbar zu werden. Die Vorschläge für den Unterricht zielen nicht auf detaillierte Analyse, auch nicht auf eine epochenspezifische oder biographische Interpretation (z.B. im Sinne der als zeittypisch gedeuteten Zerrissenheit oder der Genderproblematik bei Droste, wie das in der Fachliteratur oft geschieht), sondern wollen die intensive Bildlichkeit des Gedichts durch szenische Verfahren imaginativ entfalten und daraus Anstöße zur Reflexion gewinnen.

Mit dem Gedicht von Wolfdietrich Schnurre lernen die Schülerinnen und Schüler eine moderne Bearbeitung des gleichen Motivs kennen. Das Gedicht besteht aus Fragen, die das sich spiegelnde Ich an sich selbst stellt. »Was willst du« ist die Leitfrage, die konkretisiert wird in Infinitivsätzen. Ihr Inhalt erscheint unsinnig (z.B. schimmelnde Mauern auffordern, sich solidarisch zu erklären) und wirken als Provokation des Ich. Die Offenheit und Unabgeschlossenheit der Ich-Suche, die schon

---

1 Das Gedicht hat insbesondere auch das Interesse der Tiefenpsychologie gefunden, vgl. z.B. Haubl, Rolf: »Unter lauter Spiegelbildern ...« Zur Kulturgeschichte des Spiegels.Band 2. Frankfurt 1991, S. 466ff. Das Spiegelbild erscheint hier als eine Erfahrung der Depersonalisation, die einer ambivalenten Beziehung zum Selbstbild entspringt und die im Gedicht zu einer Selbstanalyse führt.

das Droste-Gedicht gekennzeichnet hat, ist hier radikalisiert. Im Unterricht muss nicht der Anspruch erhoben werden, die im Einzelnen z.T. kaum zu entschlüsselnden Aussagen genau zu deuten. Wichtiger ist, den Grundgestus zu erfassen; er soll als Anregung dienen, ein eigenes Gedicht zu verfassen, formal angelehnt an das Schnurre-Gedicht.

Methodisches Vorgehen
Vorgeschlagen wird hier ein Zugang über szenische Etüden, wie sie schon das vorangehende Unterrichtsmodell bestimmt haben. Es wird angekündigt, dass es um die Beschäftigung mit einem Gedicht gehe, in dem das lyrische Ich (das im Gedicht sprechende Ich) sich selbst im Spiegel betrachte. Dann beginnt man mit der Spiegelübung, die oben schon beschrieben worden ist, wobei hier eine einfachere Variante genügt: Je zwei Schüler(innen) stehen sich gegenüber, ein Partner beginnt, Hände und Arme zu bewegen, der andere Partner ahmt nach. Nach einer Weile hält der erste mit den Bewegungen an, der andere übernimmt die Führung. Am besten macht die Lehrerin oder der Lehrer zuerst die Übung mit einer Schülerin oder einem Schüler vor. Für die Übung ist freier Raum notwendig, der z.B. durch Wegrücken der Tische geschaffen werden kann. Grundsätzlich ist zu bedenken, dass die Durchführung solcher szenischer Verfahren von entsprechender Bereitschaft der Klasse abhängig ist. Wenn diese fraglich ist, kann der Unterricht auf die unten angeführten schriftlichen Produktionsaufgaben konzentriert werden.

Anschließend erhalten je zwei Schülerinnen oder Schüler auf einem Zettel einen der folgenden vier Sätze (bzw. Satzteile) aus dem Gedicht:

... zwei Seelen wie Spione sich umschleichen ...
... Phantom, du bist nicht meinesgleichen!
... würd ich dich lieben oder hassen? ...
... du bist nicht Ich ...

Die Zweiergruppen überlegen sich zu ihrem Satz bzw. Satzteil eine kurze pantomimische Gestaltung, die sie dann der Klasse vorspielen (fünf Minuten Vorbereitungszeit). Wenn nicht verraten wird, welche Worte dargestellt werden, kann in einem Gespräch die Klasse überlegen, um welchen der vier Sätze, die mit Overheadfolie auf die Wand projiziert werden, es jeweils geht. Als Variante kann man einzelne Schülerinnen oder Schüler bitten, einen der Sätze alleine mit Hilfe eines Spiegels pantomimisch umzusetzen.

Unterrichtsmodelle

Nach den Pantomimen zu den einzelnen Textausschnitten wird das Droste-Gedicht ohne die beiden letzten Zeilen ausgegeben (man kann die Blätter zum Beispiel so umknicken, dass die beiden letzten Verse nicht sichtbar sind) und vom Lehrer oder der Lehrerin vorgelesen (das erleichtert den Schülerinnen und Schülern den Zugang zu der etwas sperrigen Sprache der Droste). In der unten abgedruckten Textvorlage sind die für heutige Jugendliche schwierigen Wörter erklärt. Die Schülerinnen und Schüler sollen sich im Sinne einer Antizipation des Gedichtschlusses überlegen, wie das lyrische Ich wohl reagieren mag, wenn das Spiegelbild lebendig aus dem Spiegel heraustreten würde (viert- und drittletzter Vers: »Ja, trätest aus Kristalles Rund, Phantom, du lebend auf den Grund«).

Das Spiegelbild (Annette von Droste-Hülshoff 1797-1848)
Abdruck in originaler Orthographie

Schaust du mich an aus dem Kristall,	Kristall: Kristallglas des Spiegels
Mit deiner Augen Nebelball,	Nebelball: wie die Sonne im Nebel erscheint
Kometen gleich die im Verbleichen;	
Mit Zügen, worin wunderlich	
Zwei Seelen wie Spione sich	
Umschleichen, ja, dann flüstre ich:	
Phantom, du bist nicht meines Gleichen!	
Bist nur entschlüpft der Träume Hut,	
Zu eisen mir das warme Blut,	eisen: zu Eis werden lassen
Die dunkle Locke mir zu blassen;	blassen: blass machen, bleich machen
Und dennoch, dämmerndes Gesicht,	
Drin seltsam spielt ein Doppellicht,	
Trätest du vor, ich weiß es nicht,	
Würd' ich dich lieben oder hassen?	
Zu deiner Stirne Herrscherthron,	
Wo die Gedanken leisten Frohn	Frohn: unbezahlter Dienst für einen Herrscher, schwere Arbeit
Wie Knechte, würd ich schüchtern blicken;	
Doch von des Auges kaltem Glast,	Glast: Glanz, Widerschein
Voll todten Lichts, gebrochen fast,	
Gespenstig, würd, ein scheuer Gast,	
Weit, weit ich meinen Schemel rücken.	

> Und was den Mund umspielt so lind,
> So weich und hülflos wie ein Kind,
> Das möcht in treue Hut ich bergen;
> Und wieder, wenn er höhnend spielt,
> Wie von gespanntem Bogen zielt,   Bogen: hier Bogen zum Abschießen von Pfeilen
> Wenn leis' es durch die Züge wühlt,
> Dann möcht ich fliehen wie vor Schergen.   Scherge: jemand, der, von der Justiz oder einem Herrscher beauftragt, unter Anwendung von Gewalt jemanden verhaftet; Henkersknecht
>
> Es ist gewiß, du bist nicht Ich,
> Ein fremdes Daseyn, dem ich mich
> Wie Moses nahe, unbeschuhet,   unbeschuhet: Als Gott Moses im brennenden Dornbusch erschien, rief er ihm zu, er solle die Schuhe ausziehen, bevor er näher komme (Ex 3,5)
> Voll Kräfte die mir nicht bewust,
> Voll fremden Leides, fremder Lust;
> Gnade mir Gott, wenn in der Brust
> Mir schlummernd deine Seele ruhet!
>
> Und dennoch fühl ich, wie verwandt,
> Zu deinen Schauern mich gebannt,
> Und Liebe muß der Furcht sich einen.
> Ja, trätest aus Kristalles Rund,
> Phantom, du lebend auf den Grund,   Grund: gemeint ist der Boden des Zimmers
> Nur leise zittern würd ich, und
> Mich dünkt – ich würde um dich weinen!
>
> Aus: Droste-Hülshoff, Annette von: Historisch-kritische Ausgabe. Band I, 1. Tübingen: Max Niemeyer 1985, S. 168f.

Bei der Erprobung in einem Kurs der zwölften Jahrgangsstufe wurden z.B. folgende Vorschläge für die beiden letzten Verse gemacht:

> Täte ich meiner wahren Seele kund,
> und wir würden uns vereinen.

> Den Atem spür ich auf meinem Mund,
> den deinen, nicht mehr den meinen.

> unsere Liebe wäre arg,
> doch unser Hass auch ziemlich stark

Nach dem Austausch der Vorschläge für den Gedichtschluss und Bekanntgabe der originalen Schlussverse sollen die Schülerinnen und Schüler in Gruppen Statuen zu jeweils einer Strophe erarbeiten. Unter einer Statue versteht man in der szenischen Interpretation ein durch mehrere Körper gestaltetes stehendes Bild (ohne Bewegung und gesprochene Worte), durch das ein Text oder Textausschnitt verdichtet zur Darstellung gebracht wird. Dabei geht es weniger um eine naturalistische Abbildung (dann würde man von Standbild sprechen) als um eine symbolische Umsetzung (also z.b. Veranschaulichung von Abwehr oder Angst durch eine aussagekräftige Geste). Als Alternative kann man statt Statuen auch Gruppenpantomimen vorbereiten. Die Vorstellung der Statue (oder Pantomime) soll mit dem Vorlesen der entsprechenden Strophe verbunden werden, wobei die Gruppen sich überlegen, ob sie eine Aufteilung in Vorleser und szenische Darstellende vornehmen oder eine andere Lösung wählen wollen. Das Vorlesen darf frei gestaltet werden, z.b. auch mit Wiederholung einzelner Verse oder Wörter. Die Statuen oder Pantomimen zu den Strophen werden im Plenum ohne Unterbrechung präsentiert. Anschließend kann man noch einmal das ganze Gedicht ohne szenische Präsentation vortragen (oder vortragen lassen). Eine kurze Information zu Annette von Droste-Hülshoff als Autorin kann hier eingeschoben werden.

Durch eine weitere produktive Aufgabe soll nun ein Bezug zur gegenwärtigen Lebenssituation von Jugendlichen hergestellt werden. Die Schülerinnen und Schüler erhalten drei Aufträge zur Wahl:

Wählen Sie eine der angeführten Schreibaufgaben!

1. Schreiben Sie einen Tagebucheintrag einer heutigen Person, die in den Spiegel schaut. Greifen Sie (einige) inhaltliche Elemente des Droste-Gedichtes auf, aber nehmen Sie eine Übertragung auf moderne lebensweltliche Erfahrung und Sprache vor. Ein möglicher Textanfang könnte sein: »Heute früh in den Spiegel geschaut ...«
2. Überlegen Sie sich, wie Sie reagieren würden, wenn Ihnen Ihr Spiegelbild lebend aus dem Spiegel entgegentreten würde. Schreiben Sie dazu einen Text. Er könnte beginnen mit »Ach, bleib doch im Spiegel ...« oder »Was willst du von mir ...«.
3. Stellen Sie sich vor, Ihr Spiegelbild würde zu Ihnen sprechen. Was sagt es? Der Text könnte z.B. beginnen mit »Du, die/der du mich anschaust, was weißt du wirklich von ..« oder »Ja, ich bin's, dein Spiegelbild ...«.

Der erste Auftrag ist bewusst so formuliert, dass er nicht eine persönlich-private Äußerung einfordert. Auftrag 2 und 3 enthalten durch die fantastische Annahme genügend Verfremdungspotenzial, dass die Schülerinnen und Schüler sich nicht zur Selbstkundgabe genötigt fühlen müssen. Für den Schreibauftrag sind etwa 15 Minuten vorzusehen. Daran schließt sich das Vorlesen einiger Texte an. Aus der Erprobung in einem Kurs der 12. Jahrgangsstufe werden hier je ein Beispiel zu jeder Aufgabe zitiert:

Zu Aufgabe 1
Jeden Tag dasselbe Spiel. Deinem Gegenüber im Spiegel hast du einen kurzen Blick geschenkt, nur oberflächlich um dann deinem geschäftigen Treiben nachzugehen. Du wirfst dich in den Strudel des Lebens.Keine Zeit, keine Lust nachzudenken. Du kommst nach Hause, es war eine kurze Nacht, das Gesicht brennt wie dein leeres Selbst. Kühles Wasser lindert den Schmerz, du blickst auf und siehst dich. Fragen kommen zurück, die schon lange nicht mehr da gewesen sind. Tief blickst du in deine Augen, während kühle Tropfen dem Gesicht entlang rinnen, dein Gesicht, doch wer ist dieses, dieses Ich fragst du dich noch, aus Angst vor der Wahrheit schließt du die Augen drehst dich weg, von dir selbst, und löschst das Licht.

Zu Aufgabe 2
Wer bist du? Bist du ich? Geh doch zurück! Was suchst du hier? Ich bin doch schon am Leben, einer genügt! Und was bin ich, ohne mein Bild im Spiegel? Bin ich überhaupt noch? Was passiert mit mir? Du kannst nicht einfach mein Leben übernehmen! Geh zurück!!!!!

Zu Aufgabe 3
»Du, die du mich anschaust, was weißt du wirklich von mir, von dem, wie ich über deine Gestalt denke, wenn du tagtäglich vor mich trittst und mein Erscheinen von dem deinen abhängig ist. So manches Mal denkt sich Meinesgleichen, es möcht dir durch das, was uns trennt, ins Gesicht spucken und dich verhönen, doch dann wieder möcht ich die Hand nach dir ausstrecken und deine Wange streicheln. Das eine Mal machst du so eine jämmerliche Figur, das andere Mal hüpft mein Herz vor Freude, weil du mir entgegen lachst! Das eine möcht ich dir noch sagen, bevor ich wieder stumm das Gleiche tu und bin wie du: So oft denk ich mir, wie wär es, stünd ich neben dir, wären wir Freunde du und ich! Doch mein Erscheinen hängt weiter ab von deinem!«

Eine solche Schreibanregung sollte gegeben werden ohne Erwartung, dass die entstehenden Texte vorgelesen oder abgegeben werden.

In der Erprobung hat der bis hier dargestellte Verlauf eine Doppelstunde in Anspruch genommen. Der Vergleich mit dem modernen Gedicht von Schnurre könnte als Hausaufgabe vorbereitet werden.

Wolfdietrich Schnurre: **Spiegelbild**

Dir eine Nebelfarm anlegen, voll
verdorbener Winde,
die sich mit Brandstätten paaren?

Papierrosen ziehen, wachsüberhaucht,
um auf den Friedhöfen im
goldzahngeschmückten
Munde der Witwen zu sein?

Den zerschlissenen Kinderdrachen
deines Protests
aufsteigen lassen von
abgeernteten Feldern?

Was willst du?

Jene geröteten Buchenblätter vergraben,
deren Inschrift ein
hektographiertes
Preislied auf die Vergänglichkeit ist?

Das Plakat deines Anspruchs
durch verregnete Vororte tragen
und schimmelnde Mauern auffordern, sich
solidarisch zu erklären mit dir?

Den großen, mühsam erdachten
Anfangsbuchstaben deiner Erwartung
in ein verstaubtes Beschwerdebuch
eintragen, das
am Abend der Altwarenmann abholt?

> Was willst du?
>
> Ich frage dich, was du willst.
>
> Aus: Schnurre, Wolfdietrich: Kassiber und neue Gedichte. München 1979, S. 12 f.
> © Marina Schnurre

Das Gedicht von Wolfdietrich Schnurre, entstanden in der Nachkriegszeit (zwischen 1945 und 1956), bietet sich sowohl in inhaltlicher wie in formaler Sicht für einen Vergleich mit dem Droste-Gedicht an. Der zögernden, überlegenden, Gegensätzliches miteinander in Verbindung bringenden Haltung von Droste stellt Schnurre einen Ton entgegen, den man als höhnisch interpretieren kann. In der Wortwahl finden sich einerseits ungewöhnliche Formulierungen wie »Nebelfarm« oder »Plakat deines Anspruchs«, andererseits alltagsnahe, eher unpoetisch wirkende Wörter wie »hektographiertes« oder »solidarisch«. Positiv konnotierte Wörter wie »Papierrosen«, »Preislied«, »Erwartung« werden durch Wörter wie »Friedhöfen«, »vergraben«, »schimmelnde« umgewertet. Formal sind an die Stelle der regelmäßigen Struktur bei Droste (jede Strophe 7 Zeilen, konsequent eingehaltenes Metrum, feste Reimfolge) freie Verse getreten mit extremen Enjambements. Mit dem Vergleich der beiden Gedichte kann man auch epochentypische Unterschiede zwischen der Lyrik des 19. Jahrhunderts und der Moderne verdeutlichen.

Die genaue Bedeutung der bildhaften Ausdrucksweise Schnurres ist im Einzelnen kaum zu erschließen; das ist für den Unterricht auch nicht nötig – Gedichte wirken ja nicht erst dann, wenn sie entschlüsselt sind. Es ist bei diesem Gedicht sinnvoller, Assoziationen zu den einzelnen Strophen auszutauschen (im Sinne von »Was stelle ich mir hier vor?«). Ein solcher Austausch kann zur Überlegung weiterführen, welches Bild das sprechende lyrische Ich vom angesprochenen Ich zeichnet (z.B. kindliche Protesthaltung, Planung sinnloser Projekte ...).
Der Gestus und die Grundstruktur des Schnurre-Gedichtes können als Modell für das Verfassen eigener Spiegelbildgedichte dienen (formale Vorgabe könnte sein: Infinitivsätze in Frageform, zweimal unterbrochen durch den Satz »Was willst du?« und am Ende ein Aussagesatz). Die selbst verfassten Gedichte können als Collage gestaltet werden: Das Gedicht wird auf einen großen Bogen geschrieben und ergänzt durch Ausschnitte aus Illustrierten. Möglich ist auch eine Zusammenstellung der Texte in Buchform. In Verbindung mit dem Modell zu den Werken von Cindy Sherman (S. den folg. Beitrag) können zum Gedicht von Schnurre oder zu den selbstgeschriebenen Gedichten auch Fotos zu unterschiedlichen fiktiven Identitätsvorstellungen gestaltet werden.

Erweiterungsmöglichkeit

Als Ergänzung können weitere Spiegelgedichte beigezogen werden. Hier folgt ein Beispiel aus jüngster Zeit:

> **Katharina Lanfranconi**
>
> manchmal geh ich
> nachts zum spiegel
>
> schau mir
> in die flackeraugen
>
> die sich ferne
> aller wunder
>
> in ihr eignes
> bildnis saugen
>
> trauerschwarz im
> nachtgesichte
>
> hängt der mund
> ein dunkles siegel
>
> hütet wilde
> schlachtenlieder
>
> die schon morgen
> nicht mehr taugen
>
> _{Aus: Lanfranconi, Katharina: manchmal geh ich nachts zum spiegel. gedichte. Luzern: ars pro toto, 2003, S. 9}

Dieses Gedicht zeichnet sich durch Kargheit in inhaltlicher und formaler Sicht aus und steht damit in deutlichem Gegensatz zu den Beispielen von Droste und Schnurre. Es ist ein Gedicht am Rande des Verstummens: Der dunkle Mund hütet wilde Schlachtenlieder – er spricht sie also nicht aus. Diese Schlachtenlieder sind auch sinnlos – schon morgen taugen sie nicht mehr. Fast ist es so, als wenn sich dieses lyrische Ich die heftigen Anwürfe aus dem Gedicht von Schnurre zu Herzen genommen und sich die Vergeblichkeit der Wunder und der Auflehnung eingestanden habe.

Kopiervorlagen

Das Spiegelbild (Annette von Droste-Hülshoff 1797-1848)

Abdruck in originaler Orthographie

Schaust du mich an aus dem Kristall,
Mit deiner Augen Nebelball,
Kometen gleich die im Verbleichen;
Mit Zügen, worin wunderlich
Zwei Seelen wie Spione sich
Umschleichen, ja, dann flüstre ich:
Phantom, du bist nicht meines Gleichen!

Kristall: Kristallglas des Spiegels
Nebelball: wie die Sonne im Nebel erscheint

Bist nur entschlüpft der Träume Hut,
Zu eisen mir das warme Blut,
Die dunkle Locke mir zu blassen;
Und dennoch, dämmerndes Gesicht,
Drin seltsam spielt ein Doppellicht,
Trätest du vor, ich weiß es nicht,
Würd' ich dich lieben oder hassen?

eisen: zu Eis werden lassen
blassen: blass machen, bleich machen

Zu deiner Stirne Herrscherthron,
Wo die Gedanken leisten Frohn
Wie Knechte, würd ich schüchtern blicken;
Doch von des Auges kaltem Glast,
Voll todten Lichts, gebrochen fast,
Gespenstig, würd, ein scheuer Gast,
Weit, weit ich meinen Schemel rücken.

Frohn: unbezahlter Dienst für einen Herrscher, schwere Arbeit
Glast: Glanz, Widerschein

Und was den Mund umspielt so lind,
So weich und hülflos wie ein Kind,
Das möcht in treue Hut ich bergen;
Und wieder, wenn er höhnend spielt,
Wie von gespanntem Bogen zielt,
Wenn leis' es durch die Züge wühlt,
Dann möcht ich fliehen wie vor Schergen.

Bogen: hier Bogen zum Abschießen von Pfeilen

Scherge: jemand, der, von der Justiz oder einem Herrscher beauftragt, unter Anwendung von Gewalt jemanden verhaftet; Henkersknecht

Es ist gewiß, du bist nicht Ich,
Ein fremdes Daseyn, dem ich mich
Wie Moses nahe, unbeschuhet,
Voll Kräfte die mir nicht bewust,
Voll fremden Leides, fremder Lust;
Gnade mir Gott, wenn in der Brust
Mir schlummernd deine Seele ruhet!

unbeschuhet:
Als Gott Moses im brennenden Dornbusch
erschien, rief er ihm zu,
er solle die Schuhe
ausziehen, bevor er näher komme
(Ex 3,5)

Und dennoch fühl ich, wie verwandt,
Zu deinen Schauern mich gebannt,
Und Liebe muß der Furcht sich einen.
Ja, trätest aus Kristalles Rund,
Phantom, du lebend auf den Grund,
Nur leise zittern würd ich, und
Mich dünkt – ich würde um dich weinen!

Grund: gemeint ist der Boden des Zimmers

Aus: Droste-Hülshoff, Annette von: Historisch-kritische Ausgabe. Band I,1. Tübingen : Max Niemeyer 1985, S. 168f.

> ... zwei Seelen wie Spione sich umschleichen ...
>
> ... Phantom, du bist nicht meinesgleichen!
>
> ... würd ich dich lieben oder hassen? ...
>
> ... du bist nicht Ich ...

Wählen Sie eine der angeführten Schreibaufgaben!

1. Schreiben Sie einen Tagebucheintrag einer heutigen Person, die in den Spiegel schaut. Greifen Sie (einige) inhaltliche Elemente des Droste-Gedichtes auf, aber nehmen Sie eine Übertragung auf moderne lebensweltliche Erfahrung und Sprache vor. Ein möglicher Textanfang könnte sein: »Heute früh in den Spiegel geschaut ...«

2. Überlegen Sie sich, wie Sie reagieren würden, wenn Ihnen Ihr Spiegelbild lebend aus dem Spiegel entgegenträten würde. Schreiben Sie dazu einen Text. Er könnte beginnen mit »Ach, bleib doch im Spiegel ...« oder »Was willst du von mir ...«.

3. Stellen Sie sich vor, Ihr Spiegelbild würde zu Ihnen sprechen. Was sagt es? Der Text könnte z.B. beginnen mit »Du, die/der du mich anschaust, was weißt du wirklich von ..« oder »Ja, ich bin's, dein Spiegelbild ...«.

Wolfdietrich Schnurre: **Spiegelbild**

Dir eine Nebelfarm anlegen, voll
verdorbener Winde,
die sich mit Brandstätten paaren?

Papierrosen ziehen, wachsüberhaucht,
um auf den Friedhöfen im
goldzahngeschmückten
Munde der Witwen zu sein?

Den zerschlissenen Kinderdrachen
deines Protests
aufsteigen lassen von
abgeernteten Feldern?

Was willst du?

Jene geröteten Buchenblätter vergraben,
deren Inschrift ein
hektographiertes
Preislied auf die Vergänglichkeit ist?

Das Plakat deines Anspruchs
durch verregnete Vororte tragen
und schimmelnde Mauern auffordern, sich
solidarisch zu erklären mit dir?

Den großen, mühsam erdachten
Anfangsbuchstaben deiner Erwartung
in ein verstaubtes Beschwerdebuch
eintragen, das
am Abend der Altwarenmann abholt?

Was willst du?

Ich frage dich, was du willst.

Aus: Schnurre, Wolfdietrich: Kassiber und neue Gedichte. München 1979, S. 12 f. © M. Schnurre

Katharina Lanfranconi

manchmal geh ich
nachts zum spiegel

schau mir
in die flackeraugen

die sich ferne
aller wunder

in ihr eignes
bildnis saugen

trauerschwarz im
nachtgesichte

hängt der mund
ein dunkles siegel

hütet wilde
schlachtenlieder

die schon morgen
nicht mehr taugen

Aus: Lanfranconi, Katharina: manchmal geh ich nachts zum spiegel. gedichte. Luzern: ars pro toto, 2003, S. 9

3.9 Identitätskonstruktionen im Umgang mit Werken von Cindy Sherman
Vorschläge zu symbolischem Verstehen und produktiver Auseinandersetzung

Constanze Kirchner

In einer Phase, in der Jugendliche sich stark mit der eigenen Identität beschäftigen, in der sie unterschiedliche Daseinsformen, Rollen, Lebensstile erproben und in der sie auf der Suche nach dem Selbst sind bzw. in der sie sich im gesellschaftlichen Kontext selbst verorten müssen, bietet es sich an, sie auf dem Weg zur Identitätskonstruktion zu unterstützen. Ausgehend von möglichen ästhetischen Interessen und Bedürfnissen der Schülerinnen und Schüler soll die Beschäftigung mit den fotografischen Werken der Künstlerin Cindy Sherman im Vordergrund deFs Unterrichts stehen. Cindy Sherman thematisiert spielerisch das Suchen und Erproben unterschiedlicher gesellschaftlicher Rollen, Selbstbilder und Lebensentwürfe. Inhaltlicher Fokus ist – analog zu weiteren hier vorgeschlagenen Unterrichtsmodellen – das Spiegelmotiv mit seinem breiten Bedeutungsspektrum wie z.B. Spiegelbild als Trugbild, als Erkenntnismittel, als Symbol für Schönheit, Zeichen der Selbstverliebtheit (Narzissmythos), Selbstentfremdung in der modernen Gesellschaft, Spiegelung des Selbst im Anderen, Existenzfragen (Wer bin ich?).

Um das angedeutete Sinn- und Symbolspektrum mit den Schülerinnen und Schülern gemeinsam zu entwickeln, steht zu Beginn der Unterrichtssequenz die Beschäftigung mit verschiedenen historisch und kulturell tradierten Werken und Phänomenen, denen das Spiegelmotiv innewohnt. Ziel ist hierbei, durch die intensive Auseinandersetzung mit dem Spiegelbild als Motiv in Kunst und Kultur, den Spiegel als Instrument reflexiver Selbsterkenntnis zu begreifen und damit zugleich das eigene Selbstbild zu hinterfragen.

Als Impuls für die gestalterische Praxis dient die Beschäftigung mit den Werken von Cindy Sherman. Sie bietet einerseits Anlass zur Reflexion über individuelle Rollenerwartungen und Leitbilder, andererseits soll das Inszenieren der Frage »Wer bin ich?« helfen, die eigene »Patchwork-Identität« in den Blick zu nehmen. Mit dem Darstellen fiktiver Identitäten soll das Herstellen einer gestalterischen Ordnung einhergehen. Dieser Gestaltungsprozess setzt das Strukturieren innerpsychischer Verfasstheiten voraus und trägt somit nochmals, noch konkreter auf die eigene Person bezogen, zur Reflexion der Frage »Wer bin ich?« bei.

Mit der ästhetischen Praxis verbindet sich darüber hinaus die Möglichkeit zu erfahren, dass sich das Selbstbild konstruieren und verändern lässt. Das Selbstbild muss erprobt und die Facetten der Person können in unterschiedlicher Weise ausgeleuchtet werden. Dadurch besteht die Chance, aktiv die Konstruktion der eigenen Person zu betreiben, neue Handlungsmuster zu versuchen und sich flexibler in seiner Umwelt zu verhalten.

Die folgenden Unterrichtsvorschläge beinhalten vielerlei Erweiterungshinweise sowie Anknüpfungspunkte zu anderen hier versammelten Unterrichtsbeispielen. Dies folgt der Überlegung, dass die potenzielle ästhetische Erfahrung der Schülerinnen und Schüler durch inhaltliche Wechselwirkungen im Verstehen sowie durch gegenseitiges Befruchten und Bereichern im ästhetischen Verhalten intensiviert und gesteigert werden kann. Der Prozess ästhetischer Bildung, der aus einem sinnlichen Zugang zur Themenerarbeitung resultiert, kann damit vertieft werden. Insofern existiert ein Kernvorschlag, alle weiteren Hinweise sind als variable Bausteine zu verstehen. Das Kernmodell wurde mit einem Grundkurs Kunst und in der ersten Sequenz (Gruppenarbeit) gemeinsam mit einem Leistungskurs Deutsch der Jahrgangsstufe 12 durchgeführt. Der Unterrichtsverlauf wird in den nächsten Abschnitten skizziert. Beigefügt sind die im Unterricht verwendeten Arbeitsmaterialien und Texte, eine Auswahl der gezeigten Werke von Cindy Sherman sowie exemplarisch einige der entstandenen Schülerarbeiten.

Spiegelbilder – Wer bin ich?
Wir bilden vier Gruppen, je sechs Schülerinnen und Schüler. Kommentarlos erhalten die Gruppen unterschiedliche Abbildungen, Texte und Arbeitsaufträge. Ausgewählt werden hierfür ein Werk von René Magritte »Die verbotene Reproduktion« (1937), das Spiegel-Titelbild »Die Ego-Gesellschaft« (30.05.1994), das Gedicht des Regisseurs und Schauspielers Michael Simbruk »NARCIS 18. VERSUCH. NABYRINTH« (veröffentlicht 1980) sowie von Diego Velazquez »Venus mit Spiegel« (um 1645 – 1648) (vgl. Farbabbildungen auf S. 262 ff.). Zu den Werken erhalten die Gruppen konkrete Arbeitsaufträge und Fragen, die innerhalb der Gruppen diskutiert und beantwortet werden müssen (vgl. Kopiervorlagen im Anhang an diesem Text). Jede Gruppe bestimmt eine Person, die alle Gesprächsergebnisse vorträgt. Ziel dieses Vorgehens ist, dass die Schülerinnen und Schüler Assoziationen zum Thema »Spiegelbild« entwickeln, Informationen und ideengeschichtliche Verweise erhalten, Verknüpfungen herstellen und evidente Kontexte zum Spiegelbild-Motiv aufbauen. Die Gruppenarbeit folgt der Überlegung, dass eine größere Motivation

Unterrichtsmodelle

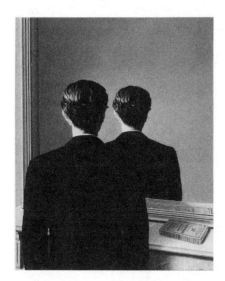

René Magritte: „Die verbotene Reproduktion", 1937. Öl auf Leinwand, 81,3 x 65 cm. Museum Boymans van Beuningen, Rotterdam
© VG Bild-Kunst, Bonn 2006

Spiegel-Titelbild „Die Ego-Gesellschaft" (30.05.1994)

Diego Velazquez: „Venus mit Spiegel", um 1645 – 1648. Öl auf Leinwand, 122,5 x 177 cm. National Gallery, London

entsteht, wenn die Gruppen sich gegenseitig etwas Neues mitteilen können, das sich inhaltlich wie ein Puzzlespiel zusammenfügt. Nach ca. 30 Minuten tragen die Gruppensprecher/innen ihre Arbeitsergebnisse vor.

Die Arbeitsgruppe, die sich mit Magrittes Werk befasst hat, schildert das Bild des Mannes, der sich selbst im Spiegel nicht sehen kann: Er scheint verloren, haltlos in der Welt – ohne sich selbst zu erkennen. Diese Bedeutung wird anhand formaler Beobachtungen (Farbe, Komposition, fehlender Rahmen oben und seitlich rechts etc.) gestützt. Thematisiert wird das Doppelgängermotiv, denn der Mann ist zweimal von hinten zu sehen. Das Buch und der Sims werden jedoch gespiegelt dargestellt. Es existiert zwar eine weitgehend identische Wiederholung des Bildmotivs, geringfügige Abweichungen sind allerdings erkennbar (Licht, Schatten), so die Erkenntnis in der Gruppe. Die eigentliche Ansicht der Person bleibt verborgen. Der Betrachter wird in das Geschehen mit Blick über die Schulter einbezogen. Er reflektiert über die Person, die Bücher von Edgar Allen Poe liest – sich selbst entfremdet, allein und verlassen. Magritte konterkariert die tradierte Bedeutung des Spiegelsujets als Erkenntnisinstrument. Mit diesen Feststellungen ist das Ergebnis der Gruppenarbeit eine formal und inhaltlich gut begründete und treffende Interpretation von Magrittes »Verbotener Reproduktion«.

Die zweite Gruppensprecherin stellt die Auseinandersetzung mit dem Spiegel-Titelbild vor: Ein gut situierter junger Mann – so jedenfalls lassen Kleidung und Uhr vermuten – küsst mit großer Hingabe in sich selbst verliebt das eigene Spiegelbild. Der aufwändig verzierte Rahmen des Handspiegels wird dabei zum Kronenkranz des Spiegelbildes – des Alter Egos.
Das Titelbild zeigt in enger Verzahnung von Schrift und Bild die so genannte Ego-Gesellschaft, in der das Individuum aus Selbstliebe und im Eigeninteresse handelt. Der Untertitel »Jeder für sich und gegen alle« lässt keine andere Deutung zu. Privatismus, Statuserwerb und Karriereorientierung führt die Schülergruppe als zentrale Elemente eines gesellschaftlichen Wandels an, der zu einer Veränderung von Wertmaßstäben führt, weil ichbezogene statt soziale Motivationen in den Vordergrund rücken. Mit Bezug auf den Narziss-Mythos und seinen negativen Ausgang für Narziss, der für ewig an sein Spiegelbild gefesselt bleibt, stellen die Schülerinnen und Schüler aktuelle Beispiele gesellschaftlicher Ereignisse vor, die sich hinter dem plakativen Spiegel-Titelbild redaktionell verbergen könnten. Auch diese gelungene Analyse der Titelseite spricht für eine hohe Motivation und intensive Beschäftigung der Schülerinnen und Schüler mit dem Thema.

Die dritte Gruppe, die sich mit dem Gedicht von Michael Simbruk (siehe S. 159) beschäftigt hat, liefert ebenfalls eine überzeugende Interpretation, wenn sie feststellt, dass existenzielle Fragen nach einer Orientierung in der Gesellschaft thematisiert werden: Vereinzelung, Trennung, Einsamkeit, Beziehung, Hoffnung, Trauer, Hoffnungslosigkeit, sich selbst verlieren. Der Ambivalenz des Verlassens und Verlassen-Werdens wird vom Autor nachgegangen, Angst vor Einsamkeit und vor der Zukunft sind wesentliche Aspekte des Gedichts.Das Ich bzw. das Selbst kann als ein Paar gedeutet werden, das ein Zwiegespräch führt und damit die innere Zerrissenheit zum Ausdruck bringt. Ein Hinweis auf die Ursachen der existenziellen Nöte gibt der Titel, Narcis 18. Versuch: Die Selbstverliebtheit wird als Grund für Beziehungslosigkeit und Beziehungsunfähigkeit analysiert. Bezug nimmt die Schülergruppe auch auf die zweite Sequenz des Titels, den 18. Versuch, der vermuten lässt, dass viele Versuche bereits vorangegangen sind und weitere folgen werden. Tatsächlich lautet der Titel des von Simbruk 1980 publizierten Gedichtbandes, dem das Gedicht entnommen ist und in dem Entfremdung und Selbst-Verlust ebenso wie die Selbstinszenierung vor leeren Spiegeln einen aktualisierten Narziss charakterisieren: »Narcis: 22 Versuche, sich in die eigene Haut zu retten«.

Die Analyse und Interpretation von Velazquez' Venus mit Spiegel war Aufgabe der vierten Schülergruppe. Der Gruppensprecher stellt die gewonnenen Erkenntnisse als bildnerische Entdeckungsreise vor: Die Bildgegenstände sind in ihrer Positionierung exakt aufeinander abgestimmt. Nahezu mittig in das Bildzentrum hält der geflügelte und mit einem Köcher ausgestattete Amor den Spiegel, in den Venus schaut. Lang gestreckt fließt die wunderbare nackte Gestalt der Venus von links nach rechts durch das Bild. Das Auge folgt den Höhen und Tiefen des Körpers in seiner Rückansicht, was von der Bewegung des seiden glänzenden, dunkel kontrastierenden Lakens noch unterstrichen wird. Im Hintergrund betont der geschwungene rote Vorhang das Aufwärts-gerichtet-Sein der Venus, um in den Spiegel zu blicken. Malweise, Komposition und Farbigkeit lenken den Blick auf das Zwiegespräch der Venus mit ihrem Spiegelbild. Alle bildnerischen Mittel unterstützen in hervorragender Weise die Schönheit der Venus im historischen Kontext, heutige Schönheitsvorstellungen sind vielleicht andere. Versucht man allerdings die Szene nachzustellen, zeigt sich eine große Überraschung: Es wird deutlich, dass der Betrachter des Bildes keinesfalls das Gesicht der Venus im Spiegel sehen kann, dennoch wählt Velazquez diese Position des Spiegels und zeigt uns das Porträt der Venus.Denkbar ist, dass Velazquez den Betrachter bewusst in das Selbstgespräch einbeziehen und auf das Verhältnis von innerer und äußerer Schönheit verweisen will.

Nach dem Vortrag der Arbeitsergebnisse schließt sich jeweils eine kleine Diskussion an, wobei die Schülerinnen und Schüler aus ihrer spezifischen Perspektive, die sich vor dem Hintergrund der unterschiedlichen Auseinandersetzung mit dem Thema Spiegelbild entwickelt hat, Fragen stellen und inhaltlich argumentieren. Abschließend diskutiert der Kurs das Bedeutungsspektrum des Spiegelmotivs unter Berücksichtigung der unterschiedlichen historischen und gesellschaftlichen Kontexte als Trugbild und vermeintliches Erkenntnismittel im Vorfeld des zweiten Weltkriegs in Magrittes Gemälde, als Zeichen der Selbstverliebtheit und zugleich Selbstentfremdung in der modernen Gesellschaft beim Spiegel-Titelbild, als Spiegelung des Selbst im Anderen, verbunden mit Fragen nach der eigenen Existenz und dem Verlust des Selbst im Gedicht von Simbruk sowie als Symbol für Schönheit, geknüpft an den Wandel von Schönheitsvorstellungen bei Velazquez' Venus.

Cindy Sherman: Untitled, # 175, 1987

Knapp werden die Ergebnisse aus der vorangegangenen Sequenz wiederholt: Spiegelbild als Täuschung, als Mittel zur Selbsterkenntnis, als Zeichen von Selbstliebe, Symbol für Verführung, für innere und äußere Schönheit, Selbstentfremdung, Selbstbezogenheit usw. Mit diesem gebündelten Wissen erfolgt der Einstieg in die Bildinterpretation. Wir betrachten das Werk von Cindy Sherman: Untitled, # 175, 1987. Die Schülerinnen und Schüler beschreiben die Bildgegenstände: (Unrat, Essensreste, Erbrochenes, Steine, Handtuch, Brille mit Selbstspiegelung ...). Der Blick wird auf die Farbigkeit und ihre Wirkung gelenkt, auf die Perspektive und den Blickpunkt des Betrachters. Wir sprechen über die künstlerische Intention, die Komposition, den Inhalt. Der Blickpunkt des Betrachters – knapp über dem Boden – zwingt geradezu zur Identifikation mit der dargestellten Person, die sich in der Brille spiegelt und scheinbar im Unrat liegt. Sukzessiv entwickelt sich die Sinngenese – immer mit Bezug auf die bildnerischen Mittel: »Wer bin ich, wohin will ich?«

Es folgt eine vertiefte Beschäftigung mit Cindy Shermans künstlerischer Intention. Die Schülerinnen und Schüler erhalten einen Auszug aus dem Text der Kunstwissenschaftlerin Elisabeth Bronfen (siehe Kasten), der in einzelnen Abschnitten vorgelesen und direkt besprochen wird. Schwierige Wörter werden erläutert, Zusammenhänge erklärt. Die im Text aufgeworfenen Fragen werden gemeinsam diskutiert. Für Schülerinnen und Schüler der unteren Jahrgangsstufen sollte der Text um den letzten Absatz gekürzt werden.

Unterrichtsmodelle 147

Cindy Sherman: Untitled, #175, 1987. Fotografie, 120,7 x 179,1 cm. Privatbesitz

> »Ich mache keine Selbstportraits.... Ich versuche immer, in den Bildern soweit wie möglich von mir selbst wegzugehen. Es könnte aber sein, daß ich mich gerade dadurch selbst portraitiere, daß ich die ganzen verrückten Sachen mit diesen Charakteren mache.« (Cindy Sherman)
> ... wer ist dann die abgebildete Frau, wenn nicht die Künstlerin selber? Wenn sie von sich keine Portraits machen will, warum benutzt Sherman ihren eigenen durch Kostüme, Schminke und Requisiten verstellten Körper als ihr einziges leibliches Modell? Wenn es nicht um eine Selbstdarstellung geht, was ist dann das Verhältnis von Abbildung und abgebildetem Frauenkörper? (Man) könnte ... zwar den Unterschied zwischen Selbstportrait und Selbstinszenierung ins Spiel bringen. Daran fügt sich jedoch gleich die Frage, wer inszeniert sich hier und wozu?
> Denn es ist Shermans erklärtes Anliegen, mit ihren Photos jenes latente psychische Material zu zeigen, das man normalerweise auf der Oberfläche, im Gesicht und in den Gebärden eines Subjekts nicht sieht, nämlich das Material, das die Einbildungskraft des Subjekts enthält. Gleichzeitig aber kommt dieses andere Selbst der Einbildungskraft nur durch Oberflächenerscheinungen zum Ausdruck, durch eine Verknotung verschiedener Variationen dieser Selbstrepräsentanzen.
>
> *Quelle: Elisabeth Bronfen: Das andere Selbst der Einbildungskraft: Cindy Shermans hysterische Performanz. In: Cindy Sherman. Photoarbeiten 1975 – 1995, hg. von Zdenek, Felix/ Schwander, Martin. München/ Paris/ London 1995*

Cindy Sherman: Untitled, #97, 1982. Fotografie, 114,3 x 76,2 cm. Privatbesitz

Cindy Sherman: Untitled, #133, 1984. Fotografie, 181 x 120,7 cm. Privatbesitz

Cindy Sherman: Untitled, #276, 1993. Fotografie, 204,5 x 154,9 cm. Privatbesitz

Cindy Sherman: Untitled, #299, 1994. Fotografie, 124 x 83,7 cm. Privatbesitz

Unterrichtsmodelle 149

Cindy Sherman: Untitled, #66, 1980. Fotografie, 50,8 x 61 cm. Privatbesitz

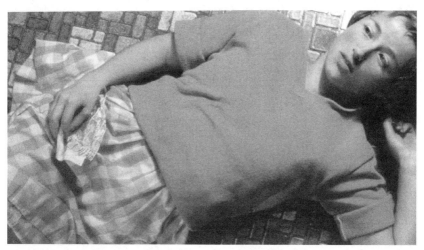

Cindy Sherman: Untitled, #96, 1981. Fotografie, 61 x 122 cm. Privatbesitz

Im Anschluss an das Unterrichtsgespräch, in dem Shermans Inszenierung verschiedener Charaktere als optionale Identitäten herausgearbeitet wurde, erhalten die Schülerinnen und Schüler weitere Werke von Cindy Sherman, die sie nun selbstständig untersuchen sollen (vgl. Farbabbildungen S. 265 ff.). Auf sechs Gruppen werden jeweils zwei weitere Abbildungen von Sherman verteilt, die im Vergleich bearbeitet und nach ca. 15 Minuten knapp vorgestellt werden. Das Augenmerk richtet sich hierbei vorrangig auf die von Sherman genutzten bildnerischen Inszenierungsmittel. Als Hilfestellung werden folgende Analysekriterien zur Verfügung gestellt:

Aspekte zur Bildbeschreibung:
- Blickpunkt des Betrachters/ Betrachterstandpunkt/ Perspektive
- räumliche Situation (Bildraum, Anschnitt, Ausschnitt usw.)
- Farbigkeit, Lichteinfall
- Komposition (Flächenaufteilung, Farbgestaltung)
- Bildgegenstände, Figur, Bewegung, Körperhaltung, Mimik, Gestik, Haare, Kleidung, Stofflichkeit, Accessoires, Stimmung
- Figur im Verhältnis zum Bildformat, zur Farbigkeit
- Inszenierung, Ausdruck, Wirkung, Inhaltlichkeit, Intention

Fotografische Inszenierungen des Selbst
Für die folgende Unterrichtssequenz zur ästhetischen Praxis sollen die Schülerinnen und Schüler eigene Inszenierungsideen analog zu den Fotografien von Cindy Sherman entwickeln:
Welchen Typ möchte ich erproben, mich in welchen Charakter verwandeln? Welche Vorstellung, welches Bild meiner Person möchte ich vermitteln?
Es werden Skizzen zu verschiedenen Inszenierungsideen hergestellt und Materiallisten für die Fotoinszenierung geschrieben (Beleuchtung, farbige Folien für Lichteffekte, Kleidung, Schmuck, Schminke usw.). Die Schülerinnen und Schüler sollen eigene Digitalfotokameras mitbringen. Farbige Lichtquellen, eine Kiste mit unterschiedlichen Stoffen, zwei Stative und ein großer Spiegel stehen zur Verfügung.

Paarweise und in kleinen Gruppen suchen sich die Schülerinnen und Schüler passende Orte für ihre fotografischen Inszenierungen: Ecken im Gang, auf dem Schulhof, im Archiv der Biologie, in WC-Räumen, auf öffentlichen Plätzen usw. Es werden Haltungen, Kleidung, Posen, Lichteffekte usw. erprobt und fotografisch festgehalten. Die Schülerinnen und Schüler haben eine volle Stunde Zeit, um ihre Fotos zu machen und auf einem mitgebrachten Laptop zu speichern (vgl. Schülerarbeiten).

Unterrichtsmodelle 151

Beim anschließenden Zusammentreffen – wieder in der Klasse – werden die Bilder mit Hilfe eines Beamers mit großer Faszination betrachtet und sich gegenseitig vorgestellt. Die Gruppen erzählen zu ihren Darstellungen, vergleichen und diskutieren die Fotos.Für eine Präsentation des Projekts innerhalb der Schule wird eine Powerpoint Präsentation gemeinsam entwickelt, die die Schülerarbeiten und die Werke von Cindy Sherman in einem Kontext zeigt. Die Schülerinnen und Schüler organisieren und strukturieren die Bildersammlung mit großer Aufmerksamkeit, Konzentration und Begeisterung. Kriterien hierfür sind thematische Zusammenhänge im Kontext der Werke von Sherman, Spannung in der Abfolge, Farbeffekte usw. Hierbei werden die Lerninhalte, das Wissen um die Kunstwerke von Sherman und die ästhetischen Erfahrungen nochmals vertieft und ins Bewusstsein gehoben.

Abbildungen von Schülerarbeiten

Erweiterungsmöglichkeiten
- Szenische Etüden zum Text von Margret Steenfatt und Musik von den Fantastischen Vier (vgl. Unterrichtsmodell von Czerny/ Spinner, S. 111)
- Gedicht: Annette von Droste-Hülshoff (vgl. Unterrichtsmodell von Spinner, S. 125)

Abbildungen von Schülerarbeiten

- Spiegel als Moment der Verführung in Goethes »Faust« (vgl. Unterrichtsmodell von Köppert, S. 169)
- Narziss – Mythos (vgl. »Mögliche Erweiterung« im Unterrichtsmodell von Pfäfflin, S. 233)

Der Hinweis auf Schnurres Gedicht »Spiegelbild«, das die Frage stellt, »was willst du?«, kann die Interpretationen von Gedicht und Kunstwerk vertiefen. Im Vergleich mit der Abbildung von Sherman können die einzelnen Strophen nochmals als Metaphern betrachtet werden (verdorbene Winde paaren sich mit Brandstätten, wachsüberhauchte Papierrosen im Witwenmund, Vergänglichkeit, Solidarität mit schimmelnden Mauern, Beschwerdebuch etc.). Die Stichpunkte können zum Anlass des Vergleichs von Text und Bild genommen werden. Evtl. lässt sich eine Gruppenarbeit in Bezug auf die einzelnen sechs Strophen des Schnurre-Gedichts anregen, um Interpretationsansätze zu entwickeln (vgl. Unterrichtsmodell von Spinner, S. 125).

Anhand vier weiterer Fotografien von Sherman (Untitled, # 299, 1994; Untitled, # 133, 1984; Untitled, # 276, 1993; Untitled, # 97, 1982) wird die Inszenierung der verschiedenen Charaktere als Identitätsoptionen gezeigt (vgl. Farbabbildungen S. 257 ff.). Der jeweils intendierte Ausdruck und das existenzielle Gefühl werden anhand von Format, Betrachterstandpunkt, Farbigkeit, Komposition, Lichteinfall, Kleidung, Haaren, Attributen etc. exemplarisch gemeinsam erarbeitet.

Arbeitsteilige Übungen:
- Farbstimmung malerisch erfassen, weitere Stimmungen farblich entwickeln, Kompositionsskizzen anfertigen
- Texte zu den Darstellungen schreiben, z.b. fiktive Biografie, Ausschnitt eines Tagebucheintrags o.Ä.
- Ideen für einen aktualisierten Narziss-Mythos entwickeln (vgl. Unterrichtsmodell von Pfäfflin, S. 233)

Es können fotografische Inszenierungen zum Spiegel als Projektionsfläche für Wünsche, Träume, Fantasien ausgehend von Szenen aus Goethes »Faust« (vgl. Unterrichtsmodell von Köppert, S. 169) entwickelt werden:
- Welche Wünsche, Träume, Fantasien hat Faust, welche Gretchen? Welche Zweifel? Gretchen thematisiert die Ambivalenz äußerer und innerer Erscheinung: Gretchen tritt vor den Spiegel: »Wenn nur die Ohrring meine wären!« Faust: »Was seh ich? Welch ein himmlisch Bild zeigt sich in diesem Zauberspiegel?«
- Womit würde Mephisto heute locken? Es können aktuelle Attribute für Schönheit, Verführung etc. gesammelt werden.
- Es lassen sich Skizzen von eigenen Wünschen, Träumen, Fantasien anfertigen.

Eine weitere Variante wäre, fotografische Inszenierungen zu entwickeln, die der Frage Schnurres folgen: »Was willst du?« (vgl. Unterrichtsmodell von Spinner, S. 125) Hierbei sollen eigene Bilder/ Inszenierungen/ Metaphern – angeregt durch die Beschäftigung mit Cindy Sherman – entworfen werden, die im Anschluss (analog zu den Strophen im Gedicht) in eine bildhafte Reihe umgesetzt werden und in loser Folge oder als Buch zusammengeführt werden können. Wesentlich ist hierbei, dass ein gemeinsamer Rahmen geschaffen wird, in dem die Arbeiten anschließend gezeigt werden können. So wie das Gedicht eine äußere Form besitzt, sollten auch die zu erarbeitenden Bilder ein einheitliches Format und eine einheitliche Struktur besitzen. Orientiert am Gedicht von Schnurre und den Werken Shermans sollte das Thema »Spiegelbild« die Fotografien leiten. Als weitere Kriterien können die Darstellung einer Person mit deutlicher Charakterisierung der inszenierten Rolle und ein metaphorisches Umfeld, das den gewünschten Ausdruck prägnant stützt, festgelegt werden. Insbesondere ist auf einen gezielten Betrachterstandpunkt, die farbliche Komposition und die Inszenierung der Person in Mimik, Gestik, Haltung, Kleidung, Accessoires usw. zu achten. Denkbar ist das Herstellen eines mit Titelbild gestalteten Buches, in dem am Ende alle digitalen Aufnahmen, das Gedicht von Schnurre und eine Sherman-Abbildung, evtl. auch selbst verfasste Gedichte und Texte sowie eine Autorenliste enthalten sind. Dieses kann für alle Schülerinnen und Schüler ausgedruckt werden. Evtl. ist eine weitere Doppelstunde erforderlich, in der das Buch-Layout festgelegt wird und die Inhalte des Buches ergänzt werden.

Literatur
Alcolea, Santiago: Velazquez. Recklinghausen 1993
Bronfen, Elisabeth: Das andere Selbst der Einbildungskraft: Cindy Shermans hysterische Performanz. In: Zdenek, Felix/ Schwander, Martin (Hg.): Cindy Sherman. Photoarbeiten 1975 – 1995. München/ Paris/ London 1995
Keupp, Heiner u.a.: Identitätskonstruktionen. Das Patchwork der Identitäten in der Spätmoderne. Reinbek bei Hamburg 1999
Kleimann, Bernd: Das ästhetische Weltverhältnis.Eine Untersuchung zu den grundlegenden Dimensionen des Ästhetischen. München 2002
Orlowsky, Ursula/ Orlowsky, Rebekka: Narziß und Narzißmus im Spiegel von Literatur, Bildender Kunst und Psychoanalyse. Vom Mythos zur leeren Selbstinszenierung. München 1992
Prater, Andreas: Im Spiegel der Venus.Velazquez und die Kunst einen Akt zu malen. München u.a. 2002
Zdenek, Felix/ Schwander, Martin (Hg.): Cindy Sherman. Photoarbeiten 1975 – 1995. München/ Paris/ London 1995
Zülch, Martin: »Die verbotene Reproduktion«. Ein Sinnbild technischer Reproduzierbarkeit des Menschen? Analyse und Interpretation der intuitiven Qualität eines Werkes von René Magritte. In: Kirchner, Constanze/ Kirschenmann, Johannes (Hg.): »Wenn Bilder lebendig werden ...«. Anstöße zum Umgang mit Kunstwerken. Hannover 1996

Zusätzliches Material im Unterricht:
Kopiervorlagen (2 davon mit Textauszügen), mehrere Digitalfotokameras, 2 Stative, farbige Leuchten, verschiedene Stoffe, 2 große Spiegel, 1 PC, 1 Beamer

Kopiervorlagen

René Magritte
Die verbotene Reproduktion, 1937

Stellen Sie sich – jeder für sich – verschiedene Situationen vor, in denen Sie in einen Spiegel schauen, und jemand schaut zu.
Welche Gefühle entstehen?

Zur Diskussion: Vor dem Spiegel zu stehen, ist oftmals eine intime Situation, die/ der Zuschauende wird als Eindringling empfunden. Warum?

Der von Magritte gezeigte Spiegel agiert selbstständig: Er verdoppelt die Ansicht der/ des Betrachterin/s. Was zeigt er uns? Warum?

Die sich spiegelnde Person sieht eine Ansicht von sich, die sie sonst nicht wahrnehmen kann. Sie nimmt eine Sicht ein, die normalerweise nur der Blick von außen ermöglicht. Der Spiegel reproduziert den Blick, den andere auf die Person haben. Warum könnte das gespiegelte Gesicht fehlen?

Schauen Sie genau: Sind Person und Spiegelung der Person identisch? Beobachten Sie den Lichteinfall! Wie spiegeln sich Kaminsims und Buch? Beschreiben Sie Kleidung, Haare, Interieur.
Das Buch erzählt eine Abenteuergeschichte von Edgar Allen Poe. Kann man eine Aussage über die Lebensverhältnisse/ -gewohnheiten des Mannes treffen? Wenn ja, welche?

Der Blick der Person und damit auch der des Zuschauers führt ins Leere, das Bild findet nach rechts und oben hin keinen Abschluss, im Spiegel entsteht kein Raum, sondern ein anonymes diffuses Nichts. Versetzen Sie sich in die Person. Was könnte er denken? Warum wendet er sich ab? Wovor?

Notieren Sie Ihre Antworten, einigen Sie sich auf wesentliche Interpretationsaspekte, die eine Person vorträgt.

Spiegel-Titelbild »Die Ego-Gesellschaft« (30.05.1994)

Welchen Typ repräsentiert der dargestellte Mann? Analysieren Sie dies anhand von Kleidung, Frisur, Accessoires!
Wodurch wird die Selbstverliebtheit besonders betont? Achten Sie auf Körperhaltung, Mimik, Gestik.
Beschreiben Sie den Spiegel! Welche Funktion hat der krönende Rahmen?
Verknüpfen Sie Bild und Text und erläutern Sie die Titelbild-Aussage.
Lesen Sie den kurzen Text zum Narziss-Mythos:

ECHO UND NARCISSUS
Der junge Narcissus, halb noch Knabe halb schon Jüngling, war von solcher Schönheit, daß alle Mädchen und jungen Männer sich in ihn verliebten. Er aber wollte sich niemandem hingeben. Auch die Nymphe Echo verliebte sich in ihn und versuchte, ihm ihre Liebe zu gestehen. Sie konnte jedoch – wie ihr Name sagt – immer nur wiedergeben, was Narcissus sagte. Aus Scham darüber, daß der Knabe sie verschmähte, versteckte sich Echo in den Wäldern und Felsklüften, so daß seither niemand mehr genau sagen kann, von wo ihre Stimme herkommt. Narcissus wurde für seine Hartherzigkeit bestraft. Ein verschmähter Liebhaber betete nämlich zu Nemesis, der Göttin der Vergeltung, welche bewirkte, daß Narcissus sich leidenschaftlich in sein eigenes Spiegelbild verliebte, das ihm aus einer klaren Quelle entgegenblickte. Er kam nicht mehr davon los und versuchte immer wieder sein Bild im Wasser zu umarmen, während seine Weherufe über das vergebliche Bemühen von Echo wiedergegeben wurden.
Damit erfüllte sich eine zunächst unverständliche Weissagung des blinden Sehers Tiresias. An ihn hatte sich die Mutter des Narcissus, eine Nymphe, bei der Geburt mit der Frage gewandt, ob ihr Sohn einmal zu hohem Alter gelangen werde. »Ja«, erwiderte der Seher, »wenn er sich fremd bleibt.«

Aus: Renger, Almut-Barbara (Hg.): Mythos Narziß. Texte von Ovid bis Jacques Lacan. Leipzig: Reclam 1999, S. 44ff.

Wie könnte eine moderne Version des alten Mythos lauten?
Welche Werteorientierung repräsentiert das Spiegel-Titelbild? Welche Inhalte könnten in dieser Spiegel-Ausgabe diskutiert werden?
Notieren Sie Ihre Antworten, einigen Sie sich auf wesentliche Interpretationsaspekte, die eine Person vorträgt.

Michael Simbruk
»NARCIS 18. VERSUCH. NABYRINTH« (veröffentlicht 1980)

Sind Sie schon mal verlassen worden? Von Freunden, Eltern, Verwandten, dem/der Partner/in, sich selbst? Lesen Sie das Gedicht erst ganz!
Dann überlegen Sie gemeinsam *nach jeder Zeile*, welche Zustände, Charaktere, Emotionen und Gedanken beschrieben werden.
Notieren Sie die positiven und die negativen Gefühle. Welche Verhaltensoptionen werden beschrieben?
Welche Aussagen werden über Zweisamkeit getroffen?
Warum sind »die Spiegel einsam?«
Entwickeln Sie Erklärungsmodelle für die Überschrift. Warum Nabyrinth? Warum Narcis?
Diskutieren Sie einen Bezug zum Narziss-Mythos:

ECHO UND NARCISSUS

Der junge Narcissus, halb noch Knabe halb schon Jüngling, war von solcher Schönheit, daß alle Mädchen und jungen Männer sich in ihn verliebten. Er aber wollte sich niemandem hingeben. Auch die Nymphe Echo verliebte sich in ihn und versuchte, ihm ihre Liebe zu gestehen. Sie konnte jedoch – wie ihr Name sagt – immer nur wiedergeben, was Narcissus sagte. Aus Scham darüber, daß der Knabe sie verschmähte, versteckte sich Echo in den Wäldern und Felsklüften, so daß seither niemand mehr genau sagen kann, von wo ihre Stimme herkommt. Narcissus wurde für seine Hartherzigkeit bestraft. Ein verschmähter Liebhaber betete nämlich zu Nemesis, der Göttin der Vergeltung, welche bewirkte, daß Narcissus sich leidenschaftlich in sein eigenes Spiegelbild verliebte, das ihm aus einer klaren Quelle entgegenblickte. Er kam nicht mehr davon los und versuchte immer wieder sein Bild im Wasser zu umarmen, während seine Weherufe über das vergebliche Bemühen von Echo wiedergegeben wurden.

Damit erfüllte sich eine zunächst unverständliche Weissagung des blinden Sehers Tiresias. An ihn hatte sich die Mutter des Narcissus, eine Nymphe, bei der Geburt mit der Frage gewandt, ob ihr Sohn einmal zu hohem Alter gelangen werde. »Ja«, erwiderte der Seher, »wenn er sich fremd bleibt.«

Aus: Renger, Almut-Barbara (Hg.): Mythos Narziß. Texte von Ovid bis Jacques Lacan. Leipzig: Reclam 1999, S. 44ff.

Notieren Sie Ihre Antworten, einigen Sie sich auf wesentliche Interpretationsaspekte, die eine Person vorträgt.

Michael Simbruk
NARCIS 18. VERSUCH NABYRINTH

Ich werd vergessen wer ich bin.
Ich werd den anderen verlassen
und ihm die Hoffnung die ich will
nicht schenken.

Der bruderlos Ausgesetzte
Der Suchende
Seiner Einbildung seiner Welt
Der Unwissende
Der folgenlose Schöpfer
Oder OhneZukunft-AdamSpieler
Der eitle Traumtaucher
Der Zurückbleibende
Der Zurückgebliebenseinwollende
Der Nichtzurückgelassenseinwollende
Der so tut als wolle er was anders nicht sein kann
Der Weitermacher
(als ob nichts wär)
Hinterm abfahrenden Zug nichts als winkend Bleibende
Der Alleinlassende
Der Alleingelassene
Der Alleingelassenwerdenwollende
und nicht
einsam
mutig manchmal
mächtig und
so schwach

Wenn du fort bist
sind die Spiegel einsam.
du ich wir wieder bist du fort
das Ende
noch alleiner als
ich es dachte und hält nicht
was der Anfang versprach
jetzt wie damals nur älter und
versuch mich zu erinnern
an neue Anfänge wie gewohnt

Aus: Simbruk, Michael: narcis. 22 Versuche sich in die eigene Haut zu retten.
Frankfurt am Main. Ziegelhütten Presse 1980, S. 43-44

Diego Velazquez: Venus mit Spiegel, um 1645 - 1648

Venus ist die Göttin der Liebe und der Schönheit – ein häufig gemaltes Motiv in der Bildenden Kunst. Beschreiben Sie Velazquez' Gemälde:

Wie wird die Frau im Bild positioniert?
Wodurch unterstreicht der Künstler malerisch und kompositorisch die Schönheit der Figur?
Achten Sie auf die unterschiedliche Malweise bei der Darstellung der Körper und der Stoffe.
Beschreiben Sie die Farbigkeit und die Farbwirkung!
Wie ist der Raum gegliedert?
Der Spiegel gibt der Darstellung eine zusätzliche räumliche Dimension. Wodurch hebt sich das Spiegelbild malerisch von der authentischen Person ab?
Ist die Frau im Spiegel ebenfalls die Venus? Was spricht dafür, was dagegen? Diskutieren Sie die Ambivalenz von äußerer und innerer Schönheit.

Der geflügelte Amor hält den Spiegel fest. Ein rosa Seidenband, das auf bevorstehende Ehebande verweist, fällt über seine Arme und den Rahmen. Amors Attribute, Pfeil und Bogen, sind nicht zu sehen, wohl aber sein Köcher.
Der Spiegel steht im Zentrum der Darstellung. Sowohl Venus als auch Amor konzentrieren sich auf ihn. Versuchen Sie die Szene nachzustellen! Achten Sie dabei auf die Position des Spiegels und den Blickwinkel des Betrachters. Was stellen Sie fest?

Überlegen und erörtern Sie eine Bildaussage zu Velazquez' Venus!

Notieren Sie Ihre Antworten, einigen Sie sich auf wesentliche Interpretationsaspekte zu Velazquez' Werk, die eine Person vorträgt.

Aspekte zur Bildbeschreibung:
- Blickpunkt des Betrachters/ Betrachterstandpunkt/ Perspektive
- räumliche Situation (Bildraum, Anschnitt, Ausschnitt usw.)
- Farbigkeit, Lichteinfall
- Komposition (Flächenaufteilung, Farbgestaltung)
- Bildgegenstände, Figur, Bewegung, Körperhaltung, Mimik, Gestik, Haare, Kleidung, Stofflichkeit, Accessoires, Stimmung
- Figur im Verhältnis zum Bildformat, zur Farbigkeit
- Inszenierung, Ausdruck, Wirkung, Inhaltlichkeit, Intention

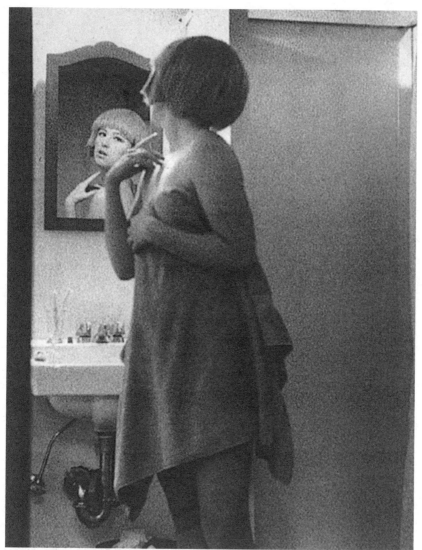

Cindy Sherman: Untitled Film Still, #2, 1977. Fotografie, 25,4 x 20,3 cm. Privatbesitz

Cindy Sherman: Untitled Film Still, #14, 1978. Fotografie, 25,4 x 20,3 cm. Privatbesitz

Lehrer/innen-Info

Das andere Selbst der Einbildungskraft
Cindy Shermans hysterische Performanz

Elisabeth Bronfen

»Ich mache keine Selbstportraits«, hat Cindy Sherman Andreas Kallfelz gegenüber in einem Interview für die Zeitschrift Wolkenkratzer erklärt: »Ich versuche immer, in den Bildern soweit wie möglich von mir selbst wegzugehen. Es könnte aber sein, daß ich mich gerade dadurch selbst portraitiere, daß ich die ganzen verrückten Sachen mit diesen Charakteren mache.« (1984, 49) So stellt Sherman, die zu einer der meistbesprochenen zeitgenössischen amerikanischen Künstlerinnen zählt, eine schillernde Herausforderung an die Kunst- und Kulturkritik dar. Denn wer ist dann die abgebildete Frau, wenn nicht die Künstlerin selber? Wenn sie von sich keine Portraits machen will, warum benutzt Sherman ihren eigenen durch Kostüme, Schminke und Requisiten verstellten Körper als ihr einziges leibliches Modell? Wenn es nicht um eine Selbstdarstellung geht, was ist dann das Verhältnis von Abbildung und abgebildetem Frauenkörper? Bedenkt man ferner, daß zumindest in den Arbeiten bis 1991 Sherman ihre Frauenportraits immer als Szene zu gestalten wußte, als Szene, die zudem mit einer Vielzahl von Anspielungen auf die amerikanische Film- und Fernsehkultur seit den fünfziger Jahren spielt, ... könnte man zwar den Unterschied zwischen Selbstportrait und Selbstinszenierung ins Spiel bringen. Daran fügt sich jedoch gleich die Frage, wer inszeniert sich hier und wozu?

Denn es ist Shermans erklärtes Anliegen, mit ihren Photos jenes latente psychische Material zu zeigen, das man normalerweise auf der Oberfläche, im Gesicht und in den Gebärden eines Subjekts nicht sieht, nämlich das Material, das die Einbildungskraft des Subjekts enthält. Gleichzeitig aber kommt dieses andere Selbst der Einbildungskraft nur durch Oberflächenerscheinungen zum Ausdruck, durch eine Verknotung verschiedener Variationen dieser Selbstrepräsentanzen. Die Geschichte, die sie von ihrem Werdegang als Photographin erzählt, umkreist bezeichnenderweise diesen Widerspruch. Ausgehend von dem in der westlichen Erzähl- und Bildkultur tradierten Bild des jungen Mädchens, das sich von der Welt zurückzieht, in ihrem Zimmer einen Zufluchtsort findet und sich dort hinter verschlossenen Türen mit ihren eigenen Phantasien beschäftigt, beschreibt Cindy Sherman, wie sie sich zuerst in ihrer Familie entfremdet, später von der urbanen Gewalt New York Citys ganz existentiell bedroht fühlte und, um diese Bedrohung abzuschwächen, zuerst in ihrem Zimmer und dann später in ihrem Studio lernte, sich in andere Menschen zu verwandeln. Sie begann ihr Gesicht so lange von unterschiedlichen Blickwinkeln aus zu betrachten, bis es ein fremdes Gesicht wurde, sich so lange zu verkleiden, bis sie die Gestalt im Spiegel nicht mehr erkennen konnte. In solchen Momenten gänzlicher Entfremdung, die von einem Gefühl des Unbehagens an der Rolle hervorgerufen wurden, die ihr ihre Familie und später die weibliche Existenz in der Großstadt zuschrieb, und somit auch eine Unzufriedenheit mit den Erwartungen, die die Kultur an sie als Frau herantrug, zum Ausdruck brachten, entstanden ihre Portraits....

So können Shermans Selbstdarstellungen einerseits gesehen werden als serieller Entwurf einer Vielfalt möglicher Identitäten; andererseits werfen sie aber auch die Frage danach auf, ob diese Rollenspiele des Selbst als Fälschung oder Mimikry inszeniert, ob Authentizität vorgegaukelt wird, obgleich damit ein Betrug gemeint ist, oder ob unter der Oberfläche, dem medialen Kompositum, dennoch ein autonomes Selbst existiert. Sind wir im Spiel der Simulacra eingefangen, oder kann inmitten aller Simulationen ein authentischer Selbstausdruck entstehen? Können wir als Betrachter hinter der Inszenierung ein unversehrtes Subjekt erkennen, und zudem eine uns radikal andere Frau wahrnehmen, oder sind wir, wie Sherman zumindest vorgibt, vorwiegend auf eine Selbstwiedergabe in der Anderen angewiesen? »Die Leute neigen dazu, unter dem Make-up und den Perücken nach einem gemeinsamen Nenner zu suchen, nach dem Wiedererkennbaren. Ich versuche, die anderen dazu zu bringen, eher etwas von sich selbst wiederzuerkennen als mich« (zitiert in Schulz-Hoffmann 1991, 30). Sie wirft somit nicht nur das hermeneutische Problem auf, daß jeder Betrachter im Bild zuerst sich, seine Erinnerungen und seine Phantasien spiegelt, sondern auch, daß für jedes Bild eine Geschichte rekonstruiert werden muß, bevor eine Deutung hergestellt werden kann, egal ob dabei die Serie der Momentaufnahmen durch eine Narration ergänzt oder zu unserem eigenen Phantasieszenario umgestaltet wird.

Indem sie uns zum eigenen Erinnern und Phantasieren auffordert, dies aber gerade durch die Inszenierung stereotypischer Figuren – ob aus dem Bereich des Weiblichkeits-, Märchen- oder Horrorbildrepertoires – vollzieht, wird auch schlagartig die Frage aufgeworfen, ob die angeregten Phantasien authentisch oder nur ein Klischee sind, und somit, ob wir als Betrachter ebensosehr das Kompositum eines Spiels des Simulacrums sind wie die dargestellten Mischkörper, oder ob wir aufgrund des Betrachtens zu dem uns eigenen Einbildungsbereich gelangen. Hinzu kommt, daß Sherman, indem sie sich zum Bild macht und gleichsam dieses Bild selbst gestaltet, nicht nur die Bereiche mediales Vorbild, Modell, Abbild und Zuschauerwirkung verschränkt. Sie inszeniert sich auch als hybrides Wesen, zwischen bemächtigtem

Subjekt und entmächtigtem Blickobjekt oszillierend. Sie gestaltet das Verhältnis der Künstlerin zum Bildrepertoire des Weiblichen, inmitten dessen, aber auch gegen das sie sich entwirft, kritisch um. Sie tut dies, indem sie das tradierte Gleichnis zwischen Weiblichkeit und Bild installiert und gleichsam parodiert, zudem aber auch performativ vorführt, wie sehr die vermeintlich dargestellte Weiblichkeit der Effekt des Betrachtens ist, da sie für eine Momentaufnahme eine interpretative Erzählung implizit mitentwirft.

So meint Craig Owens: »Shermans Photographien ... funktionieren wie Spiegelmasken, die die eigenen Wunschvorstellungen des Betrachters auf ihn zurückwerfen (und der Betrachter, den diese Werke postulieren, ist unabänderlich männlich) – insbesondere die männliche Wunschvorstellung, Frauen auf eine stabile und stabilisierende Identität festzulegen ... aber wenn Sherman auch als Pin-up posiert, läßt sie sich doch noch lange nicht festnageln [pinned down].« (1992, 183) Sosehr wir also geneigt sind, Shermans Photographien als Verarbeitung des medial vermittelten Bildrepertoires, das sie ganz explizit als ihr bildnerisches Material versteht, zu sehen, sollte nicht außer acht gelassen werden, daß diese Selbstportraits vielleicht deshalb keine sind, weil sie ein Ausdruck jenes anderen, unbewußten Selbst sind, das eben erst und nur im Zuge der inszenierten Einbildungskraft durch diese Repräsentanz zum Ausdruck kommen kann. Denn obgleich Sherman darauf besteht, sie mache keine Selbstportraits, fügt sie in dem Interview mit Kallfelz hinzu, daß sie ihren Photos durchaus einen realen psychischen Bezugspunkt einräumt, »und das ist der andere Aspekt. Kann sein, daß ich tatsächlich irgendeine verrückte Person unterhalb von mir auf diese Weise rauslasse.«

Letztlich läuft Shermans Misch- und Kompositatechnik darauf hinaus, die Verschränkung von Verletzbarkeit und Maskerade, von Vollkommenheit und Monstrosität deutlich zu machen, denn die Inszenierung ihres maskierten, verzerrten oder entstellten Körpers soll als apotropäische Geste gegen und gleichsam als Verweis auf die Versehrbarkeit des Körpers, auf die Identität sowie auf Angstphantasien bezüglich Zerstörung und Tod dienen, ob in Erinnerung an Kindheitsphantasien oder real erlebter Bedrohung. Sucht Sherman in ihren Arbeiten Erinnerungs- und Phantasiebilder in ihrem Publikum hervorzurufen, um einerseits tradierte Stereotypen, vor allem der Weiblichkeit, zu entmythifizieren und dem Primat des idealisierten Körpers entgegenzuwirken, geht es ihr andererseits darum, meist verdrängte Bilder der Angst, der Zerstückelung, der Verflüssigung oder der Substituierung des Menschen durch künstliche Körperteile und Prothesen aufzurufen. Die inszenierte Selbstverkleidung ist als eine aufklärerische Entstellung gedacht. Wenn man das postmoderne Subjekt als »Gewebe aus Zitaten, ein vollständiges Verschwimmen von Bild und

Identität« (Bryson 1991, 98) begreift, zeigt Sherman einerseits, was die logische Konsequenz des idealisierten Bildes des unversehrten Körpers sowie des referenzfreien Simulacrums ist, nämlich der zur Maske, zur Prothese, zur Puppe erstarrte weibliche Körper. Andererseits verweist sie auf jenen Bereich, der aus diesem Darstellungsgestus verworfen wird und dennoch im Ausdruck bleibt – auf die unförmige Körpermasse, den Abfall, die Verwesung, den Prozeß der Zersetzung.

So dient ihre vielseitige Performanz des weiblichen Körpers der Dekonstruktion verschiedener Kodes: des traditionellen Weiblichkeitsbildes, der ästhetischen Idealisierung sowie des Verständnisses eines unversehrten Körpers. Diesem setzt sie die Multiplizität weiblicher Identität, ein Kollabieren der Unterscheidung zwischen Bildgestaltung und Bildwerdung sowie die Vergänglichkeit des Körpers entgegen.

Die Performanz entlarvt, was unter der kosmetischen Oberfläche liegt (Disaster Pictures, Fairy Tales), oder reduziert alles auf ein Simulacrum (Film Stills, Centerfolds, Fashion), auf anatomische Körperteile und Prothesen (Specimens, Sex Pictures). Inszeniert wird die Frage: Wo ist das Ich in seiner performativen Konstitution durch Trauma, Geschlecht und Medialität? Die Selbstinszenierung als Performanz verweist auf das Verworfene, das traumatische Material, das uns allen innewohnt, wie sie auch darauf verweist, daß unsere Subjektivität das Resultat des diskursiven Feldes ist, in dem wir gebildet werden: statt Selbstportrait die Verknotung von Bildvorgaben, Phantasiegestaltung, Erinnerungsspuren und Figuren des Traumatischen.

Kallfelz, Andreas: Cindy Sherman: »Ich mache keine Selbstportraits«. Wolkenkratzer Art Journal 4, 1984
Kellein, Thomas: Wie schwierig sind Portraits? Wie schwierig sind die Menschen! Cindy Sherman. Basel 1991
Owens, Craig: Beyond Recognition. Representation, Power, and Culture. Berkeley 1992
Schulz-Hoffmann, Carla: Cindy Sherman. Kommentare zur hehren Kunst und zum banalen Leben. Basel 1991

Aus: Cindy Sherman. Photoarbeiten 1975 – 1995, hg. von Zdenek, Felix/ Schwander, Martin. München/ Paris/ London 1995

3.10 »Dies Bildnis ist bezaubernd schön ...«
Der Spiegel als Moment der Verführung in Goethes *Faust*

Christine Köppert

Der folgende Beitrag bezieht sich auf »Spiegelszenen« in Goethes *Faust,* die an die Venusdarstellungen im vorangehenden Unterrichtsvorschlag zu Cindy Sherman (Modell von Kirchner, S. 141) anknüpfen und denen im Lichte szenisch-inszenatorischer Arrangements nachgespürt werden soll. Solchermaßen fundiert ist eine Verfilmung kleiner Szeneneinspielungen angestrebt, die die Schülerinnen und Schüler möglichst eigenständig gestalten. Am Ende wird – Bezug nehmend auf die Figur des Gretchen *(Faust)* und überleitend zum Modell »Berufswelt und Lebensgefühl im 21. Jahrhundert« (Modell von Pfäfflin, S. 233) – noch kurz auf eine Szene aus Büchners *Woyzeck* eingegangen.

Im Kern zielt das Vorhaben zum *Faust* auf die literarästhetisch wirksamen Momente der Verdichtung, Überlagerung und Verfremdung, wie sie einem dichterischen Werk wie diesem per se innewohnen. Man denke nur an die »zwei Seelen« in Fausts »Brust« oder an die Verschlingung von Gelehrten- und Liebestragödie und die damit gegebenen Verknüpfungen, Kontraste und Überraschungseffekte. Hier sollen nun solche und ähnliche Elemente gestalterisch überformt und dadurch einer gesteigerten Erlebnisqualität und Bewusstheit zugeführt werden. Mit einer derart intendierten ästhetischen Erfahrung kann sich die Einsicht in das Phänomen einer »multiplen« Identität verbinden, wie sie sowohl den Figuren des Dramas zugeschrieben als auch auf das eigene Ich bzw. Selbstbild der Schülerinnen und Schüler rückbezogen werden kann.

Thema

In Goethes *Faust* finden sich zwei Szenen zum Motiv des Spiegels als Medium der Verführung. Beispiel 1 ist mit »Hexenküche« überschrieben. Faust steht vor einem Spiegel, in dem er eine Frauengestalt erblickt. Sie ist ihm Inbegriff weiblicher Schönheit und wohl als Vorausdeutung auf Gretchen und/oder auch Helena zu interpretieren. Das Spiegelbild aber ist für Faust nicht greifbar, sobald er sich ihm nähert, vernebelt es sich. Es weckt Fausts Begierde, entzieht sich jedoch einer erotischen Inbesitznahme und bleibt ein Phänomen der ästhetischen Anschauung aus der Distanz. Hier setzen Mephistos Machenschaften an, der bereits in der Kammerszene sagt: »Ich weiß dir so ein Schätzchen auszuspüren.«

Episode 2 – überschrieben mit »Abend« – spielt in Gretchens Kammer und steht in engem Bezug zur »Hexenküche«. Gretchen findet ein von Mephisto hineingeschmuggeltes Schmuckkästchen vor. Sie legt das darin enthaltene Geschmeide an, tritt vor den Spiegel und betrachtet sich. Die Worte, die sie spricht, enden mit der bekannten Wendung: »Nach Golde drängt, Am Golde hängt Doch alles! Ach, wir Armen!« (siehe Anhang). Trotz oder auch wegen dieser wehmütigen Wendung ahnt man gerade in dieser Szene eine Veränderung von Gretchens Identität: der feine Schmuck scheint eine Wandlung hin zur Ebenbürtigkeit mit Faust anzubahnen.

Die Szene »Hexenküche« ist 1788 in Rom entstanden; auf seiner Reise durch Italien hat Goethe Venusdarstellungen aus der Renaissance gesehen, die ihn zur Spiegelbildszene inspiriert haben mögen. Die Faust-Forschung vermutet besonders den Einfluss eines prägenden Ereignisses, bei dem nicht zuletzt (wie in der Hexenküche) der Wechsel des Betrachterstandorts eine Rolle spielt: Goethe suchte am 6. April 1787 in Palermo die Gestalt der heiligen Rosalie in der gleichnamigen Kapelle auf (Gaier 2001, S. 134f). In der *Italienischen Reise* schreibt er darüber: »Ein schönes Frauenzimmer erblickt' ich bei dem Schein einiger stiller Lampen. Sie lag wie in einer Art von Entzückung, die Augen halb geschlossen, den Kopf nachlässig auf die rechte Hand gelegt, die mit vielen Ringen geschmückt war. Ich konnte das Bild nicht genug betrachten; es schien mir ganz besondere Reize zu haben. [...] Ich setzte mich auf eine Bank gegen dem Altar über [...]; alsdann begab ich mich wieder zum Altare, kniete nieder und suchte das schöne Bild der Heiligen noch deutlicher gewahr zu werden. Ich überließ mich ganz der reizenden Illusion der Gestalt und des Ortes.«

Den Aspekt der ästhetischen Anschauung und einer daraus entstehenden Verzückung und Begehrlichkeit hat Goethe auch in der Figur des Pygmalion thematisiert; dieser verliebt sich bekanntlich in die von ihm geschaffene Skulptur und will sie deshalb zum Leben erwecken. Im 11. Buch von *Dichtung und Wahrheit* reflektiert Goethe die dem Phänomen innewohnende, übrigens auch auf eine Verletzung von Identität beziehbare Problematik: Pygmalion wolle, so Goethe, »das Höchste was Geist und Tat hervorgebracht, durch den gemeinsten Akt der Sinnlichkeit zerstören«.[1]

---

1   Die Anregungen zur Literarhistorie verdanke ich Kaspar H. Spinner.

Entstehungsgeschichtliche Zusammenhänge dieser Art regen an zur Auseinandersetzung mit der schönen Gestalt, die Faust im Spiegelbild erblickt, aber auch mit den Gedanken des goldgeschmückten Gretchens vor dem Spiegel. Was hat es mit dem Bild auf sich, das Faust erscheint? Welche Vieldeutigkeit lebt in den Zeilen, die Gretchen vor dem Spiegel spricht? Z.B. weist »Ach wir Armen« auf ihre Zugehörigkeit zum Volke hin, dem solcher Schmuck nicht ansteht. Gleichzeitig deutet das »Drängen« zum Golde auf eine (unselige?) Leidenschaft der Menschen. Vor allem aber öffnet sich der Blick für Gretchens Selbstbild: Was liegt in dem Ausspruch »Man sieht doch gleich ganz anders drein«? Sieht sich Gretchen durch den Schmuck aufgewertet, oder nimmt sie in einer zaghaften Selbstbesinnung (erst jetzt) ihre natürliche Schönheit wahr, im neuen, unbekannten Glanze des Goldes? Letztlich: Empfindet sie, dass es in der (vornehmen) Gesellschaft vorrangig auf das Prestige ankommt, das eben dieses Gold dem Menschen verleiht, also auf den schönen Schein? Korrespondiert dieser mit der unwirklichen Frauengestalt, die Faust im Zauberspiegel erblickt? Der Spiegel ist hier gleichzeitig Medium des schönen Scheins wie der Selbsterkenntnis.

Intention und Umsetzungsidee

Das Modell kann auf der Behandlung des *Faust* im Unterricht aufbauen, lässt sich aber auch durchführen, wenn die Schülerinnen und Schüler das Drama nicht kennen. Die Lehrkraft führt in diesem Fall kurz in die Gelehrten- und vor allem in die Gretchentragödie ein und erläutert, wie sich die Spiegel-Szenen in die Handlung einbinden.

Zunächst sollen in zwei aufeinander aufbauenden Schritten der szenischen Gestaltung Idee und Grundlage für kleine dramatische Inszenierungen der Spiegelepisoden geschaffen werden. Diese sind so anzulegen, dass sie die Schülerinnen und Schüler beim Einsatz der Filmkamera aufgreifen und selbstständig weiterführen können. Leitgedanke ist dabei, dass – im Sinne ästhetisch wirksamer Verdichtung – Figuren, Stimmungen und Verfasstheiten aus verschiedenen Passagen des Dramas in die ausgewählten Kernszenen hineingewebt werden. Eine solche Verflechtung mag Konnotationen aus dem Gesamtzusammenhang von Figurenkonstellation und Handlung »aufdecken« und erlebbar werden lassen. Hauptziel des Vorgehens ist eine ästhetisch getragene Erfahrung und Erkenntnis, die eben auf Basis der Zusammenschau von verschiedenen Elementen der Dramenhandlung zu Stande kommt. Die ästhetische Dimension – so die These – ergibt sich aus der Verknüpfung von Perspektiven und Konfigurationen in den szenischen Realisierungen. Es vermögen sich nachhaltige Synthesen spürbar im geistig-emotionalen und sinnlichen Bewusstsein der Schülerinnen und Schüler einzustellen. Bezogen auf das Motiv des Spiegels heißt das, der vielfältigen Sogwirkung und Verführung, die dieses Motiv in Goethes *Faust* ausstrahlt, gefühlsmäßig wie gedanklich intensiv nachzuspüren bzw. es greifbar und begreifbar werden zu lassen.

Der Verfilmung geht also ein szenisch geleitetes und imaginativ gespeistes Hineinführen in die Spiegelsituationen voraus: Faust betrachtet den Zauberspiegel in der Hexenküche, Gretchen probiert vor dem Spiegel den Schmuck aus dem Kästchen an. Diese Episoden sollen so verwirklicht werden, dass über das Textwort bzw. die Textstelle hinaus zusätzliche Optionen in den Blick kommen. Solche Optionen entstehen durch das »Einspielen« von Elementen aus anderen Stationen des Handlungsverlaufs (Figurenhaltung und -verhalten, Ereignisse, situationsbedingte Einflüsse, siehe unten »Durchführung«). Die Spiegelszenarien werden durch diese intratextuellen[2] Verknüpfungen inhaltlich angereichert und lassen eine mehrfache Perspektivik aufscheinen, generieren Effekte der Verfremdung und Umwertung und verschmelzen einzelne Elemente des szenischen Panoptikums zu neuer und überraschender Komplexität. Es dürfte deutlich werden, dass eine Zusammenschau dieser Art jenseits eines gängigen analytisch geleiteten Überblicks über die Gesamthandlung liegt, bei dem oft gerade ein Mangel an ästhetischer Erlebnisqualität beklagt wird.

Im Dienste eines möglichst sprechenden interpretatorischen Ausdrucks werden einige wenige Requisiten zur Verfügung gestellt (Spiegel, leerer Bilder- oder Spiegelrahmen, Kästchen mit Schmuckstücken). Auch kann die Arie »Dies Bildnis ist bezaubernd schön« aus Mozarts »Zauberflöte« in das Experimentieren und filmische Inszenieren einbezogen werden, im Sinne der Eindrücklichkeit und als fächerübergreifender Verweis. Die genannten Gegenstände sind dabei nicht nur als Bild- und Klangkulisse für die Verfilmung gedacht, sondern sollen vor allem die imaginative Entfaltung bei der szenischen Gestaltung unterstützen.

Kern des Vorgehens sind also szenische Improvisationen zum Spiegel-Motiv. Zunächst werden variierende Erlebnisperspektiven von Figuren erprobt. Die unterschiedlichen Wahrnehmungsweisen ein- und derselben Situation schaffen bereits eine Grund-

---

[2] Bekannt ist der literaturtheoretische Begriff der *Inter*textualität, der den Blick auf Bezüge zwischen verschiedenen literarischen Texten richtet. *Intra*textualität meint nun hingegen Zusammenhänge *innerhalb eines* literarischen Werks. Diese werden im Literaturunterricht bisweilen durchaus in die Analysetätigkeit einbezogen; weniger üblich ist es, auf einen Verweiszusammenhang von Elementen eines literarischen Werkes durch aktiv-szenische Verwirklichung abzuheben.

stufe der angestrebten inhaltlichen Verdichtung. Z.B. spricht die schöne Gestalt im Spiegel der Hexenküche aus einem je abweichenden Rollenverständnis heraus zu Faust, sodass unterschiedliche interpretatorische Nuancen entstehen.

In einer zweiten Phase darstellerischer Etüden geht die Idee der Verschränkung noch einen Schritt weiter. Das eben schon angestimmte intratextuell ausgerichtete In-Szene-Setzen wird inhaltlich angereichert: Etwa erlebt Gretchen in der Spiegelszene den Einfluss Mephistos dadurch, dass dieser in persona erscheint und ihr Worte einflüstert. Es wird hier also konkret gemacht, was im Drama mitschwingt, der Einfluss von Mephistos Verführungswerk auf Gretchen.

Im Anschluss an die gemeinsamen Improvisationen und fundiert durch diese erfolgt die Arbeit mit der Kamera, die die Schülerinnen und Schüler nun weitgehend selbstständig gestalten. Zur Begründung für die Idee der szenischen Variationen und ihrer »Verfilmung« seien vor allem drei Aspekte hervorgehoben.

a) Projekt- und Prozesscharakter
Um zu einer eingängigen filmischen Inszenierung zu kommen, konzentrieren sich die Schülerinnen und Schüler zwangsläufig sehr genau auf den Prozess ihrer darstellerischen Arbeit. Gerade wegen einer Orientierung auf das filmische »Ergebnis« hin ist ihre (gespannte) Aufmerksamkeit auf die Entstehung der Inszenierung gerichtet. Sie befinden sich so in einem Prozess des (innerlich beteiligten) Schaffens, das – ästhetisch wirksam – zum »sich selbst steuernden Spiel« werden kann. Zudem geraten die Schülerinnen und Schüler beim Ausprobieren verschiedener Versionen unter Umständen zu Aha-Momenten unmittelbar heuristischer Natur. Durch eine (oft auch unbewusst bzw. intuitiv eingesetzte) Bewegung, Äußerung, Formation oder Perspektive tut sich etwas auf, das zuvor so nicht gesehen wurde.

b) Das Bleibende, Wiederholbare
Die Videoaufnahme gibt den Schüler(inne)n Gelegenheit, sich das Inszenierte immer wieder anzusehen, und verstärkt so, was eben schon angesprochen wurde: Die Akteure erleben sich in ihrem Selbstausdruck. Die Berater (Regisseure/Regieassistenten), die Kamera- wie Tonleute bekommen ihr »Stückwerk« nun als eine Gesamtheit vor Aug und Ohr geführt. Was zunächst eher intuitiv-experimentierend gestaltet wurde, erfährt nun bereitwillige und durchaus genießerische Reflexion. Das bisher Geschaffene regt an zu Erweiterungen und Abwandlungen. In der Unterrichtserprobung bestätigten sich gerade solche Aspekte besonders deutlich.

c) Verfremdung
Schließlich schafft das vorgeschlagene Verfahren Nischen für ästhetisch wirksame Verfremdungserlebnisse auf zweierlei Ebenen, von denen die zweite wiederum auf das Medium Film zurückzuführen ist. Einmal geschieht sie – wie schon beschrieben – durch die bewusste Verschränkung von Figuren und Szenen aus dem Drama. Etwa fungiert Mephisto für Gretchen nicht nur als heimliches Prinzip der Verführung, sondern tritt als deren Personifikation auf. Die Situation des Schmuck-Anlegens vor dem Spiegel erscheint dadurch in einer neuen, veränderten Bedeutung. Ähnlich ist dies z.B. auch der Fall, wenn konstruiert wird, wie sich Faust in Gretchens Bewusstsein als Verführer eines schlichten Mädchens versus eines (dank des Schmucks) »schönen Fräuleins« einstellen mag.

Verfremdungseffekte werden aber eben auch durch das Verfahren der Verfilmung wirkkräftig: Die dramatischen Rollen werden durch den spezifischen Blick (bzw. die Perspektive) der Kamera in ein neues Licht gehoben. In der Wirkung wird so etwa das einseitige Klischee von Gretchen als einfachem Mädchen mit geflochtenem Haarkranz durchbrochen. Z.B. wählten die Schülerinnen und Schüler bei der Unterrichtserprobung die Technik, die Gretchendarstellerin und ihr Spiegelbild im Schuss-Gegenschuss-Verfahren zu zeigen. Der dadurch evozierte optische Eindruck brachte sie auf die Idee, dass auch in der »Brust« Gretchens nicht nur »eine Seele« wohne. Brechts Theorie vom Verfremdungseffekt als Zeigegestus, der Vertrautes fremd macht, somit seiner Selbstverständlichkeit enthebt und unerwartete Entdeckungen freisetzt, erfährt hier Konkretisation.

Durchführung

1. Hinführende Betrachtung: »Hexenküche«

Einleitend wird eine Zeichnung Goethes von der Hexenküche präsentiert (siehe Material). Auf der Skizze sind zwei Figuren zu sehen, die ein Kindchen über einem Feuer mit brodelndem Wasserkessel halten (als Vorausdeutung auf Faust und die spätere Kindsmörderin Gretchen?). Eine Figur (wohl die Hexe) hat einen Zeigestab in der Hand und weist damit auf dieses Szenario, mit der anderen Hand deutet sie in Richtung eines Spiegels, in dem eine Figur zu erkennen ist. Der Spiegel ist hier offensichtlich ein Hexen- und Magierrequisit, erinnert als Medium aber auch an das Attribut der Venus, das dem Liebeszauber dient. Hier erscheint freilich ein ungestaltes Wesen, im Dramentext wiederum das »schönste Bild von einem Weibe« (Sein und Schein, Glanz und Fratze der Verführung). Hinten sieht man eingewachsene Landschaft, durchsetzt mit den Grimassen unbekannter Wesen, den Mond, verschwimmend hinter Wolkenfetzen, vorne Teile von Skeletten.

Dieser Einstieg rekurriert inhaltlich wie formal auf die Arbeit mit Werken der bildenden Kunst (Modell von Kirchner, S. 141): Inhaltlich gesehen geht es um eine Weiterführung der Spiegel-Motivik und des Moments der Verführung. Die formale Anknüpfung besteht darin, dass hier wie dort eine Bildbetrachtung stattfindet. Zentrale Intention der Präsentation dieser Skizze aber ist die Einstimmung auf Goethes *Faust*. Die Schülerinnen und Schüler sollen sich, angeregt durch den optischen Impuls, das Werk ins Gedächtnis rufen oder – im Falle, dass es ihnen nicht bekannt ist – ausschnitthaft in seine Welt eingeführt werden (Fabel des Dramas, insbesondere die Gretchentragödie). Der inhaltliche Fokus liegt – wie erwähnt – bereits hier auf dem Motiv des Spiegels.

2. Szenische Etüden

2.1 Faust in der Hexenküche vor dem Zauberspiegel
Die Rede des Spiegels und Fausts »Antwort«
Zur Fundierung erster szenischer Imaginationen geht die Lehrkraft deutend umher und erläutert die Örtlichkeit »Hexenküche« so, dass sie vor dem inneren Auge der Schülerinnen und Schüler entstehen mag[3]:

> »Wir blicken um uns und stellen fest, wir sind in der Hexenküche. Dort brodelt der Kessel über dem Feuer. Hier sitzt die Meerkatze und schäumt den Inhalt auf. Daneben der Meerkater und die Jungen. Überall merkwürdiger Hexenhausrat. Da drüben steht der Zauberspiegel. Er zeigt uns eine wunderschöne Frau. Wenn wir als Faust nahe hingehen, verschwimmt sie, entfernen wir uns etwas, gewinnt sie wieder Konturen. Sie übt hohe Faszination aus.«

---

3   Das Vorgehen lässt sich in etwa mit dem vergleichen, was Ingo Scheller das »Aufbauen des Raums« nennt (vgl. z.B. Scheller 1989, S. 113). Im Gegensatz zur Methode bei Scheller kommt es hier aber kaum auf Requisiten oder Ersatzgegenstände an; es geht vor allem um das Evozieren innerer Bilder, innerer Vorstellungen zum Raum. An konkreten Hilfen für die anschließende szenische Gestaltung werden, wie bereits erläutert, lediglich wenige Utensilien bereit gehalten: Ein Kästchen mit Schmuckstücken, ein Spiegel und ein leerer Rahmen, in bzw. »durch« den die Akteure als »Spiegel« bzw. als geistiges Gegenüber sprechen können.

Ab »wunderschöne Frau« erklingt die Arie »Dies Bildnis ...«. Die Erläuterung der Räumlichkeit »Hexenküche« und das Einspielen der Musik dienen der ersten Anregung von Imaginationsleistungen (optische und akustische Impulse). Auf ihr bauen nun szenische Etüden auf: das Ersinnen und Gestalten einer Spiegelrede in variierender Stimmgebung und damit Gestimmtheit; mögliche Reaktionen des »Faust« auf die Spiegelrede bzw. auf das, was er im Spiegel erblickt/zu erblicken glaubt. Mit etwa folgenden Worten leitet die Lehrkraft die Schülerinnen und Schüler zur szenischen Improvisation an:

> »Nacheinander treten einige von uns *hinter* den »Spiegel« (leerer Rahmen) und beginnen als dieser zu Faust zu sprechen: Was sagt der »Spiegel«? Wie sagt er es (verlockend, auffordernd, mahnend, warnend, verächtlich ...)? Gleichzeitig begibt sich jeweils jemand als Faust *vor* den »Spiegel« und reagiert auf die Spiegelrede. Wie antwortet/kommentiert er (Ungläubigsein, Fassungslosigkeit, anerkennendes Pfeifen, Anzüglichkeit, Kennerblick, Begierde, Resignation ...)?«

Im Anschluss an diese erste szenische Umsetzung setzen sich alle kurz und überlegen: Wen verkörpert die weibliche Gestalt im Spiegel? Die schöne Helena? Gretchen? Das Weibliche schlechthin? Was spricht wofür? Welche Motive des Spiegels kommen dabei in den Blick? Was bewirkt das Spiegelbild beim Betrachter Faust (noch hat er nicht den Verjüngungstrank genossen; noch ist er der alternde suchende Gelehrte)? Was kann das Spiegelbild für ihn verkörpern? Bzw.: Was spricht/ spricht nicht für die einzelnen Spielversionen? (Falls vorher das Modell zu Sherman durchgeführt wurde:) Gibt es Rückbezüge zur Unterrichtseinheit »Cindy Sherman« (Venusmotiv usw.)?

Bei der Erprobung erwogen die Schülerinnen und Schüler interessante Deutungsmöglichkeiten. U.a. kamen sie auf die Idee, dass die im Spiegel erscheinende Schönheit der Ausdruck unbewusster Wünsche und Projektionen Fausts sein könne. Für die Durchführung war ihnen wichtig, dass ihnen »im Spiegel«, also auf der anderen Seite des leeren Rahmens ein Akteur gegenüberstand. So hatten beispielsweise die Schülerinnen und Schüler, die sich in der Spiegelrede erprobten, einen Faustdarsteller als Ansprechpartner vor Augen.

2.2 Rede des schönen Weibes im Spiegel
Eingestimmt durch Goethes Skizze, die Musik und die ersten szenischen Improvisationen gehen die Schülerinnen und Schüler dem Spiegelbild weiter nach. Der

Einstieg »Spiegelrede« erfährt eine Intensivierung, indem das erscheinende schöne Weib nun selbst zu sprechen beginnt. Einzelne treten hinter den leeren Rahmen und orientieren sich an verschiedenen Vorgaben für eine Rede an Faust. Es spricht:

- der Inbegriff weiblicher Schönheit
- Gretchen, wie es Faust unbedarft und unbescholten gegenübertritt
- Gretchen, das bereits sein weiteres Schicksal (durch die Begegnung mit Faust) im Blick hat (Faszination, Verstrickung, Untergang ...; vgl. z.B. Gretchen am Spinnrad).

Unterstützend wird wiederum Mozarts Arie eingespielt, jeweils zunächst etwas lauter, dann zunehmend leise und die Redeeinlagen sanft begleitend.

»Übungen« dieser und ähnlicher Art können bereits ästhetische Qualitäten in einer basalen Form evozieren: Aisthesis in der Grundbedeutung, nämlich im Sinne der (geschärften) Perzeption, hier der Spiegelsituation bzw. des Spiegelbildes und der damit verbundenen Figurenbefindlichkeit. Eventuell verbindet sich damit auch schon eine intuitive Bewusstwerdung hinsichtlich des durchlebten Wahrnehmungsprozesses.Z.B.: Wie ist das, wenn Faust in der Hexenküche sich dem Spiegel nähert, wenn das Spiegelbild je nach Distanz oder Nähe erscheint oder (ver-)schwindet? Welche Verkörperungen des Spiegelbildes treten in Erscheinung? Ein jeweils nur kurzer Austausch im Gespräch bringt dabei einen mehr reflexiven Charakter »ins Spiel«, er führt das intuitiv Ausgedrückte und Erspürte ins (offene) Bewusstsein.

3. In-Szene-Setzen nach dem Prinzip der Variation und Verdichtung

Im Anschluss werden weitere solcher szenischen Gestaltungen durchgeführt, diese folgen noch deutlicher als die vorausgehenden dem Moment der Verdichtung. D. h. es kommt zu einem gesteigerten Ausdruck durch die Verschränkung von verschiedenen Phasen im Drama. Sie beziehen sich nun auf die Szene, in der Gretchen in ihrer Kammer vor dem Spiegel sitzt oder steht. Es werden z.B. die verschiedenen Stadien, die Gretchen in der Liebestragödie mit Faust durchlebt, auf die Episode des Schmuck-Anlegens vor dem Spiegel hin fokussiert, wie die drei szenischen Varianten im Folgenden zeigen. Die Stationen können aber auch noch stärker ausdifferenziert werden: Begegnung auf der Straße (rückblickend) – Wirkung des Schmucks (gegenwärtig) – das Liebesgeständnis im Garten – Gedanken am Spinnrad und »Gretchenfrage« – ungewollte Tötung der Mutter, Mitschuld am Tod des Bruders und Tötung des Kindes – Kerker (vorausschauend). Im Bedarfsfall greift die Lehrkraft hier noch einmal erläuternd Aspekte der eingangs geleisteten Einführung in das Drama, respektive in die Gretchentragödie auf.

3.1 Gretchen vor dem Spiegel in ihrer Kammer (Schmuckkästchen). Entdecken und Anlegen des Schmucks

a) Szenische Variante 1
Gretchen sitzt vor dem Spiegel. Jemand spricht für sie den Text (ab 2790 ff. in der Reclam-Ausgabe Goethe 1986: *Was ist das? Gott im Himmel!* ...) so, wie es von der Vorgeschichte her passend erscheint (vgl. Begegnung mit Faust auf der Straße aus Gretchens anfänglicher Perspektive und Selbstwahrnehmung heraus). Zum Ausdruck gebracht wird also die Bescheidenheit derer, die »weder Fräulein« noch »schön« ist. Die Gretchendarstellerin gestaltet dazu eine passende Pantomime. Die Aufteilung in die verbale und die nonverbale Umsetzung folgt der These, dass sich Sprecherin und Akteurin gegenseitig anregen und so eine besonders intensive Darstellung gelingen kann.

b) Szenische Variante 2
Gretchen sitzt vor dem Spiegel. Jemand spricht für sie wiederum den Text (ab 2790ff: *Was ist das? Gott im Himmel!* ...), nun aber so, wie es der Gegebenheit entspricht, dass zwar wiederum ein vornehmer Herr um sie buhlt, der Schmuck sie aber nun standesgleich macht/»adelt«. Die Gretchendarstellerin gestaltet dazu eine passende Pantomime.

c) Szenische Variante 3
Gretchen sitzt vor dem Spiegel. Jemand spricht für sie den Text (ab 2790ff: *Was ist das? Gott im Himmel!* ...) nun letztlich so, wie sie sich im Vorausblick als gestrandete und gescheiterte Figur sieht ... Das Faszinosum des Schmuckes, das die eigene Person so aufzuwerten schien, entlarvt sich nun als sprichwörtliches Teufelswerk. In Folge ihrer Verführbarkeit hat Gretchen Menschen auf dem Gewissen, ihr Leben ist zerstört. Der Monolog erfährt dadurch eine deutlich veränderte Gestimmtheit und Färbung (ganz besonders wohl in den letzten drei Zeilen).

3.2 Fingierte Rückerinnerung »Straßenszene«

In der Folge wird die Episode Gretchens vor dem Spiegel mit der ersten Begegnung zwischen Faust und Gretchen kombiniert

a) Szenische Variante 1

Gretchen sitzt vor dem »Spiegel« (leerer Rahmen). Sie hat den Schmuck noch nicht angelegt. Hinter dem »Spiegel« werden eine Schülerin und ein Schüler zum Standbild[4] als Gretchen und Faust bei der Begegnung auf der *Straße* »aufgebaut«, so wie sie Gretchen zunächst erlebt haben mag. Wie stehen die Akteure da? Körperhaltung, Arme, Hände, Beine, Blickrichtung, Gesichtsausdruck, Nähe/Distanz zueinander, Hoch-Tief-Verhältnisse? ... Es erklingen die Worte des kurzen Dialogs (»Mein schönes Fräulein ...«); der Sprecher/die Sprecherin kann sich dabei jeweils hinter die betreffende Figur stellen.

Anschließend improvisiert die Gretchendarstellerin einen kurzen Erinnerungsmonolog, in dem ihr ursprüngliches Selbstbild und ihr Eindruck von Faust in der Straßenszene zum Ausdruck kommt (Scheu, Abweisung, durchaus aber auch Faszination ...). Währenddessen bleiben die Standbildakteure auf der anderen Seite stehen, sodass die Sprecherin konkrete Anstöße für ihre Gedankenrede gewinnt.

b) Szenische Variante 2

Die Konstellation ist zunächst wie bei Variante 1. Jedoch hat Gretchen nun den Schmuck (Requisit) angelegt, Mephisto tritt hinter sie und fragt: »Nun, seid Ihr *wirklich* weder Fräulein, weder schön? Wie wolltet Ihr nun in diesem Glanze dem vornehmen Herrn entgegentreten?« Die Standbildakteure hinter dem Rahmen verändern entsprechend ihre Haltung oder werden von Standbildnern umgeformt (auch Fausts Position ändert sich, z.B. hinsichtlich der Hoch-Tief-Verhältnisse, denn es geht ja um die Wahrnehmung aus Gretchens Perspektive). Es erklingt wiederum der vierzeilige Dialog, wobei die Worte Gretchens eine veränderte stimmliche Gestaltung erfahren und wohl auch die Werbung Fausts in ihren Ohren einen anderen Klang annimmt. Vor dem »Spiegel« steht Gretchen und spricht wiederum einen kurzen »Erinnerungs«-Monolog, der aber durch den Schmuck und dessen Wirkung

---

4 Das Standbild (vgl. die Still-Taste bei Video bzw. DVD) oder »Tableau« ist eine Art lebendes Bild. Die Darsteller/innen formieren sich wie zu einer fotografischen Momentaufnahme (vgl. hierzu die im Haupttext folgenden konkreten Anleitungen). Die Akteure können sich dabei selbst »aufbauen«, sie können aber auch durch andere Schülerinnen und Schüler zu einer Figurenskulptur »geformt« werden. Auch dieser Terminus sowie die Alternative der so genannten »Statue« finden sich bei Ingo Scheller.

eine entschiedene Umdeutung erfährt (Gretchen fühlt sich »geadelt« ...; vgl. auch das modifizierte Standbild).

Es dürfte sich manifestieren, wie diese und ähnliche szenische Varianten die Bedeutung des Mediums Spiegel in den Blick rücken und seine Wirkkraft und Symbolik sich zur eindringlichen Erfahrung anreichern: In ihm sammeln sich erotische Anziehung, sexuelle Verführbarkeit, aber auch verschiedene Selbst- und Fremdbilder.

4. Die Verfilmung

Für die Verfilmung sollen sich die Schülerinnen und Schüler von dem Aspekt der Verdichtung, also den bereits »durchgespielten« Vorschlägen zur Verschränkung verschiedener Figuren, Situationen und Befindlichkeiten im Drama leiten lassen. Sie können Elemente aus dem Erprobten aufgreifen, dieses in der Gestaltung verfeinern und variieren und sich dadurch zu weiteren eigenen Ideen anregen lassen. Nach wie vor geht es darum, Schnittstellen aus dem Drama in die Spiegelepisoden einzubinden, sodass eine ästhetisch wirksame Verwebung von Figuren-, Raum- und Zeitkonstellationen entsteht. So können kleine filmische Episoden zu Stande kommen, die in nuce die Verführungstragödie im *Faust* »spiegeln«, dies in einer sinnlich und sinnhaft getragenen Erlebnisqualität.

Arbeitsanweisung für die filmische Inszenierung
Greifen Sie eine der Spiegelszenen auf und setzen Sie sie in eine Filminszenierung um. Es lassen sich natürlich auch zwei oder mehrere Szenen kombinieren. Sie können eine zusammenhängende Passage, eine Folge von Kurzeinspielungen/-episoden (evtl. jeweils Blende) oder auch eine Film-Collage schaffen. Orientieren Sie sich dabei, wenn Sie mögen, an den szenischen Vorübungen, oder nehmen Sie diese als Impuls für neue andere Ideen. Nicht zuletzt können Sie vielleicht auch Anregungen aus der Arbeit mit den Werken von Cindy Sherman integrieren.
Wichtig ist die Fokussierung auf das Medium bzw. das Motiv des Spiegels und seine (unterschiedliche) Wirkung bzw. Bedeutung. Damit sollen Sie spielen, indem Sie sich Möglichkeiten der Inszenierung zurechtlegen: Wann wird wohin »geblendet« (auf eine Figur, auf ihr Spiegelbild, auf das, was sie vor ihrem inneren Auge im Spiegel sieht ...)? Eine entscheidende Rolle nimmt der Einsatz der Kamera ein (Einstellungsgrößen, Perspektiven, evtl. Schnitte). Vergessen Sie dabei nicht akustische Möglichkeiten (... bis dahin, dass ein Spiegel ja z.B. auch einen »Widerhall«, ein »Echo« geben kann). Gehen Sie hinsichtlich der Darstellung durch die Akteure, der

Bildansicht, der Kameraführung, des Musikeinsatzes usw. und ihrer Wirkung möglichst experimentierend vor (Überprüfung am Monitor).

Benötigte Geräte und Utensilien:
Kamera, Monitor, CD-Player, CD »Dies Bildnis ist bezaubernd schön ...« (Mozart), Spiegel, leerer Rahmen.
Textauszüge (siehe Material), Ausgabe des *Faust*.

Erweiterungsmöglichkeit: Gretchen *(Faust I)* – Marie *(Woyzeck)*
Im Sinne der Intertextualität (hier nun nicht *Intra*textualität) lässt sich an die Durchführung zum *Faust I*, respektive zur Spiegelszene mit Gretchen, ein kurzer Bezug zur Situation der Marie in Büchners *Woyzeck* herstellen. Auch sie hat Schmuck (Ohrringe) bekommen, nicht etwa vom armen Woyzeck, dem Vater ihres Kindes, sondern von einem schneidigen Tambourmajor, der ihr schöne Augen macht. Auch sie probiert diesen Schmuck in ihrer Kammer vor dem Spiegel an. Stärker noch als bei Gretchen manifestiert sich hier die niedrige soziale Stellung der Marie. Sie erblickt ihr Bild in einem Spiegel*scherben,* was Einfluss auf die Selbstwahrnehmung nehmen dürfte. Und anders als Gretchen steht sie zwischen zwei Männern, das Anprobieren der Ohrgehänge markiert den Übergang zur Untreue. Als Woyzeck unerwartet den Raum betritt, versucht Marie spontan die Ohrringe zu verbergen. In Anknüpfung an die Durchführung zu den Spiegelszenen im *Faust* und als mögliche Überleitung zur Bearbeitung des Textes von Sibylle Berg (Modell von Pfäfflin, S. 233) ist die methodische Idee hier, Maries zwiespältiger Verfassung bzw. »gemischten Gefühlen« sowie wiederum der verführerischen Wirkung des Spiegelbildes durch Varianten der Rede nachzuspüren. Marie betrachtet sich in dem Spiegelstück und spricht ihren Text unter jeweiliger Veränderung von Haltung, Bewegung, Mimik (siehe Kopiervorlage: »MARIENS KAMMER«):

- kokett
- stolz/mit neuem Selbstbewusstsein
- aufgeregt
- kampfeslustig
- erschreckt
- verschämt
- ...

Anschließend besprechen die Darsteller/innen sowie die Betrachter/innen, was sich bei den Varianten jeweils verändert hat und welche Version(en) besonders einleuchtet/n. Es sind – auch im Hinblick auf das ganze Stück – durchaus ambivalente Haltungen der Figuren denkbar. Dass keine stereotype Eindeutigkeit gegeben ist, gehört auch hier zur literarischen Qualität des Dramas.

Zusätzliche Erweiterungsmöglichkeiten

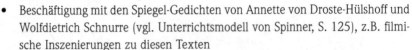
- Beschäftigung mit den Spiegel-Gedichten von Annette von Droste-Hülshoff und Wolfdietrich Schnurre (vgl. Unterrichtsmodell von Spinner, S. 125), z.B. filmische Inszenierungen zu diesen Texten
- Vergleich Faust/Gretchen mit Professor Unrat/Lola im Film »Der blaue Engel« (vgl. das folgende Modell von Czerny/Fellenberg, S. 189)

Literatur

Büchner, Georg: Woyzeck. Leonce und Lena. Stuttgart 1993

Gaier, Ulrich: Erläuterungen und Dokumente. Johann Wolfgang Goethe: Faust. Der Tragödie Erster Teil. Stuttgart 2001

Goethe, Johann Wolfgang: Faust. Der Tragödie erster Teil. Stuttgart 1986

Scheller, Ingo: Wir machen unsere Inszenierungen selber (I). Szenische Interpretation von Dramentexten. Universität Oldenburg 1989

Kopiervorlagen

Goethes Skizze der Hexenküche. Aus: Maisak, Petra: Johann Wolfgang Goethe, Zeichnungen. Stuttgart: Reclam 1996, S. 77.

1. Johann Wolfgang Goethe: *Faust I*, 2429 ff.
(Hexenküche)

FAUST, *welcher diese Zeit über vor einem Spiegel gestanden, sich ihm bald genähert, bald sich von ihm entfernt hat.*
Was seh ich? Welch ein himmlisch Bild
Zeigt sich in diesem Zauberspiegel!
O Liebe, leihe mir den schnellsten deiner Flügel
Und führe mich in ihr Gefild!
Ach, wenn ich nicht auf dieser Stelle bleibe,
Wenn ich es wage, nah zu gehn,
Kann ich sie nur als wie im Nebel sehn! –
Das schönste Bild von einem Weibe!
Ist's möglich, ist das Weib so schön?
Muss ich an diesem hingestreckten Leibe
Den Inbegriff von allen Himmeln sehn?
So etwas findet sich auf Erden?

Zitiert nach: Goethe, Johann Wolfgang: Der Tragödie erster Teil. Stuttgart: Reclam 1986, S. 69.

2. Johann Wolfgang Goethe: *Faust I*, 2605ff.
(Straße)

FAUST, MARGARETE *vorübergehend.*
FAUST. Mein schönes Fräulein, darf ich wagen,
Meinen Arm und Geleit ihr anzutragen?
MARGARETE.
Bin weder Fräulein, weder schön,
Kann ungeleitet nach Hause gehn.
(Sie macht sich los und ab.)

Zitiert nach: Goethe, Johann Wolfgang: Faust. Der Tragödie erster Teil. Stuttgart: Reclam 1986, S. 75.

3. Johann Wolfgang Goethe: *Faust I*, 2783 ff.
(Abend. Ein kleines reinliches Zimmer)

MARGARETE
[...]
Sie eröffnet den Schrein, ihre Kleider einzuräumen, und erblickt das Schmuckkästchen.
Wie kommt das schöne Kästchen hier herein?
Ich schloss doch ganz gewiss den Schrein.
Es ist doch wunderbar! Was mag wohl drinne sein?
Vielleicht braucht's jemand als ein Pfand,
Und meine Mutter lieh darauf.
Da hängt ein Schlüsselchen am Band -
Ich denke wohl, ich mach es auf!
Was ist das? Gott im Himmel! Schau,
So was hab ich mein' Tage nicht gesehn!
Ein Schmuck! Mit dem könnt eine Edelfrau
Am höchsten Feiertag gehen.
Wie sollte mir die Kette stehn?
Wem mag die Herrlichkeit gehören?
(Sie putzt sich damit auf und tritt vor den Spiegel.)
Wenn nur die Ohrring' meine wären!
Man sieht doch gleich ganz anders drein.
Was hilft euch Schönheit, junges Blut?
Das ist wohl alles schön und gut,
Allein man lässt's auch alles sein;
Man lobt euch halb mit Erbarmen.
Nach Golde drängt,
Am Golde hängt
Doch alles! Ach, wir Armen!

Zitiert nach: Goethe, Johann Wolfgang: Faust. Der Tragödie erster Teil. Stuttgart: Reclam 1986, S. 80f.

4. Georg Büchner: *Woyzeck*
(MARIENS KAMMER)

Marie *(sitzt, ihr Kind auf dem Schoß, ein Stückchen Spiegel in der Hand).* Der andre hat ihm befohlen, und er hat gehen müssen! *(Bespiegelt sich.)* Was die Steine glänzen! Was sind's für? Was hat er gesagt? – Schlaf, Bub! Drück die Auge zu, fest! *(Das Kind versteckt die Augen hinter den Händen.)* Noch fester! Bleib so – still, oder er holt dich! *(Singt:)*

> Mädel, mach's Ladel zu,
> 's komm e Zigeunerbu,
> Führt dich an deiner Hand
> Fort ins Zigeunerland.

(Spiegelt sich wieder.) 's ist gewiß Gold! Wie wird mir's beim Tanz stehen? Unsereins hat nur ein Eckchen in der Welt und ein Stückchen Spiegel, und doch hab ich ein' so roten Mund als die großen Madamen mit ihren Spiegeln von oben bis unten und ihren schönen Herrn, die ihnen die Händ küssen. Ich bin nur ein arm Weibsbild. – *(Das Kind richtet sich auf.)* Still, Bub, die Auge zu! Das Schlafengelchen! Wie's an der Wand läuft *(sie blinkt mit dem Glas)* – die Auge zu, oder es sieht dir hinein, daß du blind wirst! *(Woyzeck tritt herein, hinter sie. Sie fährt auf, mit den Händen nach den Ohren.)* [...]

Zitiert nach: Büchner, Georg: Woyzeck. Leonce und Lena. Stuttgart: Reclam 1993, S. 13f.

3.11 Spiegelbilder zwischen Wunsch und Wirklichkeit
Eine Unterrichtseinheit zum Film »Der blaue Engel«

Gabriele Czerny und Monika Fellenberg

Intention

»Der blaue Engel«[1] gehört zu den Filmklassikern des letzten Jahrhunderts, dessen Lieder heute noch bekannt sind. Für das Rahmenthema »Gesicht, Maske, Person – Selbstbild, Spiegelbild, Fremdbild« ist der Film interessant, weil im Mittelpunkt der Identitätsverlust der männlichen Hauptfigur steht und weil Gesichtsausdruck und Verwandlung des Gesichts durch Schminken ein wesentliches Gestaltungsmittel mit zeichenhafter Bedeutung sind. Das Spiegelmotiv, das in den Unterrichtsvorschlägen dieses Bandes immer wieder vorkommt, spielt auch hier eine Rolle.

Die folgenden Unterrichtsvorschläge zielen darauf, die im Film angesprochenen Themen der Selbstdarstellung und des Selbstverlustes vorstellungsmäßig lebendig werden zu lassen und ein genaueres Wahrnehmen und Verstehen der darstellerischen Mittel, mit denen der Film diese Thematik zum Ausdruck bringt, zu fördern. Methodisch wird eine (wechselseitig sich inspirierende) Verbindung von Filmrezeption und szenischem Darstellen vorgeschlagen. Fremderfahrung und Selbstreflexion sollen angeregt und aufeinander bezogen werden.

Inhalt

Sternbergs Film »Der Blaue Engel« basiert auf dem Roman »Professor Unrat« von Heinrich Mann. Allerdings ist die Geschichte für den Film gekürzt und das Ende verändert. Nur bis zur Hochzeit zwischen Lola und dem Professor hält sich der Film an die literarische Vorlage. Auch die Charaktere der Personen wurden umgeschrieben: Emil Jannings spielt die Figur Raats, der nur »Unrat« genannt wird, als despotischen, kontaktarmen Junggesellen. In der Schule tyrannisiert er seine Schüler mit Shakespeare-Dramen, zu Hause betrachtet er die konfiszierten Lola-Postkarten seiner Schüler. Er besucht das Etablissement »Der blaue Engel« und will herausfinden, warum sich seine Schüler so sehr für die Dame Lola (Marlene Dietrich) interessieren.

---

1 Filmische Daten: Erstaufführung: 1.4. 1930, Produktionsfirma: Ufa, Produktion: Erich Pommer, Regie Josef von Sternberg, Vorlage: Heinrich Mann: Professor Unrat, Drehbuch: Carl Zuckmayer, Musik: Fiedrich Hollaender, Darsteller: Emil Jannings (Prof. Immanuel Raat), Marlene Dietrich (Lola Lola), Kurt Gerron (Kiepert), Rosa Valetti (Guste Kiepert), Hans Albers (Mazeppa) Quelle: Lexikon des internationalen Films 2000/2001 (CD-ROM) Copyright 2000 Net World Vision GmbH, München.

Nachdem sie »Ich bin von Kopf bis Fuß auf Liebe eingestellt« gesungen hat, weiß er es. Fasziniert und verwirrt folgt er Lola in die Garderobe. Er unterliegt ihren Verführungskünsten und beginnt ein Verhältnis mit ihr. In der Schule machen sich die Schüler über ihn lustig und stellen ihn bloß. Als sich der Professor zu Lola bekennt, wird er entlassen. Die beiden heiraten. Arbeitslos geworden nimmt er nun an der Tournee Lolas teil und verkauft ihre Autogrammkarten. Später, als seine Ersparnisse aufgebraucht sind, tritt er selbst als Clown auf. Der Direktor der Truppe (Kurt Gerron) arrangiert schließlich eine Vorstellung in Unrats Heimatstadt, weil er sich ein gutes Geschäft mit dem zum Hanswurst degradierten Professor verspricht. Es kommt zum Eklat. Gedemütigt und wie von Sinnen stürzt Unrat vor der grölenden Menge von der Bühne, während Lola bereits mit einem neuen Verehrer (Hans Albers) beschäftigt ist. Er schleppt sich durch die Straßen seiner alten Heimatstadt, bis er seine ehemalige Schule erreicht. In seinem alten Klassenzimmer bricht er schließlich tot zusammen. Im Gegensatz zur »Künstlerin Rosa« in Manns Roman bleibt Lola auch nach ihrer Heirat mit Raat Sängerin. Sie verkörpert den Typus eines Vamps, dessen ganze Erscheinung aus Lust und Sinnlichkeit besteht. Lola ist vor allem an Unrats Vermögen interessiert. Nachdem sein Geld aufgebraucht ist, verschwindet auch ihre Zuneigung zu Raat. Seine unterwürfige Liebe nützt sie aus und erniedrigt ihn, wo immer sie kann, und betrügt ihn mit dem Artisten Mazeppa.

Aus der Gesellschaftssatire Heinrich Manns ist ein filmisches Melodram geworden, in dessen Mittelpunkt der Gymnasialprofessor Unrat steht. Vom Aufbau her folgt es der klassischen Tragödie:

1. Exposition: Der Zuschauer wird in das Leben von Prof. Unrat und seine Umgebung (Stadt und Schule) eingeführt.
2. Ereignis: Prof. Unrat spioniert seinen Schülern nach. Er lernt Lola kennen.
3. Klärung: Höhepunkt der Hauptfigur; Unrat wird entlassen und heiratet Lola. Das bedeutet für Unrat Befreiung aus der Schule und zugleich begibt er sich in eine neue Unfreiheit, indem er sich Lola und ihren Launen unterwirft.
4. Wende: Niedergang: Unrat tingelt mit der Truppe durch Kneipen und tritt als Clown auf.
5. Untergang der Hauptfigur: Unrat wird zum Auftritt im »Blauen Engel« gezwungen, dreht durch und stirbt in seiner alten Schule.

Figuren
Lola ist Sängerin in einem Nachtlokal und gehört zu einer gesellschaftlichen Randgruppe. Sie verfügt über erotische Ausstrahlung und ist sich ihres Körpers, der gleich-

zeitig ihr Kapital darstellt, bewusst. Ihre Wirkung auf Männer setzt sie frech und skrupellos für ihre Vorteile ein. Damit verkörpert sie den Frauentyp der emanzipierten Femme fatale, die in ihrem Milieu nicht untergeht: Nicht sie ist in der Opferrolle, sondern die Männer werden ihre Opfer. Sie weiß, was sie tut, und sie tut nichts ohne Berechnung. So erscheint ihr die Heirat mit Unrat zunächst reizvoll, da sie darin eine Chance sieht, eine »respektable« Frau zu werden. Doch Unrats Vermögen ist schnell aufgebraucht und damit verliert er auch ihre Achtung. Sie erniedrigt ihn, stellt ihn bloß und macht sich in aller Öffentlichkeit über ihn lustig. Unrat gehört zur bürgerlichen Gesellschaft. Als Gymnasialprofessor genießt er zwar Ansehen, wenn auch keine Akzeptanz bei seinen Schülern. Er lebt allein mit einer Haushälterin. In der Frühstücksszene am Anfang des Films findet Unrat seinen Vogel tot im Käfig. Er nimmt ihn vorsichtig in die Hand und steht verstört da, bis ihm seine resolute Haushälterin den Vogel abnimmt und ihn mit den Worten »Na, gesungen hat der sowieso nicht mehr« ins Ofenfeuer wirft. Der Vogel symbolisiert die Situation des Professors, da auch er in sich gefangen, ohne Lebensfreude und innerlich gestorben ist. Unrat ist verklemmt, linkisch und unsicher, was er durch sein tyrannisches Verhalten seinen Schülern gegenüber überspielt. Erotik und Sinnlichkeit sind für ihn ein Tabu im Gegensatz zu Lola, die die Spielregeln ihres Metiers kennt. Von daher gesehen hat die Figur Lola die Aufgabe, die Spießigkeit und Verklemmtheit der Figur Unrat zu entlarven.

Themen
Vor dem Hintergrund des Rahmenthemas »Gesicht, Maske, Person – Selbstbild, Spiegelbild, Fremdbild« gewinnt die Auseinandersetzung mit dem Film für Schülerinnen und Schüler in der Pubertät und Adoleszenz besondere Aktualität, da in dieser Lebensphase, aufgrund der geschlechtlichen Reife und des damit verbundenen Übergangs in das Erwachsenenalter, alle bisherigen Identifikationen besonders in Frage gestellt werden (Erikson 1973, S. 106 f.). Erikson beschreibt, dass bei den Heranwachsenden »eine Zersplitterung des Selbstbildes, [...] ein Verlust der Mitte, ein Gefühl von Verwirrung und in schweren Fällen die Furcht vor völliger Auflösung« (Erikson 1973, S. 154) eintreten könne.
Die Figuren des Films spiegeln für heutige Jugendliche in verfremdender Weise die Identitätsproblematik. Die überzeichnete Figur des Unrat konfrontiert sie mit dem Thema der Sexualität, die ein wesentlicher Aspekt der Identitätsentwicklung in Pubertät und Adoleszenz ist. In der Begegnung mit Lola wagt es Unrat, seine Gefühle zu äußern, welche er bislang hinter der Maske des korrekten und strengen Gymnasialprofessors verborgen hat. Im Zusammenspiel mit Lola entdeckt er die triebhaften Bedürfnisse, die er bislang unterdrückt hat. Diese Erfahrung kann er

aber nicht sinnvoll in seine persönliche und soziale Identität integrieren; er verliert sich zusehends selbst und wird in den Augen der anderen zur lächerlichen Gestalt.

Spiegelfunktion

Die Bedeutung des Spiegels im »Blauen Engel« kann von den Schülern und Schülerinnen sowohl auf Lola als auch auf Unrat bezogen und untersucht werden. Der Spiegel taucht im Film an mehreren Stellen auf. In der Garderobe von Lola stehen drei Spiegel nebeneinander, rückwärtige Fenster unterstützen den Spiegeleffekt. Unrat trifft Lola zum ersten Mal in ihrer Garderobe, als sie vor dem Spiegel sitzt und sich abschminkt. Sie nimmt wenig Notiz von ihm und lässt sich in ihrer Tätigkeit auch nicht stören. Beim zweiten Besuch wird Unrat Zeuge, wie sie sich für die Aufführung schminkt. Er sitzt neben ihr und reicht ihr die Schminkutensilien. Sie flirtet mit ihm, immer mit dem Blick zum Spiegel, und bläst ihm Puder ins Gesicht. Mit Hilfe des Spiegels verwandelt sich Lola in ihre Rolle als Sängerin und als Femme fatale. Bei Unrat kommt dem Spiegel eine andere Aufgabe zu: Der Spiegel wird zum Medium der Verunsicherung (Unrats erster Blick in den Spiegel ist verstohlen), der Demaskierung und der Verwandlung ins Clowneske.

Dem Spiegel kommen so im Film mehrere Funktionen zu. Er lenkt die Aufmerksamkeit der Zuschauer auf die Persönlichkeit der Figuren und macht deren Veränderung sichtbar. Er verdeutlicht den Versuch der Figuren, sich selbst zu erkennen, und dient der Maskierung. In der gespiegelten Mimik macht er wie in einem Vergrößerungsglas die Emotionen der Figuren sichtbar.

Realisierung im Unterricht

Für die Durchführung werden benötigt:

- Film »Der blaue Engel«
- evtl. Folien mit Bildausschnitten aus dem Film
- Handspiegel (am besten von den Schülerinnen und Schülern mitbringen lassen)
- Theaterschminke
- Requisiten für die szenische Darstellung, z.B. Federboa, Zylinder

Die Schülerinnen und Schüler sollen das Verhalten, die Einstellungen und den Habitus der Figuren Lola und Unrat erkunden und in einer szenischen Improvisation ausdrücken. Der Beschäftigung mit dem Film werden theaterpädagogische Übungen vorangestellt, die Einfühlung und Distanznahme unterstützen sollen. Sie fördern subjektive Stellungnahme und mobilisieren die Fähigkeit, eigene Deutungen

und Gestaltungen zu entwickeln. Zugleich werden hier mit Spiegel und Schminke bereits Utensilien verwendet, die im Film eine Rolle spielen.
Für die Unterrichtseinheit werden drei bis vier Unterrichtsstunden anberaumt.

Für die erste Übung suchen sich die Schülerinnen und Schüler einen Platz im Raum; den Handspiegel nehmen sie mit. Zur Einstimmung auf das eigene Spiegelbild streichen sie zunächst ihr Gesicht aus: Sie massieren und kneten es. Daran schließt sich eine Selbstbetrachtung im Spiegel an, die durch Impulse seitens der Lehrkraft unterstützt wird, mit dem Ziel, dass die Schüler Emotionen, die sich im Gesicht spiegeln, wahrnehmen.

> **Ü1: Ich betrachte mich im Spiegel**
> *Ziel: Selbstwahrnehmung*
> Nimm dir für die folgende Übung Zeit und Ruhe. Betrachte dich im Spiegel. Was siehst du? Was für Gedanken gehen dir durch den Kopf?
> Auch wenn es dir vielleicht schwer fällt, halte es aus. Lächle dich an. Probiere jetzt verschiedene Grimassen aus.
> Nimm dann wieder ein »Neutralgesicht« ein. Erinnere dich jetzt an Situationen, in denen du traurig, glücklich, aggressiv, angespannt usw. warst.

Daran schließt sich eine Reflexionsphase an, in der die Schülerinnen und Schüler ihre Erfahrungen den anderen mitteilen. Die nun folgenden Übungen gelten der Frage »Wie werde ich von anderen wahrgenommen?«. In der Übung »Auf dem Laufsteg« stellen sich die Schülerinnen und Schüler in einer Reihe auf und gehen dann wie auf einem Laufsteg auf und ab mit verschiedenen Intentionen. Sie werden ermutigt, ihre Bewegungen und ihren Ausdruck auch zu übertreiben. Daran schließt sich eine Verwandlungsübung an. Dazu erhalten die Schülerinnen und Schüler Schminkutensilien, mit denen sie unterschiedliche Wirkungen ausprobieren. Sie machen sich schön, sie verfremden sich und spielen so mit Nähe und Distanz zum eigenen Gesicht. An jede Übung schließt sich wiederum eine kurze Reflexionsphase an.

Ü2: Auf dem Laufsteg

Ziel: Selbstwahrnehmung durch Fremdwahrnehmung

Stellt euch in einer Reihe auf. Der erste beginnt damit, sich so zu präsentieren, wie er am liebsten von anderen gesehen werden will. Wenn er etwa in der Mitte des Raumes ist, geht der nächste los.

Die nächste Aufgabe ist, euch so zu präsentieren, wie ihr denkt, dass andere euch sehen. Wenn du glaubst, deine Mitschüler denken, du seist eher schüchtern, dann zeige ihnen den Schüchternen.

Bei einem dritten Gang über den Laufsteg sollen euch die Mitschüler verschiedene Impulse zurufen, die ihr in eure Haltung und Bewegung aufnehmt, z.B. der Stolze, die Unschlüssige usw.

Ü3: Ich verwandle mich

Ziel: Selbstwahrnehmung durch Veränderung

Nehmt wieder euren Handspiegel. Ihr habt jetzt die Aufgabe, euch mit Hilfe der Schminkutensilien zu verwandeln. Probiert die beiden folgenden Varianten aus:

- »Ich verwandle mich – ich mache mich schön.«
- »Ich entferne mich – ich übertreibe, ich reduziere, ich verfremde.«

Nun folgt die Vorstellung der beiden Filmfiguren Lola und Unrat. Man kann den kompletten Film, einzelne Szenen oder nur ausgewählte Stand-by-Bilder zeigen. In der Erprobung haben wir uns für Letzteres entschieden, damit der Focus auf die Funktion des Spiegels gerichtet wird und der Anschluss an die vorangegangenen Übungen mit dem Spiegel deutlich wird. Wir haben fünf Standbilder, die Lola und Unrat vor dem Spiegel zeigen, auf Folie kopiert. Die Schülerinnen und Schüler erhalten arbeitsteilige Gruppenaufgaben zu je einem der Bilder, mit dem Ziel, sich in die dargestellte Figur einzufühlen und einen inneren Monolog der Figur oder einen Dialog zu schreiben. An die Arbeitsphase schließt sich eine Präsentationsphase an, in der die Schüler die Situation des Bildes nachstellen und laut ihren inneren Monolog sprechen.

Ü4: Einführung der Figuren

Ziel: Einfühlung durch Imagination

Gruppe 1: Zwei Folien: Unrat verwandelt sich in einen Clown
Schreibauftrag: Versetzt euch in diesen Mann und formuliert seine Gedanken in der dargestellten Situation.
Gruppe 2: Lola schminkt sich – Unrat sieht zu

> *Schreibauftrag:* Versetzt euch in diesen Mann und diese Frau und formuliert einen Dialog.
> *Gruppe 3:* Unrat schaut in drei kleine Spiegel
> *Schreibauftrag:* Versetzt euch in diesen Mann und formuliert seine Gedanken beim Blick in die drei Spiegel.
> *Gruppe 4:* Unrat steht vor einem großen Spiegel
> *Schreibauftrag:* Versetzt euch in diesen Mann: Was ist er im Begriff zu tun? Was denkt er dabei? Schreibt seine Gedanken auf.

Im Anschluss daran werden längere Filmausschnitte gezeigt. Hierzu erhalten die Schüler arbeitsteilige Aufgaben, die dann im Unterrichtsgespräch besprochen werden:
- Wie verhält sich Lola gegenüber dem Spiegel, dem Publikum, den Schülern, dem Direktor, gegenüber Unrat und Mazeppa?
- Welche Seite des Lebens führt Lola Unrat vor?
- Welche Entwicklung macht Lola im Laufe des Films durch?
- Wie verhält sich Raat gegenüber seinen Schülern, seinem Vogel, seiner Haushälterin, gegenüber Lola und dem Direktor?
- Welche Entwicklung macht Raat im Laufe des Films durch?

Nach diesem interpretierenden Zugang erfolgt eine Figurencharakterisierung durch Rolleninterviews. Ausgangspunkt ist die Filmszene, in der Unrat während der Bühnenvorstellung Postkarten von Lola im Publikum verkauft. Die Szene zeigt, welche Demütigungen Unrat durch Lola erfährt.

> **Ü5: Figurencharakterisierung durch Rolleninterview**
> *Ziel: Wahrnehmen und Beurteilen der Figuren*
> Betrachtet die folgende Filmszene aus der Perspektive von Lola und Unrat. Im Anschluss spielt ihr ein Interview; als Lola bzw. Unrat werdet ihr von einem Reporter zu eurer Ehe, euren Wünschen und Plänen für die Zukunft befragt.

Diese Figurencharakterisierung wird durch ein szenisches Spiel weiter vertieft. Ausgangspunkt ist die Filmszene, in der der Direktor Lola und Unrat verkündet, dass sie nach langer Zeit wieder im »Blauen Engel« auftreten werden. Das Spiel kann als Improvisation im Halbkreis erfolgen; das gibt den Schülerinnen und Schülern die Möglichkeit, unmittelbar in die Szene einzugreifen. Unterstützend kann man Requisiten für die Figurenverkörperung zur Verfügung stellen. Im Spiel probieren die Schülerinnen und Schüler verschiedene Varianten aus, wie sie als Lola oder Unrat auf den Vorschlag des Direktors reagieren könnten.

> **Ü6: Szenisches Spiel**
> *Ziel: Handeln in Situationen*
> Setzt euch alle in einen Halbkreis mit Blick auf die Bühne. Stellt euch vor, ihr würdet als Lola und als Unrat vor die Entscheidung gestellt, nächste Woche wieder im »Blauen Engel« auftreten zu müssen. Was für Gedanken gehen euch durch den Kopf? Wie würdet ihr euch entscheiden?
> Ihr könnt auf die Bühne gehen, allein oder zu zweit, und die Szene weiterspielen. Dabei gilt als Spielregel: Jede Figur kann durch »Ausschnipsen« abgelöst werden, der »Ausschnipsende« spielt dann die Situation weiter.

Zum Abschluss der Einheit erfolgt eine Reflexion über den Unterrichtsverlauf. Bei der Erprobung machten die Schüler in diesem Gespräch deutlich, dass sie bei den theaterpädagogischen Übungen wegen mangelnder Vertrautheit mit diesen Methoden zunächst unsicher waren, sie sich aus Neugier, aber auch wegen des einleuchtenden Zusammenhanges darauf einließen. Die Übungen zur Selbstwahrnehmung erleichterten es ihnen, sich in die Thematik des Films und die Figuren besser einzufühlen. Der Film wäre ihnen sonst in seiner traditionellen Machart (keine schnellen Schnitte, schwarz-weiß) schwer zugänglich gewesen, da er ihren Sehgewohnheiten nicht mehr entspricht.

Erweiterungsmöglichkeiten

Szenische Etüden, wie sie im Modell von Czerny/Spinner (S. 111) dargestellt sind, eignen sich als Vorlauf für die szenische Interpretation, die hier zum Film »Der blaue Engel« vorgeschlagen wird.

Interessant ist ein Vergleich mit der Gretchentragödie (»Faust«). Im Modell von Köppert zu diesem Drama (S. 169) werden ebenfalls szenische Verfahren vorgeschlagen.

Literaturhinweise

Czerny, Gabriele: Laterna Magica : Liebe Schwarz - Weiß – alte Filme on stage. Bericht über ein Theater-Film Projekt. In: Spiel und Theater. Die Zeitschrift für Theater von und mit Jugendlichen. H. 173, 2004, S. 6-13

Czerny, Gabriele: Theaterpädagogik: Ein Ausbildungskonzept im Horizont personaler ästhetischer und sozialer Dimension. Augsburg 2004

Erikson, Erik H.: Identität und Lebenszyklus.Frankfurt am Main 1973

Jenisch, Jakob: Der Darsteller und das Darstellen. Grundbegriffe für Praxis und Pädagogik. Berlin 1996

Jenisch, Jakob: Methoden der szenischen Spielfindung. Köln 1991

Kunz, Marcel: Spieltext und Textspiel. Szenische Verfahren im Literaturunterricht der Sekundarstufe II. Seelze 1997

Scheller, Ingo: Szenische Interpretation von Literatur – Qualifikationen von DeutschlehrerInnen. In: Korrespondenzen. H.33, 1999, S. 41-45.

Spinner, Kaspar H. : Vorwort. In: Kunz, Marcel: Spieltext und Textspiel. Szenische Verfahren im Literaturunterricht der Sekundarstufe II.. Seelze 1997, S. 7-9

Kopiervorlagen

Ü1: Ich betrachte mich im Spiegel
Ziel: Selbstwahrnehmung
Nimm dir für die folgende Übung Zeit und Ruhe. Betrachte dich im Spiegel. Was siehst du? Was für Gedanken gehen dir durch den Kopf? Auch wenn es dir vielleicht schwer fällt, halte es aus.Lächle dich an. Probiere jetzt verschiedene Grimassen aus.
Nimm dann wieder ein »Neutralgesicht« ein. Erinnere dich jetzt an Situationen, in denen du traurig, glücklich, aggressiv, angespannt usw. warst.

Daran schließt sich eine Reflexionsphase an, in der die Schülerinnen und Schüler ihre Erfahrungen den anderen mitteilen. Die nun folgenden Übungen gelten der Frage »Wie werde ich von anderen wahrgenommen?«. In der Übung »Auf dem Laufsteg« stellen sich die Schülerinnen und Schüler in einer Reihe auf und gehen dann wie auf einem Laufsteg auf und ab mit verschiedenen Intentionen. Sie werden ermutigt, ihre Bewegungen und ihren Ausdruck auch zu übertreiben. Daran schließt sich eine Verwandlungsübung an. Dazu erhalten die Schülerinnen und Schüler Schminkutensilien, mit denen sie unterschiedliche Wirkungen ausprobieren. Sie machen sich schön, sie verfremden sich und spielen so mit Nähe und Distanz zum eigenen Gesicht. An jede Übung schließt sich wiederum eine kurze Reflexionsphase an.

Ü2: Auf dem Laufsteg
Ziel: Selbstwahrnehmung durch Fremdwahrnehmung
Stellt euch in einer Reihe auf. Der erste beginnt damit, sich so zu präsentieren, wie er am liebsten von anderen gesehen werden will. Wenn er etwa in der Mitte des Raumes ist, geht der nächste los.
Die nächste Aufgabe ist, euch so zu präsentieren, wie ihr denkt, dass andere euch sehen. Wenn du glaubst, deine Mitschüler denken, du seist eher schüchtern, dann zeige ihnen den Schüchternen.
Bei einem dritten Gang über den Laufsteg sollen euch die Mitschüler verschiedene Impulse zurufen, die ihr in eure Haltung und Bewegung aufnehmt, z.B. der Stolze, die Unschlüssige usw.

Ü3: Ich verwandle mich
Ziel: Selbstwahrnehmung durch Veränderung
Nehmt wieder euren Handspiegel. Ihr habt jetzt die Aufgabe, euch mit Hilfe der Schminkutensilien zu verwandeln. Probiert die beiden folgenden Varianten aus:
- »Ich verwandle mich – ich mache mich schön.«
- »Ich entferne mich – ich übertreibe, ich reduziere, ich verfremde.«

Ü4: Einführung der Figuren
Ziel: Einfühlung durch Imagination
Gruppe 1: Zwei Folien: Unrat verwandelt sich in einen Clown
Schreibauftrag: Versetzt euch in diesen Mann und formuliert seine Gedanken in der dargestellten Situation.
Gruppe 2: Lola schminkt sich – Unrat sieht zu
Schreibauftrag: Versetzt euch in diesen Mann und diese Frau und formuliert einen Dialog.
Gruppe 3: Unrat schaut in drei kleine Spiegel
Schreibauftrag: Versetzt euch in diesen Mann und formuliert seine Gedanken beim Blick in die drei Spiegel.
Gruppe 4: Unrat steht vor einem großen Spiegel
Schreibauftrag: Versetzt euch in diesen Mann: Was ist er im Begriff zu tun? Was denkt er dabei? Schreibt seine Gedanken auf.

Ü5: Figurencharakterisierung durch Rolleninterview
Ziel: Wahrnehmen und Beurteilen der Figuren
Betrachtet die folgende Filmszene aus der Perspektive von Lola und Unrat. Im Anschluss spielt ihr ein Interview; als Lola bzw. Unrat werdet ihr von einem Reporter zu eurer Ehe, euren Wünschen und Plänen für die Zukunft befragt. Diese Figurencharakterisierung wird durch ein szenisches Spiel weiter vertieft. Ausgangspunkt ist die Filmszene, in der der Direktor Lola und Unrat verkündet, dass sie nach langer Zeit wieder im »Blauen Engel« auftreten werden. Das Spiel kann als Improvisation im Halbkreis erfolgen; das gibt den Schülerinnen und Schülern die Möglichkeit, unmittelbar in die Szene einzugreifen. Unterstützend kann man Requisiten für die Figurenverkörperung zur Verfügung stellen. Im Spiel probieren die Schülerinnen und Schüler verschiedene Varianten aus, wie sie als Lola oder Unrat auf den Vorschlag des Direktors reagieren könnten.

Ü6: Szenisches Spiel
Ziel: Handeln in Situationen
Setzt euch alle in einen Halbkreis mit Blick auf die Bühne. Stellt euch vor, ihr würdet als Lola und als Unrat vor die Entscheidung gestellt, nächste Woche wieder im »Blauen Engel« auftreten zu müssen. Was für Gedanken gehen euch durch den Kopf? Wie würdet ihr euch entscheiden?
Ihr könnt auf die Bühne gehen, allein oder zu zweit, und die Szene weiterspielen. Dabei gilt als Spielregel: Jede Figur kann durch »Ausschnipsen« abgelöst werden, der »Ausschnipsende« spielt dann die Situation weiter.
Zum Abschluss der Einheit erfolgt eine Reflexion über den Unterrichtsverlauf. Bei der Erprobung machten die Schüler in diesem Gespräch deutlich, dass sie bei den theaterpädagogischen Übungen wegen mangelnder Vertrautheit mit diesen Methoden zunächst unsicher waren, sie sich aus Neugier, aber auch wegen des einleuchtenden Zusammenhanges darauf einließen. Die Übungen zur Selbstwahrnehmung erleichterten es ihnen, sich in die Thematik des Films und die Figuren besser einzufühlen. Der Film wäre ihnen sonst in seiner traditionellen Machart (keine schnellen Schnitte, schwarz-weiß) schwer zugänglich gewesen, da er ihren Sehgewohnheiten nicht mehr entspricht.

3.12 Geschichte und Gesicht
Ideologie(kritik) am Beispiel von Hitler-Bildnissen

Anja Ballis

Zielhorizont

Der Aufstieg der NSDAP war untrennbar verbunden mit der Verehrung Adolf Hitlers.Die auf ihn projizierten politischen Sehnsüchte breiter Schichten der deutschen Bevölkerung fanden im Porträt-Medium eine ihrer Ausdrucksformen (Herz 1994, S. 92). Diese »stillen Bilder« bedürfen jedoch einer eigenen »Übersetzung«, um sie als historische Dokumente zum Sprechen zu bringen. Man muss lernen und wissen, wie die Bilder zustande kamen, welches die Hintergründe waren und wie sie verwendet wurden, denn ohne diesen Kontext sind solche inszenierten Bilder kaum verständlich bzw. missverständlich. Damit wird dem Rahmenthema »Gesicht, Maske, Person – Selbstbild, Spiegelbild, Fremdbild« eine spezifische, historische Deutung hinzugefügt: Zur Zeit des Nationalsozialismus wurde Hitlers Gesicht als Spiegel seines Inneren gedeutet, das Werte und Tugenden repräsentierte und dadurch der deutschen Bevölkerung als verehrungswürdig und vorbildlich galt. Bezeichnenderweise wurde hierzu das Medium der Fotografie gewählt, um die Inszenierung Hitlers authentisch erscheinen zu lassen. Die Fotografie trug somit nicht nur zu einer ideologischen »Aufladung« seines Gesichtes, sondern auch zu einer historisch weitreichenden Prägung von Geschichte und Gesicht bei.

In Heinrich Hoffmann fand Hitler einen treuen Gefolgsmann, der seine fotografischen Kenntnisse und Fertigkeiten in den Dienst der »Bewegung« stellte. Unter seiner Ägide entstanden Bilderserien, die Hitler als Privatmann, als Gelehrten, als Bismarck-Erben, als bodenständigen Bayern, als sportlichen Zeitgenossen oder als »physiognomisches Markenzeichen« zeigen. Bis 1933 arbeiteten Fotograf und Modell intensiv daran, eine möglichst effektvolle Stilisierung Hitlers in der Fotografie zu erreichen. Die Merkmale, die sich schließlich herauskristallisierten, waren ein maskenhaft erstarrtes Gesicht mit gestutztem Schnauzbart und diagonal fallender Stirnlocke, sodass die Verbindung zweier geometrischer Figuren – eines Dreiecks und eines Vierecks – Hitler eine einprägsame Gestalt verlieh (Sauer 2003, S. 29).

Interessanterweise ging die Verbreitung der Hitler-Bildnisse bis in die Endphase der Weimarer Republik kaum über die sich formierende nationalsozialistische »Bewegung« hinaus.[1] Eine Zäsur stellt die Wahl des Reichspräsidenten 1932 dar, als Hitler

---

1 Im Jahr 1923 erschien im »Simplicissimus« von Thomas Theodor Heine eine Bilderreihe, die mit »Wie sieht Hitler aus?« betitelt war (Herz 1994, S. 93).

mit dem dafür geschaffenen Plakat ins bildliche Bewusstsein der Bevölkerung gerückt wurde. In den folgenden Jahren bildeten seine Ernennung zum Reichskanzler, die Etablierung des nationalsozialistischen »Führerstaates« und die »Gleichschaltung« der Presse die Voraussetzungen für die Durchdringung der Öffentlichkeit mit nationalsozialistischer Propaganda, in der auch Hitlers Porträt eine wichtige Rolle spielte: Von Heinrich Hoffmann und privaten Herstellern wurden Fotografien in allen Größen, in unterschiedlichen Aufmachungen und Reproduktionsarten, in Zeitungen, Zeitschriften, Büchern und Broschüren, auf Briefmarken, in Form von Plakaten und Wandschmuckblättern, in diplomatischen Vertretungen und Gerichtssälen, Schulzimmern, Parteibüros und Amtszimmern, Fabrikhallen, Verkaufsräumen und schließlich sogar in den Unterständen der Soldaten im Zweiten Weltkrieg verbreitet. Dabei handelte es sich nicht nur um ein lukratives Geschäft für Fotograf und Partei, sondern diese bildliche Omnipräsenz trug auch zu einer Verankerung der Hitlerschen Physiognomie im öffentlichen Bewusstsein bei (Herz 1994, S. 128f). Diese Allgegenwart Hitlers in der Fotografie korrespondiert zum einen mit den Ansprüchen des totalitären Staates: Möglichst früh und umfassend versuchte dieser Einfluss und Kontrolle auf das Leben seiner Bürger auszuüben; in allen politischen und gesellschaftlichen Bereichen bemühte sich das NS-Regime, die Menschen in seinem Sinne geistig und seelisch zu beeinflussen und zu manipulieren. Dabei wurde nicht nur die vollständige Kontrolle über den Staatsapparat intendiert, sondern auch die Kontrolle über die Menschen. Da sich die NSDAP als Weltanschauungspartei mit umfassendem Führungsanspruch verstand, forderte sie die innere Bindung an die eigene Ideologie. Mit Hilfe eines gut funktionierenden Propagandaapparates sollten die Menschen zur bedingungslosen Gefolgschaft »bekehrt« werden (Schor ²1988, S. 115). Zudem wird mit der Inszenierung Hitlers in der Fotografie auf eine Spielart des zeitgenössischen Diskurses zur Physiognomie rekurriert: Seit der zweiten Hälfte des 19. Jahrhunderts wurde die wissenschaftliche Beschäftigung mit der Deutung von Gesichtern, der Zuordnung von Gesichtern zu Landschaften und schließlich der Herausarbeitung eines vermeintlich wissenschaftlichen Normgesichts durch die sich als wissenschaftliche Disziplin etablierende »Rassenkunde« intensiviert. Gerade die Intellektuellen der 1920er und 1930er Jahre waren von einer »physiognomischen Obsession« durchdrungen und suchten beständig nach Kategorien zur Klassifizierung von Gesichtern; die diesbezüglichen Bemühungen fanden auch verbal ihren Niederschlag: Man las aus den Gesichtern Aufrichtigkeit (»einer Sache, einem Menschen ins Gesicht sehen«), Unmittelbarkeit (»von Angesicht zu Angesicht sprechen oder stehen«), aber auch Unverschämtheit (»jemanden ins Gesicht springen, lachen, lügen«), Scham (»das Gesicht verlieren«) und Distanz (»das Gesicht wahren«) (Schmölders 2000, S. 110f).

In der im Folgenden dargestellten Unterrichtseinheit für die Mittelstufe sollen die skizzierten Themenstränge aufgegriffen werden: Die Schülerinnen und Schüler sollen die Inszenierungen Hitlers im Dienste der Ideologie des totalitären Staates erkennen und sich mit der intendierten Lesart dieses Gesichtes auseinander setzen. Beschäftigt man sich mit Gesichtern im Kontext der nationalsozialistischen Ideologie, dann geschieht dies vor folgendem Anspielungshorizont: Die Kultivierung eines »deutschen« Gesichts ist nicht ohne den Gegentypus – den des diffamierten »jüdischen« Gesichts – denkbar. Grundlage dieser Deutungen sind, wie oben erwähnt, zweifellos die Rassentheorien der damaligen Zeit, aber auch das physiognomische Interesse der Menschen: Mit Hilfe des Gesichts sollten Rückschlüsse auf die Menschen und auf ihre Seelenlage gezogen werden (Schmölders 2000, S. 108f). Dieser Diskurs, der in den 1920er Jahren eine Renaissance erlebte, soll den Schülerinnen und Schülern in seiner Fragwürdigkeit vor Augen geführt werden. Dafür wird ein Ausschnitt aus dem Film »Der Hitlerjunge Salomon« herangezogen. Ihren Abschluss findet die Einheit mit einer Auseinandersetzung um die Gebundenheit unserer eigenen Vorstellungen: Die ästhetischen Mittel, die Adolf Hitler und Charles Chaplin für ihre Inszenierung nutzten, werden einander gegenübergestellt; auf diese Weise soll auf die Kontextualisierung von ästhetischer Wahrnehmung abgehoben werden, die – je nach Standpunkt des Betrachters – in den Dienst der Ideologie bzw. der Ideologiekritik gerückt werden kann: Elemente, die Chaplin komisch wirken lassen, finden sich bei Hitler in ähnlicher Weise, erzielen allerdings eine andere Wirkung. Entscheidend hierbei ist unser Wissen um die historischen Zusammenhänge und Traditionen, in der auch die Schülerinnen und Schüler stehen.

Methodisches Vorgehen

Die Prägekraft eines Gesichts – Inszenierung und Ideologie
Den Schülerinnen und Schülern wird ein Dreieck und Viereck ausgehändigt, und sie werden aufgefordert, die Grundform eines Gesichts zu gestalten, indem sie diese Figuren zueinander in Beziehung setzen. Sind die Formen so angeordnet, dass sie an Hitlers Gesicht erinnern, soll ein Gespräch über die prägenden Merkmale der Hitlerschen Physiognomie in Gang kommen sowie über die Reduktion auf diese Formen. Wie sehr die Elementarisierung des Hitlerschen Gesichts inszeniert war, kann mit Bildern aus dem Atelier Hoffmann illustriert werden: Hierfür werden weit verbreitete Abbildungen herangezogen, wie das in der Sitzung 1933/34 aufgenom-

mene »Antlitz des Führers« und das aus dem Jahr 1936 stammende Foto, das Hitler in seinem Arbeitszimmer auf dem Obersalzberg zeigt (siehe Material Abb. 1 und 2). Ersteres diente auch als Grundlage für das bekannte Plakat »Ein Volk, ein Reich, ein Führer«. In diesen Fotografien sind Schnurrbart und Stirnlocke – Viereck und Dreieck – als bestimmende Kennzeichen des Hitlerschen Gesichts unübersehbar. Solchermaßen vertraut mit der Inszenierung des Gesichts, soll untersucht werden, welche »Botschaft« einem Massenpublikum übermittelt werden sollte. Hilfreich dafür sind zwei Fotografie-Bände von Heinrich Hoffmann: »Hitler wie ihn keiner kennt« (1932) und »Das Antlitz des Führers« (1939). Für beide Bücher hat Baldur von Schirach ein Geleitwort geschrieben, das als eine zeitgenössische und ideologische Leseanleitung der stilisierten Hitler-Fotografien verstanden werden kann. Darin wird der Gesichtsausdruck erklärt: »Zwei Eigenschaften möchte ich als die augenfälligsten Züge im Wesen Adolf Hitlers bezeichnen: Kraft und Güte. Es sind zugleich die Eigenschaften, die in den Bildern dieses Buches deutlich werden« (siehe Kopiervorlage Text 1, Hoffmann 1932, o.S.). Sind die Betrachter solchermaßen mit dem Ausdruck des Hitlerschen Porträts vertraut, wird der Blick in sein Inneres gerichtet: »Wenn wir in diesen, uns so teuren Zügen lesen, erfahren wir von Sorgen und Entschlüssen, die unserem Dasein gelten, und bewegt und beschämt erkennen wir das Gesicht eines Menschen, der nie an sich selbst denken mochte« (siehe Kopiervorlage Text 2, Hoffmann 1939, o.S.). Solchergestalt an die Emotionen appellierend, schlussfolgert von Schirach: Hitlers Bildnis sei das »erhabene Symbol eines ganzen Volkes«, dem der Einzelne mit »Treue, Pflichterfüllung und Gehorsam« begegnen müsse (ebd.).

Die durch von Schirach intendierte propagandistische Gleichsetzung Hitlers mit Deutschland soll herausgearbeitet werden; dazu können die Texte 1 und 2 in arbeitsteiliger Gruppenarbeit unter folgender Fragestellung analysiert werden: »Welche Eigenschaften werden Adolf Hitler zugeschrieben? Welche Wirkung sollen diese Bilder beim Betrachter hervorrufen?« In einem sich anschließenden Gespräch in der Klasse soll erläutert werden, inwiefern diesen Ausführungen Baldur von Schirachs Heinrich Hoffmann mit seinen Porträts entsprach und mit welchen Mitteln er die Gleichsetzung von Hitler und Deutschland zu erreichen suchte. Mit Hilfe der Kombination von Bild und Text sollen Inszenierung und Ideologisierung der Fotos von Hitler als Bestandteil der NS-Propaganda offengelegt werden.

Dass dieser Zusammenhang noch heute von Künstlern genutzt wird, kann abschließend am Beispiel der Aktion »Mut. Gegen rechte Gewalt« visualisiert werden: Auch hier werden bei den Schülerinnen und Schülern Irritationen hervorgerufen, da man sich hier des Schnurrbarts (siehe Kopiervorlage, Abb. 3) als Symbol einer nationalsozialistischen Gesinnung bedient. Allerdings erfährt er eine andere Deutung, da er sprachlich gestaltet ist (»Fremdenhass macht jeden hässlich«) und sich im Gesicht einer jungen Frau befindet.

»Weltanschauungsphysiognomik« – Ein historischer Irrtum

Hat man die zeitgenössische und im Dienste der Propaganda stehende Interpretation der Hitler-Fotografie erarbeitet, soll in einem weiteren Schritt auf das damit verbundene Dilemma dieser physiognomischen Vorstellungen eingegangen werden. Den Schülerinnen und Schülern wird folgende Passage des Zeitzeugen Max von Gruber (1853-1927), der Präsident der Bayerischen Akademie der Wissenschaften und Direktor des Hygieneinstituts in München war, präsentiert. Dieser schreibt über seine erste Begegnung mit Hitler im Jahr 1923:

> »Zum ersten Mal sah ich Hitler aus der Nähe. Gesicht und Kopf schlechte Rasse, Mischling. Niedere, fliehende Stirn, unschöne Nase, breite Backenknochen, kleine Augen, dunkles Haar. Eine kurze Bürste von Schnurrbart, nur so breit wie die Nase, gibt dem Gesicht etwas besonders Herausforderndes. Gesichtsausdruck nicht eines in voller Selbstbeherrschung Gebietenden, sondern der eines wahnwitzig Erregten.« (Zit. nach Schmölders 2000, S. 104)

Nachdem den Schülerinnen und Schülern dieses Zitat unkommentiert vorgelegt worden ist, werden sie aufgefordert zu erläutern, wie der Gesichtsausdruck Hitlers vom Verfasser gedeutet wird. Zudem soll mit ihnen das Problem reflektiert werden, dass Max von Gruber ebenso wie Baldur von Schirach von der äußeren Erscheinungsform auf innere Werte und Dispositionen schließt – jedoch unter umgekehrten Vorzeichen. Dadurch sollen die Schülerinnen und Schüler mit der Fragwürdigkeit der hier vertretenen »Weltanschauungsphysiognomik« (Peter Sloterdijk) konfrontiert werden: Es wird eine Passage aus dem Film »Der Hitlerjunge Salomon« vorgespielt, der auf tatsächlichen Erlebnissen beruht.[2] Die Schülerinnen und Schüler werden danach befragt, welches Spannungsverhältnis bereits der Titel des Filmes aufgreift. Anschließend werden sie in die Handlung eingeführt: Salomon Perel, oder Sally, wie man ihn nennt, wächst in der Nähe von Peine als Kind einer jüdischen Familie mit zwei Geschwistern auf. Aufgrund des Erstarkens der Nationalsozialisten und der Diffamierungen gegen jüdische Mitbürger beschließen seine El-

---

[2] Dieser Film ist für den Unterricht zugelassen und kann bei den entsprechenden Bildstellen ausgeliehen werden (vgl. etwa http://www.landesmediendienste-bayern.de).

tern, die Kinder nach Polen zu schicken. Die Flucht mit seinem Bruder führt ihn nach Lodz, wo er in den Wirren der Besetzung von seinem Bruder getrennt wird. Allein schlägt er sich nach Russland durch, wo er von den Deutschen aufgegriffen wird. Er behauptet, ein von der Sowjetarmee verschleppter »Volksdeutscher« zu sein, und führt fortan ein neues Leben als Joseph oder Jupp; schließlich wird er in eine HJ-Schule in Braunschweig aufgenommen (Perel [20]2005).

Die ausgewählte Szene spielt in dieser Einrichtung[3]: Zu Beginn des Unterrichts in »Rassenkunde« werden die Schüler mit Auffälligkeiten der »jüdischen Physiognomie« vertraut gemacht. Diese »Besonderheiten« werden denen der »arischen Rasse« gegenübergestellt. Der Lehrer erläutert seine »wissenschaftlichen Erkenntnisse« am Beispiel von Sallys Gesicht. Der Zuschauer, dem die jüdische Herkunft des Jungen bekannt ist, erkennt die Fragwürdigkeit solcher Klassifikationen. Möglich wäre an dieser Stelle auch, auf die gedruckte Fassung »Ich war Hitlerjunge Salomon« zurückzugreifen; in einer Passage erläutert Sally Perel, wie er nach Kriegsende seinem Lehrer wiederbegegnet und den »Irrtum eines großen Wissenschaftlers korrigieren« will: »Ich bin von Kopf bis Fuß reiner Jude!« (Perel [20]2005, S. 101f, siehe Kopiervorlage, Text 3). Bezeichnenderweise hat Perel, wenn auch nicht intendiert, an dieser Stelle die Ideologie verinnerlicht, wenn er sich als »reinen Juden« ausgibt.

Auf diese Weise können den Schülerinnen und Schülern die Spielarten und die Absurdität des physiognomischen Diskurses vor Augen geführt werden: Das verfemte »jüdische« Gesicht und das geschönte »deutsche« Gesicht prägen neben dem Gesicht Hitlers unsere Erinnerungen an die Gesichter des Nationalsozialismus (Schmölders 2000, S. 10). Nicht immer gelingt es, sich dieser Inszenierung und Ideologisierung zu entziehen.

»Das Gesicht war in obszöner Weise komisch« – Das Spiel mit Versatzstücken
Einen Abschluss findet die Einheit, indem noch einmal deutlich herausgearbeitet wird, welche Faktoren die Inszenierung Hitlers zum Zwecke der Ideologisierung bestimmten; rückt man die dafür verwendeten Mittel in einen anderen Kontext, verschiebt sich die Aussage von der Ideologisierung zur Ideologiekritik. Hierzu eignet sich in besonderer Weise eine Auseinandersetzung mit Charles Chaplin. Dieser schildert in seiner Autobiographie, welche Wirkung eine Postkartenserie Adolf Hitlers auf ihn hatte: »Das Gesicht war in obszöner Weise komisch – eine schlechte

---

[3] Das Szene ist auf der DVD mit »Rassenkunde« (Kapitel 10) überschrieben und dauert ca. fünf Minuten (Der Hitlerjunge Salomon. EuroVideo. 2004).

Imitation von mir, mit dem absurden Schnurrbart, den ungekämmten strähnigen Haaren und dem widerwärtigen, dünnen, kleinen Mund. Ich konnte Hitler nicht ernstnehmen« (siehe Kopiervorlage, Text 4, Chaplin 1964, S. 324f).
Nach der Präsentation des Textes wird den Schülerinnen und Schülern ein Cartoon aus der »New York Times« aus dem Jahr 1943 – anlässlich des 54. Geburtstags der beiden – vorgelegt, der auf die Ähnlichkeit zwischen Hitler und Chaplin abzielt (siehe Kopiervorlage, Abb. 4). Der »physiognomische Zufall« hat Hitler und Chaplin nicht nur im selben Jahr und Monat zur Welt kommen lassen, sondern auch beiden eine »Weltrolle« zugewiesen. Da diese Zeichnung häufig als verharmlosend gilt, eignet sie sich als Einstieg bzw. Grundlage einer Diskussion, wie schmal der Grad zwischen der komischen und abstoßenden Wirkung eines Gesichts ist.[4] An dieser Stelle soll den Schülerinnen und Schüler bewusst werden, wie sehr ihre Wahrnehmung des Gesichts Adolf Hitlers von den historischen Kenntnissen abhängig ist; die Ermordung von Millionen von Juden, die Verachtung der Menschenwürde durch die Nationalsozialisten und die katastrophalen Folgen des Zweiten Weltkriegs für die Welt bestimmen und prägen ganz wesentlich unsere Wahrnehmung Hitlers.Somit zeigt sich, dass im Sinne einer ästhetischen Erfahrung ein nur subjektbezogenes Wahrnehmen und Deuten von Wirklichkeit rasch an seine Grenzen kommt. Gleichzeitig wird den Schülerinnen und Schülern deutlich, dass sie sich spezifischen Traditions- und Begründungszusammenhängen bei der Rezeption von Bildern nicht entziehen können.

Erweiterungsmöglichkeit
Im folgenden Modell von Köppert zu Brechts Stück »Arturo Ui« wird die Auseinandersetzung mit Hitler weitergeführt.

Literatur
Chaplin, Charles: Die Geschichte meines Lebens.Frankfurt a.M. 1964
Hampel, Johannes: Hitlers »Mein Kampf« als neue Bibel. Die Weltanschauung der Nationalsozialisten. In: Ders.: Der Nationalsozialismus.Bd. I: Machtergreifung und Machtsicherung 1933-1935. München ²1988, S. 89-114
Herz, Rudolf: Hoffmann & Hitler. Fotographie als Medium des Führer-Mythos.München 1994

---

4 Begleitend können den Schülerinnen und Schülern – je nach Interesse – auch ausgewählte Szenen aus dem Film »Der Große Diktator« (1940) vorgespielt werden, um die komischen Elemente der Hitlerschen Mimik, Gestik und Sprache herauszuarbeiten und ihre tragische Dimension durch das Kontrastieren mit der historischen Wirklichkeit zu erkennen.

Hoffmann, Heinrich: Das Antlitz des Führers. Berlin 1939
Hoffmann, Heinrich: Hitler wie ihn keiner kennt. Berlin 1932
Perel, Sally: Ich war Hitlerjunge Salomon. Er überlebte in der Uniform seiner Feinde – ein erschütterndes Schicksal. München ^{20}2005
Sauer, Michael: Hitler im Bild. Nationalsozialistische Fotopropaganda. In: Geschichte lernen 91 (2003), S. 29-32
Schmölders, Claudia: Hitlers Gesicht. Eine physiognomische Biographie. München 2000
Schor, Ambros: Erziehung, Propaganda und Kunst in der Hand der NSDAP. Der totale Zugriff des Staates auf den Menschen. In: Hampel, Johannes: Der Nationalsozialismus. Bd. I: Machtergreifung und Machtsicherung 1933-1935. München ^{2}1988, S. 115-144

Medien - DVD
Der Hitlerjunge Salomon. EuroVideo. 2004.

Kopiervorlagen

Abb. 1: Adolf Hitler 1933/34, Heinrich Hoffmann, aus Herz, S. 120

Abb. 2: Adolf Hitler, Arbeitszimmer auf dem Obersalzberg, Anfang 1936, aus: Herz, S. 122

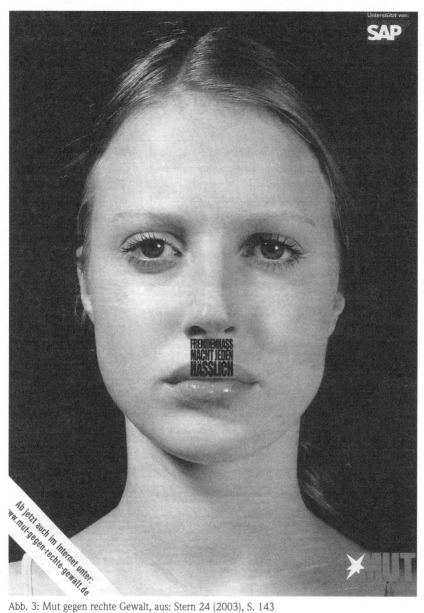

Abb. 3: Mut gegen rechte Gewalt, aus: Stern 24 (2003), S. 143

Abb. 4: The man who tried to kill laughter, Times 1943, aus: Schmölders, S. 178

Text 1
Baldur von Schirach: Zum Geleit. In: Heinrich Hoffmann: Hitler wie ihn keiner kennt. Berlin 1932, o.S.

[...] Zwei Eigenschaften möchte ich als die augenfälligsten Züge im Wesen Adolf Hitlers bezeichnen: Kraft und Güte. Es sind zugleich die Eigenschaften, die in den Bildern dieses Buches deutlich werden. Ob. Hitler im Kraftwagen durch Deutschland fährt und umbraust wird vom jubelnden Zuruf der Straßenarbeiter, ob er aufgewühlt und erschüttert am Lager eines ermordeten Kameraden steht, immer ist um ihn diese Hoheit und tiefste Menschlichkeit, die so oft denen, die ihn zum erstenmal entgegentreten, die Rede verschlägt, ob sie nun Jünglinge, gereifte Männer oder Greise sind. [...] Heute liegt der Schatten dieses Mannes über Deutschland und fassungslos staunen viele über das Wunder, daß nach absoluter Herrschaft des Marxismus ein Einziger das Antlitz der Nation so zu verwandeln vermochte. Wer diese Bilder als Bekenntnis mit offenem Herzen liest, der ahnt vielleicht das Geheimnis dieser einzigartigen Persönlichkeit. Und begreift: Hier offenbart sich nicht allein ein mitreißender Führer, sondern ein großer und guter Mensch. Populär sein heißt: viel photographiert werden. Adolf Hitler hat sich immer dagegen gesträubt, Objekt der Photographen zu sein. Besonders vor zwölf Jahren, als sein Name zum erstenmal aus dem Dunkel der Unbekanntheit auftauchte, war er ein erklärter Gegner der Kamera. [...] Hierin liegt auch der Reiz des vorliegenden Buches, dessen Aufgabe nicht in einer literarischen Darstellung des Lebens des Führers besteht, sondern in der unmittelbaren Wiedergabe eines tatsächlichen Geschehens.

Text 2
Baldur von Schirach: Zum Geleit, in: Heinrich Hoffmann. Das Antlitz des Führers. Berlin 1939, o.S.

Welcher Deutsche könnte diese Bildnisse anders als mit Hilfe tiefer Ergriffenheit betrachten! Spiegelt doch das Antlitz des Führers unser aller Leben wider, wie es sich aus der Tiefe des deutschen Zusammenbruchs durch Not, Kampf und Arbeit zur Höhe dieser Zeit erhob. Wenn wir in diesen, uns so teuren Zügen lesen, erfahren wir von Sorgen und Entschlüssen, die unserem Dasein gelten, und bewegt und beschämt erkennen wir das Gesicht eines Mannes, der nie an sich selbst denken mochte. Es ist dieser selbstlose, ausschließliche Gedanke an Deutschland, der hier das Antlitz schlechthin prägte, so daß sich in Zukunft kein Deutscher seiner Heimat wird erinnern können, ohne das Gesicht des Führers vor sich zu sehen. Wir wollen hier nicht mit Worten beschreiben, was sich nur mit dem Herzen erleben läßt! Wer die Seiten dieses Buches umblättert, wird vom Bild des aus dem Weltkrieg heimgekehrten Soldaten bis zum Porträt des Reichesschöpfers, der die Sehnsucht eines Jahrhunderts überreich erfüllte, den Griffel Gottes wahrnehmen, wie er ein einzelnes Menschenantlitz mit geheimnisvollen Strichen zum erhabenem Symbol eines ganzen Volkes gestaltete. Und wird in Treue, Pflichterfüllung und Gehorsam versuchen, dieses Führers wert zu sein.

Text 3
Sally Perel: Ich war Hitlerjunge Salomon. Er überlebte in der Uniform seiner Feinde – ein erschütterndes Schicksal. München ²⁰2005, S. 100-102
© Nicolai'sche Verlagsbuchhandlung

Etwa zwei Wochen nach Kriegsende traf ich diesen ›ehrenwerten‹ Lehrer am Bahnhof in Hannover. Er hieß Borgdorf. Ich war auf dem Weg in das Konzentrationslager Bergen-Belsen und stand ihm plötzlich auf einer Treppe gegenüber. Er fragte mich erfreut, wie es mir gehe und wohin ich führe. »Nach Bergen-Belsen in der Nähe von Celle«, antwortete ich. »Aber ich möchte Ihnen etwas sagen. Sicher erinnern Sie sich an eine gewisse Unterrichtsstunde in Rassenkunde, in der ich als der typische Vertreter der ostbaltischen Rasse vorgeführt wurde. Ich will jetzt den Irrtum eines großen Wissenschaftlers korrigieren und Sie darüber aufklären, daß ich keineswegs dieser Rasse angehöre und noch weniger Arier bin. Ich bin von Kopf bis Fuß reiner Jude!« Dieser Mann war anscheinend ein Meister der Verstellung. Sein unbewegtes Gesicht verriet keinerlei Gefühl. Er versuchte, sein Wissen erneut unter Beweis zu stellen, indem er erwiderte: »Mir sagen Sie das?! Ich wußte es, habe aber alles vermieden, was Ihnen hätte schaden können ...!« Ich ließ ihn stehen und ging weiter. Ich bin nicht rachsüchtig.

Text 4
Charles Chaplin: Die Geschichte meines Lebens. Frankfurt a.M. 1964,
S. 324f © S. Fischer Verlag

Auf seiner Europareise besuchte Hearst auch Deutschland und hatte ein Interview mit Hitler. Damals wußte noch niemand viel von Hitlers Konzentrationslagern. Die ersten Andeutungen darüber erschienen in Aufsätzen, die mein Freund Cornelius Vanderbilt geschrieben hatte. Es war ihm unter irgendeinem Vorwand gelungen, in ein Konzentrationslager hineinzukommen, und er beschrieb nun die Torturen, die die Nazis dort anwandten. Doch seine Beschreibungen dieser entmenschten Brutalität waren so phantastisch, daß nur wenige daran glaubten. Vanderbilt schickte mir eine Serie Postkarten, die Hitler zeigten, während er eine Rede hielt. Das Gesicht war in obszöner Weise komisch – eine schlechte Imitation von mir, mit dem absurden Schnurrbart, den ungekämmten, strähnigen Haaren und dem widerwärtigen, dünnen, kleinen Mund. Ich konnte Hitler nicht ernstnehmen. Jede Postkarte zeigte eine andere Pose: Einmal griff er mit klauenartigen Händen in die Menschenmasse, dann wieder hatte er wie ein Kricketspieler beim Schlag den Arm steil emporgereckt, während der andere schlaff herabhing. Auf der nächsten Karte sah man ihn mit ausgestreckten Händen, die Fäuste geballt, als hebe er eine Hantel. Die Gebärde des Grußes, bei der er die Hand über die Schulter zurückwarf, wobei die Handfläche nach oben gerichtet war, erweckte in mir den Wunsch, ein Tablett mit schmutzigen Tellern draufzustellen. ›Das ist ein Verrückter!‹ dachte ich. Doch als Einstein und Thomas Mann gezwungen wurden, Deutschland zu verlassen, war dieses Gesicht Hitlers nicht mehr komisch, sondern unheimlich.

3.13 »So ... will ich Stunden nehmen. Auch im Auftreten.« Hitler und die Figur des Arturo Ui bei Brecht

Christine Köppert

In Anknüpfung an die Entdeckungen zu Hitlers Gesicht (siehe vorangegangenes Modell von Ballis) soll hier die Konzentration auf dessen Körpersprache und Diktion gerichtet werden. Zentral wird es darum gehen, sich der Rhetorik Hitlers über eine literarische Figur anzunähern, nämlich der Hauptperson in Bertolt Brechts *Aufhaltsamer Aufstieg des Arturo Ui*. Im Gegensatz zu anderen Beiträgen wird zwar wegen der Brisanz der Thematik die Rolle der Lehrkraft etwas stärker betont. Dennoch beschränkt sich diese auch hier auf die Grobschritte des Vorgehens sowie auf entsprechende Grundimpulse. Experimentelle Phasen, in denen es vor allem um die Entwicklung des Ui'schen Habitus geht, sind so angedacht, dass den Schülerinnen und Schülern in der Gestaltung weitgehend freie Hand gelassen werden kann. Eine Kenntnis des gesamten Werkes ist nicht vorausgesetzt.

Thema und Intention

Bei der Untersuchung von Hitlers Reden sind Schülerinnen und Schüler üblicher Weise auf eine rezeptive Haltung beschränkt. Ein produktives Vorgehen, das heißt ein Versuch, aktiv nachvollziehend die verbalen, stimmlichen und körpersprachlichen Charakteristika Hitlers aufzudecken, wäre doch zu gewagt. Andererseits ist da die Klage von Deutschlehrkräften, erst recht von Schülern, dass eine herkömmliche Untersuchung von Hitlers Reden und Rhetorik sich jeweils schnell totlaufe. Da ist einerseits die relativ »ungerührte« Feststellung der ideologischen Verfälschung von Hochwertwörtern, der hart attackierenden Diktion und der zackigen Bewegungen. Auf der anderen Seite steht (etwa bei einer Präsentation auf Video oder Hör-CD) ein Gefühl des unangenehmen Schauers und eine betretene Ahnung, wie Menschen einst sich von nationalsozialistischen Reden und Aufmärschen faszinieren ließen (und mancherorts auch heute wieder lassen). Hitler bleibt der unbezwingbare Dämon, gegen dessen Wirkung nichts und niemand ankommt; der Blick für das Gemachte, gezielt »Angelernte« seiner Person bleibt eher verstellt.

Das Anliegen ist, einer »Identität« wie der Adolfs Hitler nachzuspüren und dabei doch den nötigen Abstand zu wahren. Ermöglicht werden soll dies durch den Umgang mit einer literarischen Umsetzung: Brechts Antiheld *Arturo Ui*, der bekanntermaßen Züge Hitlers trägt und als parodistische Anspielung auf diesen zu deuten ist.

Ui versucht sich – wie laut Überlieferung auch Hitler – wirkungsvolle Demagogik systematisch anzueignen. Begeben sich Schülerinnen und Schüler in den Schutz dieser Rolle, ist möglich, was unter direkter und ausschließlicher Bezugnahme auf Hitler eher problematisch wäre: Ein produktiv geleitetes Ausprobieren und Experimentieren, wie sich Worte, wie sich eine Rede mittels präzise ausgewählter und eingesetzter Stimmgebung und Körpersprache zu einem spezifischen Ausdruck (hoch-)stilisieren können. Ui und mit ihm Hitler werden dabei als Kunstfiguren verstanden, die in ihrer Konstruiertheit eine natürliche innere Distanz gewährleisten und gleichzeitig doch Interesse und Aisthesis im Sinne gesteigerter Aufmerksamkeit und Wahrnehmung fordern. Überdies mögen die Schülerinnen und Schüler Hitlers Demagogik letztlich in einem neuen Licht sehen und erleben, insofern sie gewahr werden, wie sich zunächst Unverbundenes und Unstimmiges durch zunehmende Perfektionierung zum wirkungsvollen Ganzen zusammenfügt.

Gleichzeitig kann den Schülerinnen und Schülern gerade bei der Zielrichtung auf eine außerliterarische Figur deutlich werden, welches ästhetische Potenzial in Literatur, hier in Brechts *Arturo Ui* liegt. Die Transposition Hitlers und seines Personenumfelds (Goebbels usw.) ins Fiktionale bedeutet eine Verfremdung[1] und setzt damit ein Aufmerksam-Werden, auch eine Verblüffung, vielleicht sogar schon ein ästhetisch virulentes Staunen frei. Ferner ist durch die literarische Welt ein sanktionsfreies Spielfeld für Fantasien und Gedanken geschaffen, die in der harten Realität empfindliche, allzu empfindliche Konsequenzen haben dürften. Hinzu kommt nun die typische Brecht'sche Verfremdungsdramaturgie, besonders eindrücklich zu erleben, wenn Ui Unterricht in Haltung, Bewegung und Sprechen bei einem alten Schauspieler nimmt (siehe Textauszug in der Kopiervorlage). Ganz im Sinne des Autors wird das allseits »Vertraute« – hier letztlich die Rhetorik Hitlers – fremd gemacht, um es neu vor Augen zu halten.
Und dieses Vorgeführte, dieses Gezeigte tritt – als eine weitere wichtige Variante der Verfremdungstechnik in Brechts Stück – im Gewand der Travestie auf. Dies ist insofern von Wichtigkeit, als das Parodistische nicht nur Vorgänge transparent werden lässt, sondern den Betrachter in ein Wechselbad zwischen (erschrecktem) Lachen und (letztlich auch) Angezogensein führt[2]. Sprich: Wenn Ui in Anspielung auf Hitler mühselig, ungelenk und überzogen das Gehen, Stehen usw. erlernt, decouv-

---

1 Eine Verfremdung hier noch ganz grundsätzlicher Art, also in der allgemeinen Wortbedeutung.
2 Theaterinszenierungen des Stücks machen dies besonders deutlich.

riert sich zunächst das Primitive, das Krude, das Jämmerliche an ihm[3]. Aber er findet sich schließlich so konsequent in die angelernten Attitüden hinein, dass sie – je für sich gesehen unbeholfen und lächerlich – in der ungebrochenen Anwendung und Kombination letztlich zum faszinierenden »Gesamtkunstwerk« werden, das einem Schauer über den Rücken jagen lässt[4].

Ohne Brechts Werk zu instrumentalisieren (er *hat* es ja nun einmal als Parodie auf Hitler und andere NS-Figuren angelegt), kann deutlich werden, was Literarästhetik vermag: Sie genügt sich nicht nur selbst, sondern kann letztlich zurückbezogen werden auf außerliterarische Realitäten. Mit der beschriebenen Wirkästhetik, in Gang gebracht durch spezifische literarische Mittel und weiterreichend bis auf eine nonfiktionale Ebene, ist auch ein Bezug zur Frage der Identität Uis (Hitlers) und seiner Anhänger gegeben: Das täppische und forcierte Nachahmen des Schauspielers spiegelt, dass keine gewachsene Identität vorliegt, es demonstriert überdeutlich, wie diese (erst) gemacht wird. Ui (Hitler) entlarvt sich als blinde Projektionsfläche für künstliche und fremdbestimmende Attitüden. Durch zunehmende Automatisierung (siehe den Lernprozess Uis in der Schauspielerszene) figuriert sich eine Scheinidentität, die gerade deswegen so ungebrochen erscheint, da sie von einem denaturierten, lückenlosen Mechanismus »lebt«. Künstlich hergestellt und damit fremdbestimmt, zeitigt diese Pseudo-Identität gleichzeitig die eigentümliche und unheimliche Macht, ihr Umfeld bzw. die Massen ihrerseits in eine Verfasstheit des Entfremdeten und Entpersönlichten zu manövrieren.

Durchführung

Bereits 1935 fasste Brecht die Idee, die Machtergreifung durch die Nazis als Gangsterschau auf die Bühne zu bringen. Ausgeführt hat er sie 1941 im finnischen Exil, die Uraufführung des Parabelstücks *Der aufhaltsame Aufstieg des Arturo Ui* fand jedoch erst (nach seinem Tod) 1958 in Stuttgart statt. Zahlreiche Inszenierungen[5] folgten bis heute. Abgesehen von der Loslösung von historischen und sozialen Hintergründen des NS-Regimes schafft Brecht durch stilistische Mittel eine poetische

---

[3] In Brechts Arbeitsjournal findet sich ein Eintrag vom 28.02.1942: »feuchtwanger zum abendessen hier. thema wieder *ist hitler ein hampelmann?* [...] der meisten hitlergegner konzeption, nach der H[ITLER] ein völlig unbedeutender mime ist, den die reichswehr engagiert hat, ihre geschäfte zu besorgen« (Gerz, 1983, S. 140).
[4] Es versteht sich, dass diese Wirkung sich vor allem in Inszenierungen des Stücks vermittelt – ein Argument mehr, die Schülerinnen und Schüler zu darstellerischen Umsetzungen anzuregen.
[5] Mitschnitte von diesen sind bei den örtlichen Filmdienststellen erhältlich. Will man eine privat getätigte Aufzeichnung einer Inszenierung einsetzen, ist eine Genehmigung des jeweiligen Theaters erforderlich.

Überhöhung und Verfremdung des niedrigen und niederträchtigen Personals: Er fasst den Dialog in fünffüßigen, freilich oft stolpernden Jambus (auch dieses Stolpern ist Kunstgriff) und imitiert Muster der klassischen Tragödie. Ausgangssituation der Dramenhandlung ist das paradoxe Ansinnen, der heruntergekommene Ui könne den in Kalamitäten gekommenen Chikagoer Karfioltrust – wie sich versteht mit mehr als fragwürdigen Mitteln – retten.

Eine Schlüsselepisode ist – wie gesagt – die »Schauspielerszene«, in der gezeigt wird, wie sich Ui von einem abgehalfterten Schauspieler das wirkungsvolle Stehen, Gehen, Sitzen und Reden beibringen lässt. Aber auch einzelne Ansprachen, die Ui z.b. vor den Gemüsehändlern hält, bieten sich hier als Übungsfeld und (indirekte) Gelegenheit zum Nachspüren, wie sich Hitlers Demagogik durch den taktisch ausgefeilten Einsatz diverser Mittel konstruiert. Dabei geht es – wie gesagt – auch insbesondere um die Beobachtung, dass einzelne dieser Mittel für sich genommen z.T. eher hilf- und ziellos anmuten oder zumindest ihre Wirkung eher verfehlen. Es ist die treffsichere Kombination rhetorischer Attitüden, es ist das *Produkt* der »Macher«, das (doppeldeutig gesprochen) »ins Schwarze trifft«.

Das methodische Vorgehen

In der Unterrichtsarbeit sollen u.a. Auszüge aus akustisch (Kassette/CD) und audiovisuell (Video/DVD) präsentierten Hitlerreden[6] mit der aktiv-produktiven Arbeit am literarischen Text, respektive der Schauspielerszene zusammengeführt werden. Die Schülerinnen und Schüler sammeln Beobachtungen zu Video-Einspielungen oder auch Abbildungen[7] von Hitlers öffentlichen Auftritten und seiner Agitatorik. Sie führen dann verschiedene szenische Erprobungen zur Schauspielerszene aus dem *Ui* durch. Wünschenswert wären dabei auch Video-Einspielungen aus Inszenierungen des *Arturo Ui*[8]. Schließlich gehen die Schülerinnen und Schüler wieder zum Studium der Erscheinung Hitlers zurück, die nun unter anderem Blickwinkel

---

6 Die örtlichen Filmdienststellen führen auch eine Reihe von Filmen über Hitlers Werdegang. Verbreitet sind etwa mehrere Videokassetten unter dem Titel »Der Führer. Adolf Hitler und das III. Reich« aus der Reihe »Dokumente zur Zeitgeschichte«. Auf diesen finden sich Einspielungen aus Wochenschauen u.a., die Auftritte und Redeauszüge Hitlers wiedergeben.

7 Allein im zitierten Suhrkamp-Taschenbuch des Werks mit Materialien, herausgegeben von Raimund Gerz, finden sich einschlägige Fotografien von Hitler und einigen seiner Gefolgsleute.

8 Besonders interessant wäre hier die Inszenierung des Ensemble-Theaters Berlin unter und mit Martin Wuttke. Leider ist diese für den Einsatz im Unterricht nicht verfügbar, aber die ihr zu Grunde liegende interpretatorische Idee lässt sich in die gemeinsame Arbeit einbringen: Der Regisseur und Hauptdarsteller Martin Wuttke führt Arturo Ui hier als Kreatur vor, die sich schrittweise vom hechelnden Hund zum geifernden Agitator hochstilisiert, in dessen Diktion sich nach wie vor das atavistische Gebaren des Tieres erhält.

geschehen dürfte. Denn die Vorgehensweise setzt auf die Idee, dass sich eine »unvoreingenommene« bzw. »unvorbereitete« Betrachtung von Hitler entschieden von derjenigen im Anschluss an die szenischen Etüden zur Figur des Ui unterscheidet. Durch ihre darstellerischen Improvisationen erleben die Schülerinnen und Schüler das Spannungsfeld zwischen den lächerlich-überzogenen Geh-, Steh- und Redeversuchen Uis und der Art, wie diese sich einerseits in grotesker Komik, andererseits aber dann in erschreckender Eindrücklichkeit zur Stimmung heischenden Machtgeste stilisieren. Wirken isoliert ausgeführte Attitüden unfreiwillig und unfertig, so komprimieren sie sich mittels eines konsequenten Durchhaltens und einer »kunstvollen« Synthese zum wirkungsvollen Ganzen.

Im Hinblick auf ästhetische Bildung und Identitätsfrage heißt das: Wenn die Schülerinnen und Schüler, gespeist durch die Erfahrung der selbsttätigen szenischen Gestaltung, erneut auf eine Beobachtung Hitlerscher Demagogik zugehen, dürfte nicht nur ihre Wahrnehmung (Aisthesis) entschieden geschärft sein. Es ist zu erwarten, dass sie Elemente und Grundprinzipien aus ihren Erprobungen (wieder-)entdecken. Es mag z.B. aufscheinen, welche merk- und denkwürdigen Details sich hinter dem »Schauspiel« Hitlers verbergen. Es mag ein affektiv und sinnenhaft getragenes Wiedererkennen (Anagnorisis) parodistisch anmutender Momente, aber auch deren teuflisch-bitterer Wahrheit zu Stande kommen. Und wie zuvor beim selbsttätigen Mimen des Ui schiebt sich nun wohl das Antrainierte der »Identität« Hitlers *erstaunlich* in den Blick.

Körpersprache Uis/ Hitlers

In einem ersten groben Schritt setzen sich die Schülerinnen und Schüler mit der Körpersprache Uis/ Hitlers auseinander. Es wird vorgeschlagen, eingangs eine oder mehrere ausgewählte Filmeinspielung(en), evtl. auch Bilder von Hitler als Redner zu präsentieren. Hilfreich ist, wenn auch Material dabei ist, das die Reaktion der Massen zeigt. Die Schülerinnen und Schüler beschreiben die Gesamtatmosphäre und versuchen sich zunächst in einer eher analytisch orientierten Durchleuchtung der einzelnen körpersprachlichen Mittel. Möglicherweise macht sich schon hier so mancher Bruch zwischen der erzeugten Stimmung und Hitlers Habitus bemerkbar.

Die Schülerinnen und Schüler werden nun kurz in die Ausgangssituation des Dramas eingeführt (s.o.) und erhalten Textauszüge aus dem Auftritt des alten Schauspielers in Brechts Stück (siehe Material). Es soll zunächst die Passage zum »Gehen«, »Stehen« und »Sitzen« in Szene gesetzt werden, dabei kann auch nur ein Teil daraus aufgegriffen werden, etwa das »Stehen«. Wichtig ist, dass die Schülerinnen und Schüler parallel in Kleingruppen arbeiten und mit verschiedenen Varianten der Umsetzung experimentieren, bei denen z.b. auch auf Mimik geachtet wird. Diese sollen möglichst frei und individuell aus der Erprobung erwachsen. Das Prinzip der komischen Verfremdung und der damit verbundenen parodistischen Wirkung sollte im Vorgespräch noch nicht Erwähnung finden, sondern sich den Schülerinnen und Schülern in der Durchführung selbst erschließen und von ihnen ausgebaut werden. Wichtig ist, dass sie angehalten werden, das Textangebot deutend zu erweitern, indem sie in mehreren Stadien »durchspielen«, wie Ui von ersten Geh-, Steh-, Sitz-Versuchen bis hin zur perfekten Haltung bzw. zum kompletten Bewegungsablauf gelangt.

Vor dem Plenum präsentieren schließlich einzelne Gruppen ihre Improvisationen, z.B. die Passage ab: »DER SCHAUSPIELER Kopf zurück. *Ui legt den Kopf zurück.* Der Fuß berührt ...«. Oder: »Sie wollen nicht aussehen wie ein Friseur, Herr Ui. Verschränken Sie die Arme so. ...«. Die Schülerinnen und Schüler tauschen sich aus über Beobachtetes und bei der Darstellung Empfundenes.Wie/ mit welchem Erfolg wirkt der Schauspieler auf den Ui ein? Wie haben einzelne Spieler die Entwicklung der Haltung Uis gestaltet? Wie ist die Wirkung zunächst, wie später? Wie verändert sich die Ausstrahlung der Figur? Im Anschluss werden die zuvor schon präsentierten Auftritte Hitlers erneut eingespielt und im Licht des eben Durchlebten betrachtet. Um den veränderten Blick der Schülerinnen und Schüler für die Wirkästhetik zusätzlich zu schärfen, eignet sich auch eine Darbietung der Filmausschnitte (zunächst) ohne Ton, eventuell auch deren verzögerte Präsentation durch Standbildzäsuren, organisiert mit der Still-Taste. Das Künstliche, Angelernte, Entpersönlichte der einzelnen Geste und die schrittweise erfolgende Perfektionierung zur »Maske« des Demagogen (vgl. die ursprüngliche Bedeutung von »Persona«), die bei den Improvisationen zu Ui in Szene gesetzt wurden, kommen nun auch bei Betrachtung der Hitlerauftritte in den Blick.

Redetechnik Uis/ Hitlers
Im nächsten Schritt geht es um die Sprechtechnik. Die Druckfassung eines Auszugs aus einer Hitlerrede, zu der eine Filmeinspielung vorliegt, wird einem Schüler ausgehändigt, der den Text »natürlich«, sprich: möglichst unprätentiös vorträgt. Diese Form der Präsentation mag als Kontrast zu späteren Gestaltungen im Bewusstsein bleiben, die verdeutlichen, wie der ideologische Gehalt der Reden und deren demagogische Vermittlungsweise sich gegenseitig zuspielen. Zunächst aber wird der Inhalt der Rede analysiert. Das Ungeheuerliche der enthaltenen Aussagen soll möglichst

klar vor Augen treten, sodass sich von selbst die Frage nach entsprechenden rhetorischen Kunstgriffen ergibt, die die Massen über die bittere Wahrheit nicht nur hinwegtäuschten, sondern sie sogar begeistern konnten. Hier soll nun – anders als im vorausgehenden Teil – die audiovisuelle Präsentation noch zurückgehalten werden.

Die Antoniusrede aus der Schauspielerszene (von Brecht nach Shakespeare zitiert, siehe Material) wird kurz besprochen (Kritik an Brutus, ironische Verfremdung durch die mehrfache Wiederholung »ehrenwerter Mann«). Jemand trägt einen Teil der Rede so vor, wie er es für textadäquat hält. Es wird schnell deutlich werden, dass eine neutrale Sprecherrolle hier nicht möglich ist. Allein schon die wiederkehrenden Anspielungen auf den Meuchelmörder Brutus, bei denen Gesagtes und Gemeintes in Widerspruch steht, führen in eine empfindliche Irritation. Damit ist die Herausforderung für ein – wiederum in Kleingruppen arrangiertes – Experimentieren mit der Rede bzw. einem Teil der Rede gegeben. Wünschenswert wäre überdies noch eine entsprechende Einspielung aus einer Theaterinszenierung, im Anschluss an die szenischen Erprobungen oder auch in einer Zwischenphase. Oberstes Prinzip beim gesamten szenisch-inszenatorischen Experimentieren ist: Die Schülerinnen und Schüler sollen möglichst viele Varianten des Sprechens ausprobieren und dabei auf sich wirken lassen, was jeweils mit ein- und demselben Wortlaut passiert.

Ohne sie zu sehr zu gängeln, können den Schülerinnen und Schülern für ihr Vorgehen ein paar (fakultativ zu verstehende) Tipps erteilt werden: Etwa kann die Rede verfremdet werden, indem sie in möglichst verschiedenen Versionen gesprochen wird: wütend, zynisch, mit großem Pathos ... oder schnell, langsam, mit beliebig gesetzten Sprechzäsuren usw. Ferner wäre auszuprobieren, wie sich der ungehobelte Ui als Antonius anhören mag (leiernd, mit unnatürlichen Pausen, stammelnd und sich überstolpernd ...). Verbindlich aber sollen einzelne Schülerinnen und Schüler in der Rolle des Schauspielers der zentralen Regieanweisung im Werk folgen: *»Ui spricht ihm* [dem Schauspieler] *aus dem Büchlein nach, mitunter ausgebessert von dem Schauspieler«*. Verschiedene Gruppenmitglieder setzen also in Szene, wie der Schauspieler dem Ui schrittweise bestimmte rhetorische Techniken vordemonstriert und wie dieser sie nachzuahmen versucht. Sie werden von selbst auf rhetorische Möglichkeiten kommen, wie Hervorhebungen, bedeutungsvolle Pausen, Staccato ...

Nonverbales und Verbales

Schließlich soll unbedingt auch eine Zusammenführung der Sprechgestaltung mit der zuvor ermittelten Stehhaltung, Gestik und Mimik stattfinden. In der Rolle des Schauspielers (im Stück) bieten einzelne Darsteller/innen Gesten zur Nachahmung an. Das können zunächst solche Gebärden sein, die ihnen selbst wirkungsvoll erscheinen, z.B. ein beteuerndes Hand-auf-die-Brust-Legen. Ein anderer Darsteller ahmt dies als Ui nach, z.B. zuerst stumm, dann einen Satz aus der Antoniusrede dazu sprechend. Wichtig ist auch hier, dass sich die Schülerinnen und Schüler zunächst wechselseitig im Ausprobieren einzelner Gesten und Sprechweisen ergehen. So kann wiederum deutlich werden, dass diese für sich gesehen eigentlich eher ziellos, vielleicht komisch oder gar grotesk wirken. Erst das »Gesamtbild« schafft düsteren Ernst und großes Pathos. Einspielungen aus Inszenierungen des *Arturo Ui* machen an dieser Stelle Sinn; sie lassen die Wirkkraft solcher Zusammenführungen zusätzlich durch professionelle Gestaltung transparent werden.

Unmittelbar anschließend wird nun der oben präsentierte Redeabschnitt in Originalaufnahme Hitlers eingespielt. Allerdings soll die Präsentation mit dem aufbauenden Prinzip der darstellerischen Erprobung korrespondieren. D.h.: Zunächst wird der Filmausschnitt ohne Ton eingespielt, dann der Ton ohne Bild. Erst dann erfolgt die Vollpräsentation, die schließlich in einer zusätzlichen Steigerung noch mit der Musik der Sondermeldung unterlegt werden kann. Die Schülerinnen und Schüler entdecken Parallelen zu ihrer eigenen schrittweise aufgebauten Sprechgestaltung der Antoniusrede: Auch hier tritt der Textinhalt je nach Darbietung in unterschiedlichem Gewand auf. Auch hier ist es der frappierende Wandel von komisch, befremdlich oder ziellos wirkenden Einzelheiten zur wirkungsvollen Gesamtinszenierung, die dann auch die Textaussage umwertet.

Abschließende Gedanken zur Vorgehensweise

Das Nachvollziehen einzelner Stufen der Rhetorik Uis kann also wirkästhetisch bedeutsame »Aha«-Effekte bei den Schülerinnen und Schülern evozieren, die sich auf die Hitler'sche Rhetorik übertragen lassen. Sie unterscheidet sich merklich von den gängigen analytischen Untersuchungen der Reden Hitlers, die zudem meist nur am Wortlaut der schriftlichen Fassung durchgeführt werden. Beim Modell hier ist das Augenmerk auf die Art der Darbietung gelegt und überdies inszeniert durch ein tätiges Nachvollziehen. Dieses würde sich verbieten, gäbe es nicht das »Medium« der literarischen Figur Arturo Ui, dank derer das Unternehmen nicht in dumpfe Nachahmung Hitler'scher Attitüden kippen kann. Durch die stufenweise erfolgende Gestaltung einzelner Gesten, Mienen, Körperhaltungen und Sprechweisen am Beispiel dieser parodistisch gezeichneten fiktiven Person ist der Blick frei gemacht für das »Artefakt Hitler«. Das Böse und Gespenstische an der faschistischen Agitation wird nicht einem diffusen Gefühl des Schreckens überlassen, die Schülerinnen und Schüler stehen nicht hilflos dem »Phänomen Hitler« gegenüber. Sie sehen und erfahren das Detail hinter dem Ganzen und das Ganze als geschlossenes System von Details.Sie erleben und erkennen an Hitlers Auftreten – verblüfft, erstaunt, verwundert – etwas wieder, was sie vor allem als ein bestimmendes Grundprinzip mittels intuitiver Suche und Erprobung entdeckt und erfahren haben: Wesentliche Faktoren, die den primitiven »Anstreicher«[9], wie Brecht ihn nannte, zum mächtigen Demagogen werden ließen, waren systematisches Antrainieren und lückenlose Perfektionierung von Sprache und Gestus.

Literatur
Gerz, Raimund (Hg.): Brechts Aufhaltsamer Aufstieg des Arturo Ui. Frankfurt 1983 (suhrkamp taschenbuch materialien st 2029)

---

9   Zitiert z.B. in Brechts Text »Über die Theatralik des Faschismus« in: Gerz 1983, S. 168.

Kopiervorlagen

Mammoth-Hotel. Suite des Ui, Zwei Leibwächter führen einen zerlumpten Schauspieler vor den Ui. Im Hintergrund Givola.
[...]
UI: So hören Sie: Man hat mir zu verstehen gegeben, dass meine Aussprache zu wünschen übrigläßt. Und da es unvermeidlich sein wird, bei dem oder jenem Anlaß ein paar Worte zu äußern, ganz besonders, wenn's einmal politisch wird, will ich Stunden nehmen. Auch im Auftreten.
DER SCHAUSPIELER: Jawohl.
UI: Den Spiegel vor!
[...]
UI: Zuerst das Gehen. Wie geht Ihr auf dem Theater oder in der Oper?
[...]
GIVOLA: [...] Gehen Sie herum, wie man bei diesem Shakespeare geht.
Der Schauspieler geht herum.
UI: Gut!
GIVOLA: Aber so kannst du nicht vor den Karfiolhändlern gehen! Es ist unnatürlich!
UI: Was heißt unnatürlich? Kein Mensch ist heut natürlich. Wenn ich gehe, wünsche ich, daß es bemerkt wird, daß ich gehe.
Er kopiert das Gehen des Schauspielers.
DER SCHAUSPIELER: Kopf zurück. *Ui legt den Kopf zurück.* Der Fuß berührt den Boden mit der Fußspitze zuerst. *Uis Fuß berührt den Boden mit der Fußspitze zuerst.* Gut. Ausgezeichnet. Sie haben eine Naturanlage. Nur mit den Armen muß noch etwas geschehen. Steif. Warten Sie. Am besten, Sie legen sie vor dem Geschlechtsteil zusammen. *Ui legt die Hände beim Gehen vor dem Geschlechtsteil zusammen.* Nicht schlecht. Ungezwungen und doch gerafft. Aber der Kopf ist zurück. Richtig. Ich denke, der Gang ist für Ihre Zwecke in Ordnung, Herr Ui. Was wünschen Sie noch?
UI: Das Stehen. Vor Leuten.
[...]
UI: [...] Wenn ich stehe, wünsche ich, daß man nicht auf zwei Leute hinter mir, sondern auf mich schaut. Korrigieren Sie mich!
Er stellt sich in Positur, die Arme über der Brust gekreuzt.
DER SCHAUSPIELER: Das ist möglich. Aber gewöhnlich. Sie wollen nicht aussehen wie ein Friseur, Herr Ui. Verschränken Sie die Arme so. *Er legt die Arme so übereinander, daß die Handrücken sichtbar bleiben: sie kommen*

auf die Oberarme zu liegen. Eine minuziöse Änderung, aber der Unterschied ist gewaltig. Vergleichen Sie im Spiegel, Herr Ui.
Ui probiert die neue Armhaltung im Spiegel.
UI: Gut.
[...]
UI: Das Sitzen.
DER SCHAUSPIELER: Das Sitzen. Das Sitzen ist beinahe das schwerste, Herr Ui. Es gibt Leute, die können gehen; es gibt Leute, die können stehen; aber wo sind die Leute, die sitzen können? Nehmen Sie einen Stuhl mit Lehne, Herr Ui. Und jetzt lehnen Sie sich nicht an. Hände auf die Oberschenkel, parallel mit dem Bauch, Ellenbogen stehen vom Körper ab. Wie lange können Sie so sitzen, Herr Ui?
UI: Beliebig lang.
[...]
UI: [...]
Und nun zum Reden! Tragen Sie was vor!
DER SCHAUSPIELER: Shakespeare, Nichts anderes.Cäsar. [...] Was halten Sie von der Antoniusrede? Am Sarg Cäsars.Gegen Brutus.Führer der Meuchelmörder. [...] *Er stellt sich in Positur und rezitiert, Zeile für Zeile, die Antoniusrede:*
Mitbürger, Freunde, Römer, euer Ohr!
Ui spricht ihm aus dem Büchlein nach, mitunter ausgebessert von dem Schauspieler, jedoch wahrt er im Grunde seinen knappen und rauhen Ton.
DER SCHAUSPIELER Cäsar ist tot. Und Cäsar zu begraben
Nicht ihn zu preisen, kam ich her. Mitbürger!
Das Böse, das der Mensch tut, überlebt ihn;
Das Gute wird mit ihm zumeist verscharrt.
Sei's so mit Cäsar! Der wohledle Brutus
Hat euch versichert: Cäsar war tyrannisch,
Wenn er das wär, so wär's ein schwerer Fehler
Und schwer hätt Cäsar ihn nunmehr bezahlt.
UI *allein weiter:* Ich stehe hier mit Brutus' Billigung
(Denn Brutus ist ein ehrenwerter Mann
Das sind sie alle, ehrenwerte Männer)
An seinem Leichnam nun zu euch zu reden.
Er war mein Freund, gerecht und treu zu mir
Doch Brutus sagt uns, Cäsar war tyrannisch

Und Brutus ist ein ehrenwerter Mann.
Er brachte viel Gefangne heim nach Rom:
Roms Kassen füllten sich mit Lösegeldern.
Vielleicht war das von Cäsar schon tyrannisch?
Freilich, hätt das der arme Mann in Rom.
Von ihm behauptet – Cäsar hätt geweint.
Tyrannen sind aus härterem Stoff? Vielleicht!
Doch Brutus sagt uns, Cäsar war tyrannisch
Und Brutus ist ein ehrenwerter Mann.
Ihr alle saht, wie bei den Luperkalien
Ich dreimal ihm die königliche Kron' bot.
Er wies sie dreimal ab. War das tyrannisch?
Nein? Aber Brutus sagt, er war tyrannisch?
Und ist gewiß ein ehrenwerter Mann.
Ich rede nicht, Brutus zu widerlegen
Doch steh ich hier zu sagen, was ich weiß.
Ihr alle liebtet ihn einmal – nicht grundlos!
Was für ein Grund hält euch zurück zu trauern?
[...]

Aus: Brechts Aufhaltsamer Aufstieg des Arturo Ui. Herausgegeben von Raimund Gerz.
Frankfurt: suhrkamp taschenbuch materialien (st 2029) 1983, S. 45 ff. © Suhrkamp

3.14 Berufswelt und Lebensgefühl im 21. Jahrhundert: Unterrichtsvorschlag zu Sibylle Berg: »*Kati*«

Sabine B. Pfäfflin

Zum Inhalt

Der Text von Sibylle Berg zeichnet das Porträt einer jungen, erfolgreichen Karrierefrau, Kati, die als Fernsehredakteurin arbeitet. Beruflich hat sie bereits alles erreicht – ihr finanzieller und persönlicher Entscheidungsspielraum scheint unbegrenzt. Wenn sie wollte, könnte sie sich jede Laune, jeden Wunsch erfüllen: »*ein Jahr aussteigen, ein Sprachkurs, ein Auto, ein Appartement*«. Aber weil alles möglich ist, ist zugleich auch alles reizlos: »*Nichts geht mehr, wenn alles geht*«. Mit den Männern und Frauen, von denen Kati umgeben ist – Fernsehleute, Journalisten und Kollegen aus der Musikbranche – langweilt sie sich ebenso sehr wie mit sich selbst. »*Alle existieren nur, wenn sie arbeiten*«; Identität wird primär über beruflichen Erfolg definiert. Die Gedanken und Gespräche im Privatleben sind von der Dichotomie »cool/uncool« geprägt: Weil man alles hat und alles kennt, wird die Wahl der »richtigen« Designer-Marke, der »angesagten Läden« und einer »coolen« Sportart zum identitätsstiftenden Unterscheidungsmerkmal. Persönliche Identität außerhalb des Berufslebens scheint vor allem das Ergebnis der richtigen Konsumentscheidung zu sein – ein käufliches, selbstgewähltes Konstrukt aus Markenartikeln und einem trendgerechten Film- und Musikgeschmack. Der Text stellt jedoch in Frage, ob bzw. inwieweit Identitätsfindung im Kontext der modernen Konsumwelt funktionieren kann. Denn trotz ihres beruflichen und finanziellen Erfolgs fühlt sich Kati in ihrem »durchgestylten« Leben innerlich leer und kann nicht lieben – weder sich noch andere. Hinter den käuflichen Symbolen von Erfolg, Identität und Zeitgeist scheint sie ihr wirkliches Selbst, ihre Emotionalität verloren zu haben.

Die Bedeutung des Spiegels

Der Spiegel symbolisiert in Sibylle Bergs Text die Suche nach sich selbst, nach der eigenen Identität; er steht für Selbstverlust, aber auch Autoaggression. Mit dem Blick in den Spiegel versucht Kati, sich ihrer selbst zu vergewissern. Sie fragt sich, »*wie das alles weitergehen soll*«, wie sie der eigenen Leere und Emotionslosigkeit entkommen kann. Aber ihr Spiegelbild gibt darauf keine Antwort, sondern löst stattdessen Aggression und Verzweiflung aus: Sie »*rammt den Kopf mehrfach gegen den Spiegel*« und wirkt somit auf zweifache Weise zerstörerisch: Zum einen gegenüber dem Spiegel, der ihr das unwillkommene Selbstbild entgegenwirft, zum anderen gegenüber der eigenen, realen Person. Das Motiv der Venus erscheint hier aus umgekehrter Perspektive: Nicht Eitelkeit, Koketterie und Selbstliebe resultieren aus dem Anblick des eigenen Spiegelbilds, sondern Selbsthass und zerstörerische Wut. Im Spiegel begegnet Kati ihrer inneren, emotionalen Leere, auf die sie mit dem Versuch, ihr Spiegelbild zu zerstören, reagiert.

Katis autoaggressive Reaktion steht in scharfem Kontrast zu ihrem sozialen Umfeld, das von Eitelkeit und Selbstdarstellung geprägt ist. In der trendbewussten Gesellschaft der Gegenwart, wie sie im Text karikiert wird, findet Selbstvergewisserung nicht mehr vorrangig beim intimen Blick in den Spiegel statt, sondern im nach außen gerichteten Spiel mit fragwürdigen Symbolen der Konsumgesellschaft. Individualität wird damit austauschbar, aber auch brüchig, weil individuelle Unterscheidungsmerkmale käuflich geworden sind. Zudem geht von einer Gesellschaft, in der Selbstdarstellung und Außenwirkung einen so hohen Stellenwert einnehmen, ein starker Erfolgsdruck aus, der letztlich die Entfaltungsspielräume des Einzelnen eher beeinträchtigt als bereichert.

Unterrichtsschwerpunkte

Der Text eignet sich sowohl für Klasse 10 als auch zur Besprechung in der Oberstufe. Zentrale Aspekte für den Unterricht sind das Selbstbild Katis sowie die Frage nach ihrer Identität: Worüber definiert sie sich? Was macht ihr Lebensgefühl aus? Was für ein Bild hat sie von sich selbst – zum einen im Hinblick auf ihre Außenwirkung, zum anderen im Inneren? Inwiefern lässt ihre Reaktion vor dem Spiegel Rückschlüsse auf ihr Selbstbild zu?

In der Auseinandersetzung mit dem Text sollte einerseits deutlich werden, durch welche Symbole und Verhaltensweisen Identität – zumindest nach außen hin – in Katis Milieu konstruiert wird, und andererseits, welche Schwierigkeiten aus einer solchen Konstruktion resultieren. Daraus ergibt sich auch die Frage, auf welche Weise Kati zu einer tragfähigeren Identität, die mit ihren Emotionen und ihrem Erleben in Einklang steht, finden könnte.

Methodisches Vorgehen

Die folgenden Schreibaufträge setzen voraus, dass der Text zuvor im Unterricht gelesen wurde. Sie können entweder unmittelbar nach der Textbegegnung oder nach einem Unterrichtsgespräch zum Text realisiert werden. Die direkte Umsetzung – ohne vorheriges Unterrichtsgespräch – hat den Vorteil, dass im Vorfeld der kreativen Aufgaben keine Rezeptionslenkung erfolgt und die Schülerinnen und Schüler somit in der Entfaltung und Gestaltung ihrer individuellen Rezeption freier sind.

Für schwächere Gruppen ist jedoch ein kurzes, vorbereitendes Unterrichtsgespräch empfehlenswert. Es ist nicht sinnvoll, alle drei Schreibaufträge zu realisieren, vielmehr sind sie als fakultative Auswahl zu verstehen.

> 1.) Schreibauftrag: Innerer Monolog
> Beschreiben Sie die Gedanken von Kati beim Aufwachen am nächsten Tag, nachdem sie am Abend zuvor ihren Kopf gegen den Spiegel geschlagen hat. Was denkt sie über sich selbst und ihr Leben? Wird sie etwas verändern?

> 2.) Collage & Schreibauftrag: Momentaufnahmen einer Karrierefrau
> Stellen Sie (in Arbeitsgruppen) aus Illustrierten einige Fotos zusammen, die einerseits Kati bei ihrem beruflichen und sozialen Aufstieg vor der Spiegelszene zeigen und andererseits mögliche Entwicklungen danach. Schreiben Sie zu jedem Foto einen kurzen inneren Monolog der Figur.

> 3.) Schreibauftrag: Bin ich, was ich zeige, oder zeige ich, wie ich bin?
> Katis Gedanken in der Bar machen deutlich, über welche Symbole und modischen Trends sich ihr Umfeld, auch sie selbst, definiert und sich dementsprechend nach außen darstellt. Stellen Sie sich vor, dass Kati nach der Spiegelszene plötzlich anders reagiert als bisher: Sie hält sich nicht mehr an den ungeschriebenen Verhaltenscode ihres Umfelds. Was passiert? Wie reagieren die anderen? Wie geht es ihr selbst damit? Schreiben Sie die Geschichte weiter:
>
> Kati sitzt an der Bar. Die anderen sehen aus wie immer, reden wie immer, lachen wie immer. Der Junge mit kurzen Haaren, T-Shirt und Oversize-Hosen kommt auf sie zu: »Hallo Kati, wie geht's?« Kati sieht ihn an...

Weiterführung mit Bezug auf *Faust* und *Woyzeck*
Die Beschäftigung mit Sibylle Bergs Text kann mit dem Unterrichtsvorschlag zum Spiegelmotiv in Goethes *Faust* verbunden werden (vgl. Unterrichtsmodell von Köppert, S. 167 ff.). Gretchen sitzt vor einem intakten Spiegel, Marie in Büchners *Woyzeck* hält nur noch eine Spiegelscherbe in der Hand und Kati zerbricht den Spiegel schließlich ganz (diesen Schluss lässt zumindest das Textende zu). Diese Entwick-

lung wird verständlich, wenn man die Spiegelszenen in ihrem jeweiligen Kontext betrachtet. Im *Faust* ist der Spiegel Teil der Verführung Gretchens: Indem sie sich mit dem Schmuck von Mephistopheles im Spiegel ansieht, wird sie sich ihrer Schönheit, zugleich jedoch auch ihrer, dem Adel untergeordneten, gesellschaftlichen Stellung bewusst, in der ihr ein so wertvoller Schmuck eigentlich nicht zusteht. Der Anblick ihres Spiegelbilds führt Gretchen diese Diskrepanz deutlich vor Augen: Zwar betont der Schmuck ihre Schönheit und lässt sie wie eine Adlige wirken (*»Man sieht doch gleich ganz anders drein«*),[1] er ändert jedoch nichts an ihrem gesellschaftlichen Rang: *»Was hilft euch Schönheit, junges Blut? / Das ist wohl alles schön und gut, / Allein man läßt's auch alles sein; [...] Am Golde hängt / Doch alles.Ach wir Armen!«*[2] Der Blick in den Spiegel schmeichelt Gretchens Eitelkeit, zugleich weckt er jedoch auch den Wunsch nach sozialem Aufstieg und trägt somit zu ihrer Verführbarkeit bei. Weil der Schmuck auf – für sie – undurchsichtige Weise in ihre Hände gelangt ist, haftet der Spiegelszene zudem etwas Verbotenes, Heimliches an.

Im *Woyzeck* betrachtet sich Marie in einer Spiegelscherbe. Da sie den Schmuck von dem Tambourmajor erhalten hat, ist ihr Blick in den Spiegel entsprechend heimlich und verstohlen, denn Woyzeck soll davon nichts bemerken. Die Spiegelscherbe steht symbolisch für den niedrigen sozialen Rang, der einer unverheirateten Mutter in der damaligen Gesellschaft zukam: *»Unsereins hat nur ein Eckchen in der Welt und ein Stückchen Spiegel«*.[3] Wie Gretchen vergleicht auch Marie sich im Zwiegespräch mit ihrem Spiegelbild mit den *»großen Madamen, mit ihren Spiegeln von oben bis unten«*[4] und empfindet sich, trotz ihrer Armut, als ebenso schön wie diese. Sowohl bei Gretchen als auch bei Marie stärkt der Anblick ihres *»geschmückten«* Spiegelbilds zwar ihr Selbstbewusstsein, zugleich ist er jedoch überschattet von der Einsicht in ihre soziale Position, die teuren Schmuck und stolze Eitelkeit kaum zulässt. Insofern symbolisiert der Spiegel für beide Frauen neben Selbstbestätigung auch die unerfüllte Sehnsucht nach gesellschaftlichem Aufstieg und Anerkennung. Bei Marie ist, aufgrund ihrer persönlichen Umstände, der heimliche Wunsch nach Veränderung wesentlich ausgeprägter als bei Gretchen, insofern kann die Spiegelscherbe als Metapher für ihre verborgene Sehnsucht und zugleich als Zeichen für deren Vergeblichkeit gedeutet werden. Beide Frauen haben den Schmuck und so-

---

1 Goethe, Johann Wolfgang von: *Faust I. Der Tragödie erster Teil*. Stuttgart: Reclam 1986, S. 80.
2 Ebd.
3 Büchner, Georg: *Woyzeck. Studienausgabe*. Nach der Edition von Thomas Michael Mayer, hg. v. Burghard Dedner. Stuttgart: Reclam 1999, S. 15.
4 Ebd.

mit den Impuls zum Blick in den Spiegel von außen, von einem Mann (bzw. dessen Komplizen) erhalten, an den zugleich auch die vage Hoffnung auf Veränderung geknüpft ist.
Kati dagegen hat sich ihren Status und die entsprechenden Statussymbole – Business-Class-Flüge, Himmelbett und Riesenfernseher – durch beruflichen Erfolg selbst erworben. Ihr Blick in den Spiegel ist keineswegs von dem Wunsch nach sozialem Aufstieg oder Anerkennung geprägt, denn beides hat sie, zumindest nach außen hin, erreicht. Sie sucht im Spiegel vielmehr sich selbst, denn das Gefühl für ihr eigenes Ich, unabhängig von ihrer gesellschaftlichen Position, scheint ihr abhanden gekommen zu sein. Das Zerschlagen des Spiegels zeigt, dass sie in ihrem Spiegelbild keine Antwort findet. Der Spiegel verweist sie lediglich auf ihr Äußeres zurück, die Suche nach ihrem Inneren bleibt ihr selbst überlassen.
Somit kann die Spiegelszene in Bergs Text als Kontrast zu den Spiegelszenen in *Faust* und *Woyzeck* gelesen werden: Gretchen und Marie sind sich ihrer Identität bewusst, ihr Blick in den Spiegel ist geprägt von Eitelkeit und dem Wunsch nach gesellschaftlicher Anerkennung. Im Gegensatz dazu mangelt es Kati nicht an sozialem Status – diesbezüglich hat sie im Überfluss, woran es Gretchen und Marie fehlt. Anders als die beiden Frauen scheint sie sich jedoch ihrer selbst nicht sicher zu sein. Aufgrund Katis emotionaler Distanz zum eigenen Leben sind ihr persönliche Wünsche und Sehnsüchte sowie ein Gespür für das eigene Ich offenbar fremd geworden.

> 4.) Schreibaufgabe/Szenische Interpretation:
> Zwei Frauen – zwei Spiegelbilder
> Kati steht im Bad vor ihrem Spiegel und betrachtet ihr Spiegelbild. Plötzlich tritt Gretchen, die den Schmuck von Mephistopheles trägt, hinter sie und sieht sich ebenfalls im Spiegel an. Die beiden Frauen mustern sich erstaunt und beginnen sich zu unterhalten. Dabei schauen sie weiterhin in den Spiegel, wo sie jeweils ihr eigenes Spiegelbild und das der anderen sehen. Was erzählen sie sich?
> Schreiben Sie (in Partnerarbeit) einen Dialog oder setzen Sie eine szenische Interpretation zu dieser Szene um.
>
> Ebenso sind andere Konstellationen denkbar: Kati – Marie, Gretchen – Marie.

Erweiterungsmöglichkeit

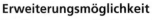

Der Prosatext von Sibylle Berg kann auch zum Mythos von Narziss in Bezug gesetzt werden, der bereits im oben abgedruckten Unterrichtsvorschlag zur Künstlerin Cindy Sherman angesprochen worden ist (Modell von Kirchner, S. 141). Narziss, der sich in sein Spiegelbild verliebt, bildet neben dem Venusspiegel die zweite große Motivtradition des Spiegelbildes.Dieser Mythos hat seine einflussreichste Ausformulierung in Ovids Metamorphosen erhalten, und zwar im dritten Buch, Vers 339 ff. (Abdruck z.B. in Renger, Almut-Barbara Hg.: Mythos Narziß. Texte von Ovid bis Jacques Lacan. Leipzig: Reclam 1999, S. 44ff.). Der schöne, hochmütige Jüngling Narziss lässt sich auf keine Liebesbeziehung ein und er verschmäht insbesondere die Nymphe Echo, die sich aus Scham wegen der Zurückweisung das Gesicht mit Laub verdeckt und allmählich zu nichts zusammenschrumpft, bis sie nur noch Ton ist. Narziss allerdings wird mit dem Fluch bestraft, sich selbst zu lieben. Als er bei einer Quelle im Wasser sein Gesicht erblickt, ergreift ihn die Liebe zum Spiegelbild so heftig, dass er sich nicht mehr davon lösen kann. Da er das geliebte Spiegelbild nicht in die Arme schließen kann, verzehrt ihn sein inneres Feuer und er stirbt.

Der Mythos von Narziss hat über die Jahrhunderte hin immer neue Deutungen erfahren. Schöner Schein, Egozentrik, Selbstverlust, Verführung durch Sinnlichkeit sind dabei wiederkehrende Stichworte. Seit Sigmund Freud ist »Narzissmus« auch ein Schlüsselbegriff der Tiefenpsychologie.

Die Schülerinnen und Schüler können überlegen, welche Parallelen zwischen dem antiken Mythos und der Figur der Karrierefrau in Bergs Text gesehen werden können. Wichtigster Vergleichspunkt ist die Unfähigkeit, zu anderen Menschen eine Beziehung herstellen zu können. In der Tiefenpsychologie wird in diesem Zusammenhang von narzisstischer Störung gesprochen. Anders als Narziss reagiert die Karrierefrau jedoch aggressiv auf ihr Spiegelbild, wenn sie es mit der Faust zerstört. In der Psychologie gilt das Umschlagen von Selbstverliebtheit in (Selbst-)Aggression als Kennzeichen des Narzissmus.Dass der mythische Narziss an seinem eigenen inneren Feuer stirbt, könnte auf einer tieferen Ebene auch in diesem Sinne verstanden werden: Der Faustschlag in den Spiegel wäre dann die äußere Ausdrucksform der innerpsychischen Selbstaggression des sich verzehrenden Narziss'.

Ergänzend können die Schülerinnen und Schüler selbst einen heutigen Narziss schildern:

Schreibauftrag: Narziss im 21. Jahrhundert
Setzen Sie Ihre Vorstellung eines »Narziss der Gegenwart« um, indem Sie eine Situation/eine Begegnung/ein Erlebnis aus seiner Sicht in der Ich-Form schildern. Geschlecht, Aussehen, Alter, Lebenswelt und Beruf der narzisstischen Persönlichkeit können Sie dabei frei gestalten.
Die Auswertung der Schreibaufgabe erfolgt durch das Vorlesen einiger (oder aller) Schülertexte. Davon ausgehend ist, je nach Ergebnis, ein abschließendes Unterrichtsgespräch über die unterschiedlichen Varianten – in Bezug auf deren Gestaltung, Plausibilität, eventuelle Parallelen oder Widersprüche – denkbar.
Anknüpfend an die »Narziss-Schöpfungen« der Schüler bietet es sich zusätzlich an, einen Auszug aus John von Düffels Roman *»Ego«* – als Variante eines modernen Narziss – gemeinsam zu lesen (siehe Material).[5] Der Text beschreibt einen narzisstisch geprägten Fitness-Studio-Besucher, dessen Verhalten und Gedanken ausschließlich auf seine Außenwirkung hin ausgerichtet sind. Düffels ironisch überzeichnete Darstellung der narzisstischen Gedankenwelt wirkt einerseits sehr authentisch, schafft jedoch zugleich eine amüsante Distanz zum Erzählten, die den Protagonisten als groteske Karikatur seiner selbst erscheinen lässt. Im Anschluss an die Lektüre können gegebenenfalls Parallelen zu den Texten der Schüler besprochen werden.

---

5   Es handelt sich um eine Passage aus Düffel, John von: *Ego*. Köln: DuMont Buchverlag 2001, S. 96-98

Kopiervorlagen

1.) Schreibauftrag: Innerer Monolog
Beschreiben Sie die Gedanken von Kati beim Aufwachen am nächsten Tag, nachdem sie am Abend zuvor ihren Kopf gegen den Spiegel geschlagen hat. Was denkt sie über sich selbst und ihr Leben? Wird sie etwas verändern?

2.) Collage & Schreibauftrag: Momentaufnahmen einer Karrierefrau
Stellen Sie (in Arbeitsgruppen) aus Illustrierten einige Fotos zusammen, die einerseits Kati bei ihrem beruflichen und sozialen Aufstieg vor der Spiegelszene zeigen und andererseits mögliche Entwicklungen danach. Schreiben Sie zu jedem Foto einen kurzen inneren Monolog der Figur.

3.) Schreibauftrag: Bin ich, was ich zeige, oder zeige ich, wie ich bin?
Katis Gedanken in der Bar machen deutlich, über welche Symbole und modischen Trends sich ihr Umfeld, auch sie selbst, definiert und sich dementsprechend nach außen darstellt. Stellen Sie sich vor, dass Kati nach der Spiegelszene plötzlich anders reagiert als bisher: Sie hält sich nicht mehr an den ungeschriebenen Verhaltenscode ihres Umfelds. Was passiert? Wie reagieren die anderen? Wie geht es ihr selbst damit? Schreiben Sie die Geschichte weiter:

Kati sitzt an der Bar. Die anderen sehen aus wie immer, reden wie immer, lachen wie immer. Der Junge mit kurzen Haaren, T-Shirt und Oversize-Hosen kommt auf sie zu: »Hallo Kati, wie geht's?« Kati sieht ihn an...

4.) Schreibaufgabe/Szenische Interpretation:
Zwei Frauen – zwei Spiegelbilder
Kati steht im Bad vor ihrem Spiegel und betrachtet ihr Spiegelbild. Plötzlich tritt Gretchen, die den Schmuck von Mephistopheles trägt, hinter sie und sieht sich ebenfalls im Spiegel an. Die beiden Frauen mustern sich erstaunt und beginnen sich zu unterhalten. Dabei schauen sie weiterhin in den Spiegel, wo sie jeweils ihr eigenes Spiegelbild und das der anderen sehen. Was erzählen sie sich?
Schreiben Sie (in Partnerarbeit) einen Dialog oder setzen Sie eine szenische Interpretation zu dieser Szene um.
Ebenso sind andere Konstellationen denkbar: Kati – Marie, Gretchen – Marie.

Schreibauftrag: Narziss im 21. Jahrhundert
Setzen Sie Ihre Vorstellung eines »Narziss der Gegenwart« um, indem Sie eine Situation/eine Begegnung/ein Erlebnis aus seiner Sicht in der Ich-Form schildern. Geschlecht, Aussehen, Alter, Lebenswelt und Beruf der narzisstischen Persönlichkeit können Sie dabei frei gestalten.
Die Auswertung der Schreibaufgabe erfolgt durch das Vorlesen einiger (oder aller) Schülertexte. Davon ausgehend ist, je nach Ergebnis, ein abschließendes Unterrichtsgespräch über die unterschiedlichen Varianten – in Bezug auf deren Gestaltung, Plausibilität, eventuelle Parallelen oder Widersprüche – denkbar.
Anknüpfend an die »Narziss-Schöpfungen« der Schüler bietet es sich zusätzlich an, einen Auszug aus John von Düffels Roman *»Ego«* – als Variante eines modernen Narziss – gemeinsam zu lesen (siehe Material).[5] Der Text beschreibt einen narzisstisch geprägten Fitness-Studio-Besucher, dessen Verhalten und Gedanken ausschließlich auf seine Außenwirkung hin ausgerichtet sind. Düffels ironisch überzeichnete Darstellung der narzisstischen Gedankenwelt wirkt einerseits sehr authentisch, schafft jedoch zugleich eine amüsante Distanz zum Erzählten, die den Protagonisten als groteske Karikatur seiner selbst erscheinen lässt. Im Anschluss an die Lektüre können gegebenenfalls Parallelen zu den Texten der Schüler besprochen werden.

(Kati, 28. Fernsehredakteurin, will mehr vom Leben. Aber was nur?)
Unter ihresgleichen sitzt die junge Frau, das Mädchen, sieht aus wie alle, nicht hässlich, was an Hübschem ist, durch unschöne Kleider verbaut, ein Gesicht und die Aussicht darauf durch Make-up verstellt. Wie alle. In ihrem Alter, mit ihrem Geld, mit ihrer Wichtigkeit. Zu wichtig für einen jungen Menschen, zu viele Business-Class-Flüge, zuviel gesehen, zuviel möglich. Alles möglich. Ein Jahr aussteigen, ein Monat Beauty-Farm, ein Sprachkurs, ein Auto, ein Appartement. Immer Taxi fahren. Nichts mehr zum Erreichen. Nichts zum Hinwollen, wenn alles geht, man alles kennt. Was kommt nach Bass und Drum. Nach Techno. Egal. Hauptsache schneller. Musikkanäle sind von gestern. Internet ist von gestern. Wenn Cyber endlich richtig funktionieren würde. Wenn doch was passieren würde. Zu den Eltern gehen, heißt essen. Sushis kennen sie auch schon. Die Eltern kennen alles, sind gegen nichts.Fanden Sven Väth gut, waren bei der Love Parade. Nichts geht mehr, wenn alles geht. Kati sieht sich um. Sie kennt alle in der Bar. Fernsehleute, Zeitungsleute, PR-Leute und viele aus der Musikbranche, alle Gehälter zusammen könnten Schwarzafrika retten. Die Langeweile zusammen könnte, in Wasser umgewandelt, die Erde überfluten. Alle existieren nur, wenn sie arbeiten, wenn sie eine Wichtigkeit haben, mit Millionen hantieren, im Flieger sitzen, vor dem Computer sitzen. Außerhalb dieses Rahmens fallen sie zu Gerippen zusammen, notdürftig von Designerlabeln gestützt. Schwatzen ins Leere über ihre Wichtigkeit. Wichtig ist nichts.War es mal, oder hatten die Menschen früher nur mehr Zeit, sich Wichtigkeiten einzureden? Noch nicht einmal Lust auf Jungs.Die Fremden trifft Kati nicht, und die ihresgleichen kennt sie so gut, dass ihr die Knie ganz schwer werden, ein Junge mit kurzen Haaren, mit T-Shirt und Oversize-Hosen, der so alt ist wie sie, etwas macht wie sie, 20 Stunden arbeitet, sonst in seiner Dachwohnung sitzt und unter seinen 1000 CDs wählt, der zu Raves geht, Pillen schluckt, der sagt, dass Theater out ist, nur noch Tarantino-Filme sieht oder Hongkong-Filme, der sagt, Geld sei nicht wichtig, aber Tausende für Essen gehen ausgibt. Mit dem sie essen geht, in angesagte Läden, mit dem sie über Kinofilme redet, mit dem sie über ihresgleichen redet. Und vielleicht ganz wenig über Politik, über politische Korrektheit, der nie Nigger sagen würde, der mitunter eine Aidsschleife trägt und Atomkraft uncool findet, der die Zeitschriften in Deutschland uncool findet und ID ist auch nicht mehr das, der Harald Schmidt komisch findet, der Sport cool findet, aber

Mountain-Bikes und Inline-Skates uncool, der auf etwas Neues wartet, der schlechten Sex mit ihr hat, weil sie auch nur schlechten Sex haben kann, weil sie nicht lieben kann, er auch nicht, weil sie zu ungeduldig ist, und Sex ein gewisses Tempo nun mal nicht überschreitet und ein Orgasmus, wenn überhaupt, immer nur ein Orgasmus bleibt, und Cyber Sex ist noch nicht da. Kati sieht die Jungen an, hat keine Lust auf einen davon, auf keinen. Safer Sex ist Scheiße, Kondome sind Scheiße, was anderes geht nicht, wäre auch nicht anders.Keine Lust mehr auf Rumgelabere, keine Lust, nach Hause zu gehen. In ihrer Wohnung steht eine Himmelbett, Futons sind uncool, steht ein uncooles Mountain-Bike, stehen 1000 CDs, steht ein Riesenfernseher, immer eingeschaltet, liegen uncoole Zeitschriften, im Bad teure Dosen, Kati geht aufs Klo in der Bar, steht im Bad, sieht sich im Spiegel an, fragt sich, wie das alles weitergehen soll, ohne Wiederholungen, und rammt den Kopf mehrfach gegen den Spiegel, zieht ihn zurück, nicht, um die Schnittwunden zu betrachten, aber fühlen, fühlen tut sie noch immer nichts.

Aus: Sibylle Berg: Sex II. Leipzig: Reclam 1998, S. 89f. © Reclam

Zur Autorin
Sibylle Berg wurde 1962 in Weimar geboren, reiste 1984 aus der DDR aus und lebt heute in Zürich. Sie schreibt Kolumnen und Reportagen für »Allegra«, »Die Zeit« und den »Stern« und hat mehrere Bücher veröffentlicht, u.a. »Ein paar Leute suchen das Glück und lachen sich tot« (1997), »Sex II« (1998), »Amerika« (1999), »Gold« (2000), »Das Unerfreuliche zuerst – Herrengeschichten« (2001) und »Ende gut« (2004). Ihre Theaterstücke (z.B. »Helges Leben«, »Hund, Mann, Frau«, »Herr Mautz« oder »Schau da geht die Sonne unter«) wurden u.a. in Bochum, Hamburg, Stuttgart, Wien und Zürich aufgeführt und in mehrere Sprachen übersetzt.

EGO

John von Düffel: »Ego«, S. 96-98 © 2001 DuMont Buchverlag, Köln

Ich lege noch einmal 30 Watt zu und fasse mein Ziel scharf ins Auge. Ich werde heute einer Trainerin gefallen, so wahr ich mich hier quäle! Sie hat noch immer kein Gesicht. Ich wieß nicht, wer sie ist, wie sie sich gibt. Aber ich höre bereits ihre Stimme. Bald werde ich dieselbe Luft atmen wie sie. Mein Puls klettert über 130. Ich schalte in einen höheren Gang. Von den Pedalen kommt nur noch ein dunkles Surren.

Ich sollte jetzt schnell die zweite Banane essen, gewissermaßen als Naturdoping. Der hohe Fruchtzuckergehalt dieser Südfrucht bewirkt einen sofortigen Energiekick und sorgt für eine unverwüstliche Leistungskurve. Durch ihre außergewöhnliche Nährstoffdichte bei gleichzeitig geringem Ballaststoffanteil eignet sich die Banane besonders als Geheimwaffe im laufenden Wettkampf. Sie ist bei mäßigem Kauaufwand gut bekömmlich, enthält hochwertige Kohlehydratkombinationen sowie wichtige Vitamine und Mineralien zur Krampfprävention. Außerdem erinnert das Samenkreuz im Bananenmark an die Rillungen im Innern meines Nabels, seit er nur noch fünf Millimeter tief ist. Die Schale hänge ich über den Lenker.

Ich nehme noch einen Spritzer aus meiner Radlerflasche und fahre einhändig mit fast 300 Watt über die gedankliche Ziellinie. Jetzt kommt alles darauf an, zügig auf den Ruderergometer zu wechseln. Kein anderes Aufwärmgerät bereitet den Körper so organisch auf kommende Trainingsbelastungen vor. Außerdem lässt sich dadurch die Arm- und Schultermuskulatur eindrucksvoll aufpumpen. Man muss nur den Zugwiderstand nach den ersten zwanzig Schlägen kontinuierlich erhöhen.

Selbstverständlich sollte man nicht schon beim Warm-up an seine absolute Leistungsgrenze gehen. Ein paar Kraftamplituden genügen. Schon drei bis vier kurze Belastungsspitzen zeitigen einen solchen Sauerstoffbedarf in den Mitochondrien, dass Blut und Blutplasma die gesamte Muskulatur anschwellen lassen. Die Muskeln erreichen Maximalumfang und werden heiß, das Aderngeflecht hebt sich ab. Es entspricht zwar nicht ganz dem Sinn des Aufwärmens, schon nach anderthalb Minuten Schlagzahl und Schwierigkeitsgrad bis zum Exzess zu steigern. Aber die Wirkung, die man anschließend beim Betreten des Maschinenparks erzielt, ist kaum zu überbieten.

Leider gibt es noch keinen Trick, wie man beim Kraftrudern gleichzeitig aus der Radlerflasche trinken kann.

Ich gehe dreimal weit in den anaeroben Bereich und jage meinen Puls auf 170 oder mehr. Dann lasse ich die Ruder locker ausschwingen, bis meine Atmung die Sauerstoffschuld wieder eingebracht hat. Ich höre meinen Herzschlag in den Schläfen und die Stimme der Trainerin nebenan. Beinahe leiernd kommt die Ermahnung, dass die letzte Wiederholung in einem Übungssatz immer die sein sollte, die man gerade noch mit korrekter Technik ausführen kann. Es bringe gar nichts, wenn man mit Hilfe von Schwungkräften und Ausweichbewegungen noch ein paar Wiederholungen dazumogelt. Das alles klingt sehr nach Jenny, die im letzten halben Jahr zweimal Mitarbeiterin des Monats war. Leider ist sie seit vierzehn Tagen spurlos verschwunden. Es heißt, sie habe eine Affäre mit dem Studio-Chef.

Atmung und Puls sinken wieder auf Aufwärmniveau. Ich klettere aus dem Ruderergometer und strecke die muskelverkürzten Arme durch. Die Mittelader über meinem Bizeps liegt auf wie ein blauer Schlauch, das Zweistromgeflecht entlang der Unterarme tritt plastisch hervor. Ich werfe noch einen Kontrollblick in den Ballettspiegel und schichte den Rest meiner Banane von der rechten in die linke Backentasche um. Dann betrete ich den Maschinenpark. Mein Oberkörper glänzt in feinperligem Schweiß wie eingeölt. Leider ist niemand da, der das zu schätzen weiß.

4. Zwei Tage »Ästhetische Bildung«
Bericht über die Erprobung aus der Sicht der Schule

Nikolaus Miller

Am Zentralinstitut für didaktische Forschung und Lehre der Universität Augsburg gibt es seit geraumer Zeit eine Arbeitsgruppe Ästhetische Bildung. Unter der Leitung von Prof. Dr. Constanze Kirchner und Prof. Dr. Kaspar H. Spinner wurde ein Projekt fürs Gymnasium erarbeitet, das nun vom 16. bis 17. Februar am Holbein-Gymnasium erprobt wurde. Drei Klassen bzw. Kurse (9d, ku11, D10) waren vom regulären Unterricht befreit, um ohne Rücksicht auf Stundenplan und Fächergrenzen zwei Tage lang ihre ästhetischen Kompetenzen zu schulen. Da der neue Lehrplan die ästhetische Bildung als fächerübergreifendes Anliegen hervorhebt und von unserer Seite in dieser Richtung noch kaum Erfahrungen vorliegen, war das Unternehmen für Schüler wie Lehrer gerade zum jetzigen Zeitpunkt hochinteressant und darüber hinaus ein vorbildliches Beispiel für fruchtbringende Kooperation zwischen Universität und Schule.

Zum Konzept »Ästhetische Bildung«

Die Fächer Kunst, Musik, Deutsch leisten seit eh und je wichtige Beiträge zur Geschmacksbildung, Qualitätsbeurteilung, reflektierten Genussfähigkeit – und auch Geschichte (die Aura der Altstadt!) oder Biologie (der Flug des Vogels!), die Fremdsprachen (der exotische Sound!) oder Mathematik (die hingezirkelte Kurve!) haben ihr Schönes und fördern ästhetische Kompetenzen, ohne dass freilich Schönheit Ziel und Inhalt wird. Nur nebenbei rekurriert man auf die ästhetischen Fähigkeiten der Kinder, die – zum großen Bedauern aller Beteiligten – auch nur flüchtig weiterentwickelt werden: das saubere Klassenzimmer, die schöne Heftführung, das Vorzeigeprojekt sind eben die Ausnahmen, die uns begeistern, weil sie vom Lernalltag abstechen.

Als eigenes Anliegen zielt die ästhetische Bildung deshalb über anwendbares Wissen und nützliche Fertigkeiten hinaus auf die bewusste sinnliche Wahrnehmung, die sich – genussreich – selbst genügt. Sie steht also qua Definition im Kontrast zum normalen Unterricht gerade im Gymnasium, der in der Regel wahrnehmungsarm, einseitig an begrifflichem Lernen ausgerichtet ist. Was folgt daraus? Dreierlei:

1. Die ästhetische Bildung ist kein weiteres musisches Fach mit einem fest umrissenen Gegenstand. Sie folgt einem ganzheitlichen, fächerübergreifenden Ansatz und schärft an beliebigen Gegenständen Fantasie und Sinne, konfrontiert die Jugendlichen mit ihren Wahrnehmungsgewohnheiten und trägt so zur Selbstreflexion und Persönlichkeitsbildung bei.
2. Sie ist nur wirkungsvoll, wenn rezeptive mit produktiven Zugangsweisen verbunden werden, der Unterricht also weitgehend handlungsorientiert abläuft. Das Gespräch über ästhetische Phänomene muss vom persönlichen Erleben ausgehen und zum aktiven Gestalten animieren. Die Auseinandersetzung mit Kunstwerken soll also das Ausdrucksbedürfnis der Schüler nicht bremsen oder gar ersetzen, sondern schärfen und verstärken.
3. Die ästhetischen Fähigkeiten können sich nur ohne Zeit- und Leistungsdruck entfalten. Den Schülern muss die Möglichkeit eingeräumt werden, vor einem Phänomen zu verweilen, etwas intensiv auf sich wirken zu lassen, im Zusammenspiel von Wahrnehmung und Imagination kreativ zu werden. Der Unterricht muss sich also – wenigstens hier – verlangsamen und enteffektivieren.

Idee und Ablauf des Projekts
Die Arbeitsgruppe entschied sich für den Motivkomplex ›Gesicht, Maske, Person – Selbstbild, Spiegelbild, Fremdbild‹, um die Schüler auch emotional anzusprechen. Da die Jugendlichen, auf der Suche nach dem eigenen Selbst, verstärkt Rollen und Lebensstile erproben, sollte die Auseinandersetzung mit dem Selbstbild sie speziell interessieren. In dem Maße, wie die Schüler sich mit der Fragestellung identifizieren, konnten sie zugleich reflexive Distanz zu sich selbst gewinnen.

Die 9. Klasse näherte sich dem Thema ›Person‹ (lat. persona, ursprünglich Maske des Schauspielers) praktisch über das Medium ›Maske‹. Es wurden Masken gebastelt, angelegt, wieder abgelegt und die dabei ausgelösten Gefühle und Gedanken protokolliert. Mindestens ebenso wichtig wie die Selbst- war auch die Fremdwahrnehmung: Ich fühle mich hinter der Maske unsicher oder geschützt und stelle zugleich fest, dass der andere sich hinter der Maske seltsam oder witzig, blöd oder cool vorkommt. Woran liegt das? Die Schüler überlegten in diesem Zusammenhang, wann überhaupt Masken angelegt bzw. abgelegt werden, und verfassten Elfchen, in denen sie ihr Fazit zogen, zum Beispiel so:

Wir
tragen Masken
nur um akzeptiert
zu werden, nicht wirklich
gut

Fasching
Verstecken aus Angst
Anonymität. Nicht erkannt
werden wollen. Wir fühlen uns
wohl

Man
kümmert sich
auf einmal um
einen anderen Menschen, wie nie
zuvor

Dass das Gesicht nicht nur Inneres spiegelt, sondern auch zum Ausdruck bringt, was von außen auf uns einstürmt, konnten die Neuntklässler in einer weiteren Experimentierphase herausfinden und zu einer Hitparade der Sinne verdichten. Da wurden Augen, Ohren, Zungen, Nasen und Haut mit verschiedensten Wahrnehmungen traktiert, was amüsant und gruppendynamisch sehr wirkungsvoll war, wie man auf dem Videofilm hinterher noch einmal sehen konnte. Ausdrucksvolle Gesichter gab es dann auch in Spielfilmausschnitten (»The Bourne identity«) zu sehen, wobei die Schüler sich von den Bildern zur Erfindung einer Geschichte anregen ließen.

Die beiden Kurse der K12 hatten eine gemeinsame Einstiegsphase, in der sich der fächerübergreifende Ansatz des Projekts in schönster Weise ankündigte. Gruppenweise verschränkt versenkte man sich in vier Kunstwerke (einen Velazquez, einen Magritte, eine Spiegel-Karrikatur, ein modernes Gedicht), die in unterschiedlicher Weise mit dem Venus- bzw. Narzissmythos spielten und zu allerlei Assoziationen Anlass gaben. Während der Literaturkurs sich anschließend den Spiegelszenen im »Faust« zuwandte, bekam es der Kunstkurs mit Cindy Shermans Selbstinszenierungen zu tun. Dass Selbstporträts Selbstdarstellungen sind, also ununterscheidbar zwischen Wahrheit und Erfindung oszillieren, konnten die Schüler in der folgenden Fotografierphase praktisch erproben. Mit Kleidung, Schminke, Licht und Posen durften sie sich nach Belieben in ansehnliche Charaktere verwandeln, Wunsch- oder Horrorbilder von ihrer Person vermitteln. Die »Identitätskonstruktionen« waren anschließend in einer Ausstellung zu besichtigen und fanden, dem Gelächter nach zu schließen, ein positives bis kritisches Echo.

Die Deutsch-Lkler fanden währenddessen einen neuen, spielerischen Umgang mit dem »Faust«, den sie ja im Unterricht »als Text« schon zur Genüge durchgekaut hatten. Jetzt hielt man ihnen einen Zauberspiegel (leerer Rahmen) hin und siehe da – von hinten und vorne redeten die Schüler verlockend, auffordernd, mahnend, anzüglich, ungläubig und fassungslos aufeinander ein, dass nicht nur Faust sich ziemlich unsicher war, ob das Spiegelbild nun Helena, Gretchen oder das ewig Weibliche darstellte. Von der Hexenküche über die erste Begegnung bis zur Schmuckkästchenszene probte man allerlei Spielversionen für die anschließende Verfilmung, bei der den Kollegiaten je nach Rollenbesetzung (ein verruchtes schwarzes Gretchen neben einem verschüchterten blonden!) die irrsten Inszenierungsideen kamen. Während eine Schauspieler-Gruppe sich noch ausgiebiger in Goethes Figuren selbstbespiegelte, entdeckte eine zweite Gruppe Parallelen bei Büchner und Sybille Berg, wo sich die Schöne je nachdem heimlich-kokett in einem Spiegelscherben mustert (die arme Marie aus dem »Woyzeck«) oder autoaggressiv gegen den Badezimmerspiegel schmettert (die ausgebrannte »Karrierefrau«). Die Ambivalenz des Spiegels, der vorspiegelt und demaskiert, konnten die Schüler abschließend noch im Film »Der blaue Engel« studieren, nachdem sie zur Einstimmung eine meditative Spiegelübung gemacht und sich ihren Mitschülern mal schön, mal grässlich auf dem »Laufsteg« präsentiert hatten.

Die Resonanz

Die zweitägigen »Exerzitien« mündeten in einer Schlusspräsentation, die eine Ahnung von dem ungewöhnlichen Eifer vermittelte, den die Schüler hinterher noch ganz verwundert zu Papier brachten. »Wir hatten unseren Spaß und haben sogar gearbeitet«, notiert einer in den Befragungszettel und andere versuchen das Paradox aufzulösen und sprechen von einer »anderen Art und Weise« des Unterrichtens, die »Interesse weckt« und »das künstlerische Auge öffnet«. Insgesamt erscheint den Schülern wichtig, dass sie »selbst aktiv, kreativ« werden konnten, sodass der Schluss nahe liegt, dass »das passive Konsumieren« und »sture Auswendiglernen« nicht ihre Sache ist. Vielmehr: »Wir konnten frei arbeiten, das war sehr interessant« und immer wieder: »Das selbstständige Arbeiten war super!«

Einige Äußerungen erklären noch etwas genauer und psychologischer, worin die »wertvollen und interessanten Erfahrungen« bestanden: »Durch den ästhetischen Unterricht hatten wir die Möglichkeit, Dinge, die uns ganz selbstverständlich waren, aus einer anderen, neuen, tiefgründigeren Perspektive zu sehen«. Die Übungen vor dem Spiegel, formuliert ein Teilnehmer, »offenbarte einem so einiges von sich selbst, was man vorher nicht wahrgenommen hatte«. Und eine andere Stimme ergänzt: man konnte »zu sich finden«. Meistens wird in diesem Zusammenhang auf die »gemeinschaftsfördernde«» Gruppenarbeit verwiesen und festgestellt, dass es »interessant zu sehen war, was die anderen erarbeitet haben«. Fazit des Vergleichs: »In den kleinen Gruppen hatte man die Möglichkeit, die Mitschüler und auch sich selbst besser kennen zu lernen«.

Und wo bleibt die Kritik? Trotz »der lockeren Atmosphäre« war die ganze Veranstaltung doch »sehr anstrengend«. Außerdem blieb für dies und jenes, die kreativen Dinge zumal, immer noch »zu wenig Zeit«. Und schließlich: »So etwas sollte öfter gemacht werden, wenn es geht, aber nicht in der Mathe.«

(Aus dem Jahresbericht des Holbein-Gymnasiums Augsburg)

Verzeichnis der Autorinnen und Autoren

Ballis, Anja, Dr. phil., Gymnasiallehrerin, wissenschaftliche Mitarbeiterin am Lehrstuhl für Didaktik der Deutschen Sprache und Literatur an der Universität Augsburg. Anja.Ballis@gmx.de

Czerny, Gabriele, Dr. phil., Theaterpädagogin und Akademische Oberrätin an der Pädagogischen Hochschule Ludwigsburg. gabriele.czerny@web.de

Dietl, Marie-Luise, Dr. phil., Grundschullehrerin, derzeit Vertretungsprofessur für Kunstpädagogik an der Universität Passau. Marie-Luise.Dietl@web.de

Fellenberg, Monika, Gymnasiallehrerin, Promovendin am Lehrstuhl für Didaktik der Deutschen Sprache und Literatur an der Universität Augsburg. monikafellenberg@freenet.de

Kirchner, Constanze, Dr. phil., Grundschullehrerin, Professorin für Kunstpädagogik an der Universität Augsburg. Constanze.Kirchner@phil.uni-augsburg.de

Köppert, Christine, Dr. phil., Studiendirektorin für Didaktik der Deutschen Sprache und Literatur an der Universität Augsburg. chkoeppert@t-online.de

Naurath, Elisabeth, Dr. phil., Wissenschaftliche Assistentin am Lehrstuhl für Evangelische Theologie mit Schwerpunkt Religionspädagogik und Didaktik des Religionsunterrichts an der Universität Augsburg. Elisabeth.Naurath@phil.uni-augsburg.de

Pfäfflin, Sabine B. Gymnasiallehrerin, Promovendin am Lehrstuhl für Didaktik der Deutschen Sprache und Literatur an der Universität Augsburg. sabinepfaefflin@web.de

Schiefer Ferrari, Markus, Dr. theol., Gymnasiallehrer, Akademischer Oberrat am Lehrstuhl für Didaktik des Katholischen Religionsunterrichts und Religionspädagogik an der Universität Augsburg, derzeit Vertretungsprofessor für Katholische Theologie an der Universität Landau. schiefer@uni-landau.de

Schmitt, Elisabeth, Dr. phil., Google AdWords Trainee Coordinator in Dublin.
lissi.schmitt@gmx.de

Spinner, Kaspar H., Dr. phil., em. Professor für Didaktik der Deutschen Sprache und Literatur an der Universität Augsburg. Kaspar-H.Spinner@phil.uni-augsburg.de

# Farbabbildungen

Maria Lassnig: Blütenselbstporträt, 1961, Aquarell, 50 x 65 cm, im Besitz der Künstlerin

Maria Lassnig: Doppelselbstporträt, 2000, Öl auf Leinwand, 100 x 125 cm, im Besitz der Künstlerin

Maria Lassnig: Großes Sciencefiction-Selbstporträt, 1996, Öl auf Leinwand, 198 x 205 cm, im Besitz der Künstlerin

Maria Lassnig: Sensenmann, 1991, Öl auf Leinwand, 200 x 145 cm, im Besitz der Künstlerin (Ausschnitt)

Maria Lassnig: Selbstporträt als Schwammerl, 1958, Kreide, 66 x 44 cm, Graphische Sammlung, Staatsgalerie Stuttgart

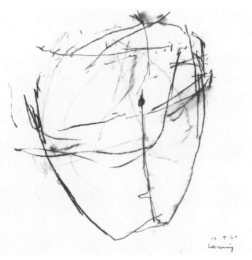

Maria Lassnig: Ohne Titel, 1961, Kreide, 43 x 61 cm, im Besitz der Künstlerin

Maria Lassnig: Kopfheit, 1956, Öl auf Leinwand, 55 x 71 cm, im Besitz der Künstlerin

Spiegel-Titelbild „Die Ego-Gesellschaft" (30.05.1994)

Diego Velazquez: „Venus mit Spiegel", um 1645 – 1648. Öl auf Leinwand, 122,5 x 177 cm. National Gallery, London

René Magritte: „Die verbotene Reproduktion", 1937. Öl auf Leinwand, 81,3 x 65 cm.
Museum Boymans van Beuningen, Rotterdam
© VG Bild-Kunst, Bonn 2006

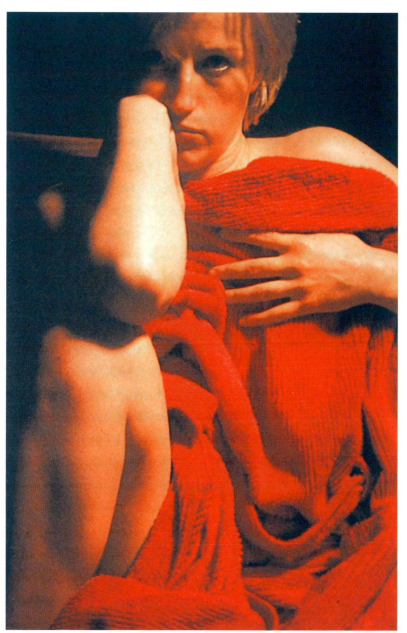
Cindy Sherman: Untitled, #299, 1994. Fotografie, 124 x 83,7 cm. Privatbesitz

Cindy Sherman: Untitled, #133, 1984. Fotografie, 181 x 120,7 cm. Privatbesitz

Cindy Sherman: Untitled, #276, 1993. Fotografie, 204,5 x 154,9 cm. Privatbesitz

Cindy Sherman: Untitled, #97, 1982. Fotografie, 114,3 x 76,2 cm. Privatbesitz

Cindy Sherman: Untitled, #175, 1987. Fotografie, 120,7 x 179,1 cm. Privatbesitz

Cindy Sherman: Untitled, #66, 1980. Fotografie, 50,8 x 61 cm. Privatbesitz

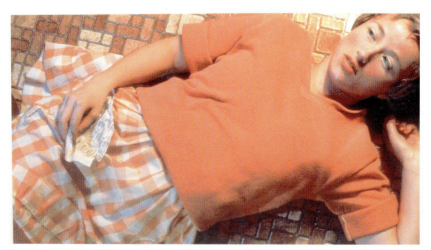
Cindy Sherman: Untitled, #96, 1981. Fotografie, 61 x 122 cm. Privatbesitz

Schülerarbeit

Schülerarbeit